# 高中化学概念教学建构与实践

| 主　编 | 宋国安 | 赵　锋 | 厉　凯 | |
|---|---|---|---|---|
| 副主编 | 李　勇 | 李茂坤 | 王培波 | 王世民 |
| | 张永涛 | 李志彬 | 郑德勇 | 李　阳 |
| | 费立伟 | 尹永恒 | 裴江波 | 王　芳 |
| 编　委 | 安瑞彩 | 陈丽华 | 陈修建 | 丁修苓 |
| | 丁　瑶 | 范奉艳 | 费永美 | 郭　萍 |
| | 李　琳 | 李为亮 | 李宗晓 | 梁丽丽 |
| | 刘　海 | 刘　慧 | 刘彦彦 | 明常兰 |
| | 秦慧英 | 秦培安 | 秦晓丽 | 孙　梅 |
| | 王贵霞 | 王金勇 | 王志军 | 肖建红 |
| | 辛木春 | 杨金秀 | 于晓英 | 张峻恺 |
| | 张永川 | 张治强 | 郑全卿 | 周扬平 |
| | 朱玲玲 | | | |

全国百佳图书出版单位
吉林出版集团股份有限公司

图书在版编目(CIP)数据

高中化学概念教学建构与实践 / 宋国安,赵锋,厉凯主编. --长春：吉林出版集团股份有限公司,2023.1
ISBN 978-7-5731-2899-7

Ⅰ.①高… Ⅱ.①宋… ②赵… ③厉… Ⅲ.①中学化学课－教学研究－高中 Ⅳ.①G633.82

中国版本图书馆 CIP 数据核字(2022)第 257188 号

# 高中化学概念教学建构与实践

GAOZHONG HUAXUE GAINIAN JIAOXUE JIANGOU YU SHIJIAN

| 主　　　编 | 宋国安　赵　锋　厉　凯 |
|---|---|
| 责任编辑 | 沈丽娟 |
| 技术编辑 | 王会莲 |
| 封面设计 | 豫燕川 |
| 开　　　本 | 787mm * 1092mm 1/16 |
| 字　　　数 | 276 千字 |
| 印　　　张 | 11 |
| 版　　　次 | 2023 年 1 月第 1 版 |
| 印　　　次 | 2023 年 1 月第 1 次印刷 |
| 出　　　版 | 吉林出版集团股份有限公司 |
| 发　　　行 | 吉林出版集团外语教育有限公司 |
| 地　　　址 | 长春福祉大路 5788 号龙腾国际大厦 B 座 7 层 |
| 电　　　话 | 总编办:0431—81629929 |
| 印　　　刷 | 三河市金兆印刷装订有限公司 |

ISBN 978-7-5731-2899-7　　　　定　价：68.00元
版权所有　侵权必究　　　举报电话:0431—81629929

# 前言

自新课改实施以来，随着素质教育的不断深入，高中化学课堂教学发生了很大的变化。高中化学教学不仅要有效提高学生的化学知识水平，而且也要充分促进学生化学实践能力的提升，促进学生全面发展。高中化学课堂教学有效性指教师可以结合教材内容以及学生特点，设置合理的教学模式，让学生在学习中提升化学学习积极性，深入理解化学知识，使学生的创新思维得到培养，提升学生综合能力。更新教师的教学观念将会提升高中化学课堂的有效性，并能使教师在教学中坚持以学生为主体，充分体现人文性的课堂教学模式，让学生在课堂学习中相互交流，激发学生的学习热情，促进学生主动学习。另外，提升高中化学课堂有效性将促进学生将理论与实践知识相结合，培养学生化学综合素养，促进学生全面发展。

本书立足于高中化学教学实践，对教师的智慧教学和学生的智慧学习进行深入阐释，着重从教学设计、课堂导入、教学过程以及教学评价等方面展现出的教师智慧进行研究，书中借助具体的化学教学案例，进一步总结高中化学教学智慧的具体表现及其对学生化学水平的提升所产生的作用，力求引导学生掌握重要又基本的化学事实，培养其发展观察能力、思维能力、想象能力、学习能力、表达交流能力以及自我反省能力，逐步实现基本化学观念的构建。

本书属于高中化学教学方面的著作，全书对高中化学学科的主要教学及其构建问题做了详细的分析，首先内容主要涵盖了高中化学教学现状、反思及措施；接着阐述了高中化学主要教学模式的构建问题，如探究式、互动式以及翻转课堂式等；最后，针对素质教育视野下高中化学教学模式的构建以及评价进行论述。本书通过将化学教学的理论与实践结合，以求寻找到更加具有针对性的教学方法，对从事化学专业以及高中化学教学的研究学者有一定的参考价值。

在编写本书的过程中，笔者查阅和借鉴了大量的相关资料，在此向其作者表示诚挚的感谢。此外，本书在编写的过程中，得到了相关专家和同行的支持与帮助，在此一并致谢。由于水平有限，书中难免出现纰漏，敬请广大读者指正。

作　者<br>
2021 年 12 月

# 目 录

## 第一章 高中化学教学概述 ... 1
- 第一节 化学教学的指导理论 ... 1
- 第二节 化学教学特征与教学原则 ... 5
- 第三节 化学教学过程与教学方法 ... 10

## 第二章 高中化学探究式教学建构 ... 17
- 第一节 高中化学探究式教学的特征 ... 17
- 第二节 高中化学探究式教学的设计 ... 20
- 第三节 高中化学探究式教学的实施 ... 25

## 第三章 高中化学任务驱动教学建构 ... 27
- 第一节 任务驱动教学法基本理论 ... 27
- 第二节 任务驱动教学法的教学过程结构及教学设计 ... 31
- 第三节 任务驱动教学法的应用实践 ... 33

## 第四章 高中化学互动教学建构 ... 64
- 第一节 高中化学教学互动的理论基础 ... 64
- 第二节 高中化学教学互动的基本形式 ... 68
- 第三节 高中化学教学互动的影响因素 ... 77
- 第四节 高中化学教学互动体系与基本模式 ... 86

## 第五章 高中化学翻转课堂教学建构 ... 89
- 第一节 高中化学翻转课堂教学内容的选择 ... 89
- 第二节 高中化学翻转课堂教学设计原则与策略 ... 94
- 第三节 高中化学翻转课堂实施过程 ... 99

## 第六章 高中化学实施"自主"创新教学 ... 106
- 第一节 高中化学"自主"创新教学的内容 ... 106
- 第二节 高中化学"自主"创新教学的实施方法 ... 108

## 第七章 高中化学课堂技能教学实践 ... 125
- 第一节 高中化学课堂教学建议 ... 125

第二节　高中化学课堂教学方法 …………………………………… 130
　　第三节　高中化学课堂教学技能 …………………………………… 137
　　第四节　高中化学课堂导入技能 …………………………………… 143
　　第五节　高中化学课堂管理与调控技能 …………………………… 146

**第八章　高中化学教学评价体系** ……………………………………… 150
　　第一节　高中化学教学应树立正确的评价观 ……………………… 150
　　第二节　高中化学教学评价的目的与方法 ………………………… 154
　　第三节　高中化学教学课堂教学评价 ……………………………… 157

**参考文献** ………………………………………………………………… 167

# 第一章 高中化学教学概述

## 第一节 化学教学的指导理论

### 一、辩证唯物主义认识论及自然科学方法论

化学教学过程是特殊的认识过程,其特殊性在于它是个体(学生)对化学学科知识的认识过程,它具有间接性、引导性和教育性。因此,辩证唯物主义认识论及自然科学方法论、一般教学理论和学习理论是指导化学教学的基础理论。

(一)辩证唯物主义认识论

辩证唯物主义认识论认为,认识是人脑对客观事物的能动的反映,这种能动作用表现为认识的两个"飞跃",即由感性认识到理性认识的"飞跃",由理性认识到实践的"飞跃"。辩证唯物主义认识论把教学当作自有其客观规律的过程来研究。教学就其本质或主要内容而言,乃是教师把人类已知的科学真理,创造条件转化为学生的真知,同时引导学生把知识转化为能力的一种特殊形式的认识过程。教学是由教师领导身心发展尚未成熟的学生,主要通过学习知识去间接认识世界、发展自身。由成年人按照儿童不同年龄时期能够接受的形式来教他们认识,并且,首先教他们学会成年人已经认识的东西,包括认识的方法和认识的结果,同时把发展他们的认识能力作为专门的任务和工作。化学教学过程,从本质上讲,是一种认识过程。从根本上说,它是受认识规律制约的。辩证唯物主义认识论及据此发展形成的教学认识论揭示了认识过程的一般规律,为人们理解教学过程提供了理论基础。

(二)自然科学方法论

辩证唯物主义认识论是通过自然科学方法论来具体实现它对自然科学的指导作用的。对于自然科学基础知识的教学来说,要做到引导学生实现认识上的两个"飞跃"和学习上的两个"转化",关键因素在于要正确运用自然科学方法论。自然科学方法论是联结哲学和自然科学的一条纽带。自然科学方法论认为,科学的认识过程和相应的科学方法应该是按照由浅入深、由低级到高级的辩证过程发展和运用的。根据辩证唯物主义认识论,可总结出科学认识过程的一般程序。

现代科学教育改革非常重视学生学习方式的转变,尤其鼓励学生在自然科学的学习过

程中，更多地参与科学探究活动，强调在探究学习活动中培养科学探究能力，这就使能力的培养与知识技能的获得、方法策略的掌握、情感态度价值观的形成有机地统一起来。就认识过程来看，科学探究原是指科学家研究自然界的科学规律时所进行的科学研究活动，在这里是指将科学家的探究方式引入学生的学习活动，让学生以类似科学探究的方式学习科学。学生在进行探究性学习时，将运用到观察、实验条件控制、测定、数据处理、分类等具体方法，随后在此基础上进行一定的比较、归纳，形成初步的结论。结论不一定符合预期，从而产生了新问题，在无法用已有知识进行确切解释时，学生便产生了解决问题的欲望，为解决问题，学生将运用回忆、比较、推理等方法，根据模糊的感性认识甚至是可能错误的认识提出一定的假设，进而再次从事探究活动进行相应验证，其结果可能符合假设也可能不符合，若不符合，又将重新提出假设设计实验、进行验证。这样的过程并不是简单的累积或循环，在认识层面上讲，学生的认识是在不断发展、进步的。这其中包含着一个由浅入深、由模糊到清晰、由假设到验证、由错误到正确的过程，其实也就是一个从感性到理性、从理性到实践并不断螺旋上升的过程。

科学探究活动的基本环节和步骤可概括为：发现问题、提出假设、验证假设、形成结论、交流质疑等的循环往复和螺旋上升。不难发现，科学探究活动的认识过程体现了自然科学方法论的观点。

作为一种特殊认识过程的化学教学，必须运用自然科学方法论，遵循认识规律，结合学科特征和教学特征，具体解决教学实际中的各种问题。这样就可以做到，既体现辩证唯物主义认识论对教学过程的指导作用，又避免将教学认识论等同于哲学认识论的简单化倾向。具体地说，化学教学总是从引导学生认识具体的物质和现象开始，从运用已经获得的知识开始，从已知到未知，由感性认识到理性认识，进而通过实践（主要是学习实践）活动去运用化学知识、发展认识能力。例如，让学生进行观察、实验；记录和处理实验数据；运用比较和分类、分析和综合、推理和判断等逻辑思维方法；运用假说等方法探究化学知识。在教学形式上，要创造条件让学生动脑、动口和动手，让他们通过感觉器官，进行思维加工，以实现教学过程中的两个"飞跃"和两个"转化"。

## 二、教学理论

教学理论是依据教育学和心理学等原理探索教学现象较深层次的普遍规律，并为解决具体教学问题提供指导的理论。化学教学理论是建立在一般教学理论之上的。历史上，特别是近现代形成了不少教学理论，它们对化学教学理论有深刻的影响，也是指导化学教学的基础理论。这些理论主要有下列几种：

（一）赫尔巴特传统教学论

**赫尔巴特**（Johann Friedrich Herbart，1776—1841），德国著名教育学家，传统教育

理论的主要代表人。在教育史上第一次建立了以心理学为基础的教学理论。他非常重视"兴趣"在教学过程中的作用，并认为教学的最终目的是培养人的道德品质。他创立了"形式阶段说"，把教学过程分为四个阶段：

（1）明了——给学生明确地讲授新知识，并使学生在学习过程中集中"注意"；

（2）联想——让学生把新知识和旧知识联系起来，在心理上学生"期待"教师给予提示；

（3）系统——要求学生把新旧知识系统化，并在新旧观念联合的基础上做出概括和总结，学生在逐步"探索"中完成任务；

（4）方法——要求学生把所学知识用于实际，学生的心理特征是"行动"。赫尔巴特的"四阶段论"后来被他的后继者修改，发展成为预备、提示、联系、总结和应用的"五段教学法"。

（二）杜威的实用主义教学论

杜威（John Dewey，1859—1952），美国著名教育家，实用主义教育思想的创始人。他批评赫尔巴特的"重教轻学"的做法，在教学内容上主张以亲身经验代替书本知识；在教学组织形式上，反对传统的课堂教学，认为班级授课制"消极地对待学生，机械地使学生集合在一起，课程和教法划一"。杜威重视学生"能动的活动"，提出"教育即生活""学校即社会"的教育主张。他认为教学应按照学生的思维过程进行，并指出"教学法的要素和思维的要素是相同的"。这些要素就是：

（1）学生要有一个真实的经验情境——要有一个对活动本身感兴趣的连续活动。

（2）在这个情境内部产生一个真实的问题，作为思维的刺激物。

（3）他要占有知识资料，从事必要的观察，对付这个问题。

（4）他必须负责一步一步地展开他所想出的解决问题的办法。

（5）他要有机会通过应用来检验他的想法，使这些想法意义明确，并且自己去发现它们是否有效。

（三）凯洛夫的新传统教学论

凯洛夫（Иван Андреевич Каиров，1893—1978），苏联著名的教育家。苏联在20世纪20年代，由于思想认上的偏差和教育实践经验的缺乏，产生了否定一切的倾向，出现了"学校消亡论"。在此历史背景下，凯洛夫开始参加苏联教育的管理和研究，他尽力以唯物论和辩证法来研究教育学，逐步形成新的教学理论体系，他认为教学过程是一个特殊的认识过程，包括教师的教和学生的学两个方面；他提倡并发展完善了班级授课制度，并认为课堂教学是教学工作的基本组织形式；教师在教学过程中要考虑学生的年龄特点，把最基本的知识传授给学生，同时要发展学生的某些能力；教学方法决定于教学任务和教学内容，但教学方法不是唯一的，而是多种多样的。

## （四）赞可夫的发展性教学论

赞可夫（Занков Леонид Владимирович，1901—1977），苏联著名的心理学家、教育学家。他以"教学与发展的关系"为课题进行了长达二十年的研究，提出了学生的"一般发展"的思想。他认为"一般发展"即"心理活动的多方面的发展"，强调个性发展的整体性和动态性以此为指导思想，他还提出实验教学论体系的原则：

（1）以高难度进行教学的原则。教材要有一定的难度，以引起学生的注意，使学生在克服困难中获得知识。当然要掌握难度的分寸，要限于"最近发展区"，但不能降低到"现有发展水平"。

（2）以高速度进行教学的原则。对教材要进行多方面的理解，提高学习知识的质量。

（3）理论知识起主导作用原则。教学要教给学生规律性知识，使其举一反三。

（4）使学生理解学习过程的原则。让学生学会学习，逐步成为学习的主体。

（5）使全班学生都得到发展的原则。

## （五）布鲁姆的掌握学习教学论

布鲁姆（Benjamin Bloom，1913—1999），美国教育家。他的"为掌握而学，为掌握而教""只要提供适当的学习条件，世界上任何人能学会的东西，几乎所有的人都能学会"等观点具有世界性的影响。布鲁姆的"掌握学习"基于这样的一种设想：如果教学是系统而切合实际的；如果学生面临学习困难的时候能得到帮助；如果学生的学习具有足够的实践达到掌握；如果对掌握能规定出明确的标准，那么绝大多数学生的学习能力可以达到很高的水平。布鲁姆的掌握学习在实施上分为两个阶段：准备阶段和操作阶段。

布鲁姆还认为，在学校教育中，评价占有十分重要的地位。但是传统评价的目的实际上是给学生分等分类，而对改进教学工作和实现教育目标所起的作用很小，对学生的人格和性格发展产生不利的影响，因此应该使用适应并发展每个学生的能力，以改进教学工作为中心的教育评价方式。根据"掌握学习"的教学模式和步骤，布鲁姆把教育评价分为诊断性评价、形成性评价、总结性评价三类。

## （六）苏霍姆林斯基"活的教育学"思想

苏霍姆林斯基（В. А.，1918－1970），苏联教育实践家和教育理论家，他特别重视培养学生的个性，要求把每个学生培养成个性全面和谐发展的人，"教育的最重要的任务之一就是：不要让任何一颗心灵里的火药味被点燃，而要使一切天赋和才能都能最充分地发挥出来"；他提倡对学生进行道德教育，让学生有"同情心""责任心"，他认为"一个人从社会得到了什么，以及给予了社会什么，这两者之间应保持一种严格的和谐"；他也很重视智育，认为智育具有双重任务，即掌握知识、发展智力，通过智育，要让学生形成科学的世界观，要"培养人在整个一生中丰富自己的智慧的需要和把知识应用于实践的需要"；他把劳动教育看成是学校教育的一个重要组成部分，认为劳动是"一般发展"和

"个性全面发展"不可缺少的途径。

### （七）瓦根舍因、克拉夫基的范例教学论

瓦根舍因（Martin Wagenschein，1896—1988）、克拉夫基（Wolfgang Klafki，1927—），德国教育家。所谓范例教学指通过一些典型的问题和例子使学生进行独立的学习。其主要内容包括：

（1）三个特性："基本性""基础性"和"范例性"；

（2）三个统一，即"问题解决学习与系统学习的统一""掌握知识与发展能力的统一""主体与客体的统一"；

（3）五个分析，即"分析此内容表示并阐明了什么并能掌握哪些基本知识""分析学生掌握的知识和形成的能力在其智力活动方面的作用""分析该课题对学生未来的意义""分析内容的结构""分析哪些因素使学生掌握教学内容"；

（4）四个阶段，即范例地阐明"个"——用典型的事例阐明事物的本质特征，范例地阐明"类"——通过归纳分析掌握事物的普遍特征，范例地掌握"规律"，范例地获得有关世界的和生活的"经验"。

教学论是研究教学一般规律的科学。以上这些经典的教学理论，虽然学术主张不同，关注重点各异，但其研究对象都是教学。这些理论探讨了教学的过程与本质、教学目的与任务、教学原则与方法、教学管理与评价、教师与学生等一系列问题，提出了各自的学说与主张，为化学教学理论研究与建构奠定了基础。

## 第二节　化学教学特征与教学原则

### 一、化学教学的特征

以实验为基础是化学教学的基本特征。我们可以从学科的根本属性和化学教学的实践经验两个角度来论证这一基本特征。

化学学科是以实验为基础的一门自然科学。实验使化学成为一门科学。化学以客观事物为研究对象，以发现客观规律为目标，具有客观性、验证性、系统性三大特征。大量实验事实为化学理论的形成提供了依据，理论的形成与发展还需经实验事实的检验。综观化学科学发展的历史，前进的每一步都离不开化学实验。化学学科是在实验的基础上产生并发展起来的，实验是化学理论产生的直接源泉，是检验化学理论是否正确的标准，也是提高化学科学认识能力、促进化学科学持续发展的重要动力。

化学教学的特征是化学学科特征在教学中的反映，也是辩证唯物主义认识论在化学教学中的体现，是化学教学区别于其他学科的标志之一。化学学科以实验为基础，辩证唯物

主义认识论强调感性认识的基础性，因此，以实验为基础也是化学教学的基本特征。

化学实验在化学教学中具有不可替代的重要作用。广大化学教师的教学实践说明，化学实验有助于提供丰富的感性知识，有助于激发学习兴趣，有助于创设认知冲突，从而帮助学生正确地形成化学概念，牢固地掌握化学知识，提高观察问题、分析问题、解决问题的能力。化学实验还是培养学生实验技能和实践意识的主要途径，让学生亲自动手实践，一方面可以学习和掌握各种实验操作技能，另一方面还能帮助学生形成通过实践探索和认识客观事物的意识。化学实验还有助于培养学生实事求是、严肃认真的科学精神和态度。离开了化学实验的化学教学将会是无源之水、无本之木，无法达成提高学生科学素养的教学目标。

那么在教学中如何体现"以实验为基础"这一化学教学的特征呢？我们认为，主要应该通过以下几个方面：

(1) 让学生做实验和观察现象，体验通过实验探究规律的过程。

(2) 结合实验事实和实验过程，让学生认识化学概念和理论的形成过程。

(3) 结合典型化学史实，让学生了解化学科学的发展进程。

(4) 让学生通过实验并运用已学的知识解决问题，从而巩固知识、发展能力，培养科学态度、科学方法和正确的价值观念。

## 二、化学教学原则

### （一）突出学生的主体性或主动性原则

依据国际科学教育和化学课程改革的趋势，以及国内化学课程的现状和基础教育课程改革的指导思想，以提高学生的科学素养为主旨；重视科学、技术与社会的相互联系；倡导以科学探究为主的多样化的学习方式；强化评价的诊断激励与发展功能。

教育的根本目的是育人，对象是学生，因此要以学生为本，一切为了学生，为了学生的一切，创造适合学生的教育，而不是选拔适合教育的学生，在整个教育教学中要贯彻以教师为主导，以学生为主体，以培养学生的创新精神和全面发展为主线的思想。

素质教育的内容之一，是促使学生主动地发展，生动活泼地发展，让学生主动学习，只有促使学生积极主动地参与教学过程，才能使教学更好地促进学生的智力发展。学生是学习活动的主人，学生的积极学习是成功学习的基础，只有学生主动学习、主动认知、主动获取教学内容、主动吸收人类积累的精神财富，他们才能认识世界，促进自身的发展。教学是由教和学相互联动、有机结合而组成的，学生是参与者、演员，教师应设计教学的环境，组织和吸引学生积极主动地参与教学过程，而不是我讲你听，我问你答，从眼前看，学生讲五分钟，可能不如教师讲五分钟的效果好，但要看长远一些，要考虑若干年后的效果。因此，课堂教学改革的根本任务是转弊为利，要按照现代教学运行机制，变换传统的班级授课制组织形式，减少教师在课堂上的讲授时间，调动学生参与教学的积极性，发挥学生自主探究的能动性，使课堂教学焕发出生机。实现教学形式的转变，一要最大限度地减少教师的讲授；二要最大限度地满足学生自主发展的需要；三要尽可能做到学生在"活动"中学习，在"主动"中发展，在"合作"中增知，在"探究"中创新。要充分体现学生的自主性：规律让学生自主发现，方法让学生自主寻找，思路让学生自主探究，问题让学生自主解决。

（二）激发兴趣和培养自信原则

从心理学角度来看，学生对某种事物的认识与实践的倾向性心理特征就表现为兴趣。兴趣的产生和学生的认知活动密切相关，同时也伴随愉悦的情感体验，这种倾向性的心理特征一旦长期稳定存在，就会成为取之不尽的原动力。

教育心理学认为：决定学生学习兴趣的内在机制有两个方面，一是学生所从事的学习价值有多大，二是学生在学习活动中成功的把握有多大。如果某学生认为没有成功的希望，即使这项学习再有价值也不会让他产生兴趣，因为这是没有结果的事情。反之，如果学习没有价值，即使有100%的成功希望，他也不会积极投身于学习。同时还要注重培养学生的自信心，自信心的获得是学生对自身主体性认识的重要表现。在学习实践活动中，让学生不断接受肯定性的反馈与激励，学生就会表现出较强的自我意识，对自身做出积极的认识和评价，在学习中采取积极主动的态度，发挥主体的能动作用。教师在教学中对学生学习中的言与行要多给予肯定，积极引导，尤其在普通班的教育中，要以质见长，以智取胜，坚持以赞扬为主，及时肯定微小进步，让学生感受成功的喜悦，通过一次次小的成功奠定学生自信心的基础，让他们对自己、对明天充满信心，因为充满信心是创新的基础。

（三）注重探究式原则

科学探究是一种重要而有效的学习方式，内容标准对各主题的学习提出了探究活动的具体建议，旨在转变学生的学习方式，使学生积极主动地获取化学知识，激发学习兴趣，培养创新精神和实践能力。我们要将科学探究作为义务教育阶段化学课程的重要学习内容，在内容标准中单独设立主题，明确地提出发展科学探究能力所包含的内容与培养目标。因此，我们要在教学中把培养学生的科学探究能力作为重中之重。

所谓探究，就其本意来说，是探讨和研究。探讨就是探求学问、探求真理和探本求源；研究就是研讨问题、追根求源和多方寻求答案，解决疑问。现在我们常说教学要创新，怎么创新？许多人感到迷离，其实，创新就在我们身边，创新就在一个个探究实践活动中，用理论去指导实践，在实践的基础上再总结出新的理论，推动事业不断向前发展，这就是我们所讲的创新活动，这就是我们提倡的探究式教学。教师要注重引导学生主动发现和提出问题，并通过积极地探究解决问题。如"将分别蘸有浓氨水和浓盐酸的玻璃棒互相靠近，出现'空中生烟'的奇景"，教师可引导学生在感叹这一实验现象的同时，思考"为什么出现这样的景象？"等问题，激发学生进一步探究的兴趣和欲望。

在探究教学中，要重视对学生进行科学方法教育。进行教学法指导，教师要把握三点：一是真正知道学生需要什么；二要知道怎么做能使学生探究的问题达到"最近发展区"；三要知道教学法指导的根本目的是使学生愿学、乐学、会学、善学。教师要深入研究教材，提炼教学内容中的某些方法要素，并在教学设计中予以渗透，让学生在探究活动中体验科学方法的运用，如对化学现象进行分类，或提出有关的假设、设计实验和控制实验条件进行探究等。

学生的知识背景不同，思考问题的方式也可能不同，他们对同一个问题的认识角度和认识水平也存在差异。学生可对知识产生发展的过程进行探究；可在新旧知识的联结点上探究；可在学生质疑问难处探究；可在解决实践问题上探究；还可在事物的求新、求异、求变上探究。总之，对知识的理解程度不同会引发探究，对问题的思维方式不同，也会导致不同的探究。值得注意的是，学生对知识的探究，并不像科学家探究那样要发明创造些什么，学生的探究是在教师的激励、启发和诱导之下，运用科学的方法去探究他们暂时还未理解和掌握的知识。学生探究遵循的规律是从不知到知，从知之不多到知之甚多，从学会知识到会学知识和会用知识，再把知识转化为能力。学生探究知识的过程，就是学生利用原有知识经验，去解决教材中包含的未知因素，通过"学、思、疑、问、探"等多种方式，去挖掘自己的内在潜力，既获得新知，又增长能力。在探究教学中教师要有目的地组织学生相互交流和讨论，这样既有利于培养学生交流与合作的能力，也有利于发展学生的评价能力。要提倡以小组为单位的探究活动。如分组完成"调查家庭金属废弃物的种类，讨论回收的价值和可能性"等课题。在探究实践中，教师应高度关注情感态度与价值观方面的课程目标的落实。

（四）培养学生的问题意识原则

学生通过亲身经历和体验科学探究活动，激发学习化学的兴趣，增进对科学的情感，理解科学的本质，学习科学探究的方法，初步形成科学探究能力。

科学探究是一种重要的学习方式，也是义务教育阶段化学课程的重要内容，对发展学生的科学素养具有不可替代的作用。而提出问题是科学探究的基础，因此，要大力培养学生的问题意识。学起于思，思源于疑，认知心理学研究表明："怀疑是探求真理的前提和基础。"在备课和教学时，教师要站在学生的角度，进行心理换位，模拟学生提问，启发学生。

（五）理论联系实际原则

化学课程内容的选择依据学生的已有经验和心理发展水平，反映化学学科内容特点，重视科学、技术与社会的联系，确定了"科学探究""身边的化学物质""物质构成的奥秘""物质的化学变化""化学与社会发展"五个内容主题，规定了具体的课程内容标准。这些内容是学生终身学习和适应现代社会生活所必需的化学基础知识，也是对学生进行情感态度和价值观教育的载体。所以教学中要突出理论联系实际原则，培养学生学以致用的能力。

化学与日常生活、生产、环境、卫生、健康等联系非常密切，我们学习化学，就是要综合运用化学知识，全面解决实际问题，这就要求我们不仅要系统地传授化学知识，而且还要适时地引导学生关心社会、了解社会，并学会尝试根据自己所掌握的化学知识解决社会中有关的化学问题，使其在科学的探究过程中培养兴趣、发展智力，提高观察能力、分析能力、独立思考及解决问题的能力，同时学会科学的学习方法和思维方法。

要注意从学生熟悉的身边现象入手，引导他们发现问题、展开探究以获得有关的知识和经验。要紧密结合学生的生活实际，使他们感受身边的化学物质和化学变化，增强学习的兴趣，加深他们对化学知识在生活实际中应用的认识。对于与学生生活实际紧密联系的物质及其变化现象，要注意在教学中寻找新的视角和切入点，使学生形成新的认识。例如，水是学生生活中最熟悉的物质，在水的教学中，可以引导学生从化学的视角出发认识生活中的"水"，探究水的组成和性质，了解水的污染和污染源、水的净化和纯化等。

在衣、食、住、行等方面存在着大量与化学有关的素材，如燃料和燃烧、溶液、酸、碱、盐、有机物和各种材料等。教学中可以根据学生的具体情况及教学需要收集和筛选素材，不断充实教学内容。

### （六）重视化学实验原则

"活动与探究建议"是为了突出学生的实践活动，充分发挥学生实验能力而设置的。化学实验是进行科学探究的重要方式，学生具备基本的化学实验能力是学习化学和进行探究活动的基础和保证。

化学是一门以实验为基础的自然科学，实验是化学赖以生存和发展的基础，是化学的灵魂。要改变重理论轻实验、重结论轻过程的现象，要着重培养学生的化学科学素质及各种能力，就应把重点放在实验功能的开发上。有的学者把实验的功能精辟地概括为10个字：获知（获取化学知识和技能）；激趣（激发学生学习化学的兴趣和科学探索精神）；求真（培养学生勇于探索、实事求是的科学品质及实践出真知，实践是检验真理的唯一标准的科学精神和科学态度）；循理（训练学生研究应用化学知识与化学技能的方法、规律和思维）；育德（养成诚实、严谨、合作、谦逊、刻苦等科学品质和科学态度）。在教学中，演示实验要鲜明、生动，具有真实性，要能激发学生学习的兴趣和培养学生观察能力；要通过实验巧妙地创设问题情境，有的放矢地设置疑问，让学生带着问题去观察、思考；要尽可能地把演示实验改为在教师指导下的探索性试验，以培养学生认识事物、掌握知识的方法。

## （七）创设问题情景原则

"可供选择的学习情景素材"包括与学习内容相关的各种背景资料，如化学史料、日常生活中生动的自然现象和化学史实、化学科学与技术发展及应用的重大成就、化学对社会发展影响的事件等。这些素材旨在帮助教师理解课程目标，教师可在相关主题的教学中利用这些素材来创设学习情景，充分调动学生学习的主动性和积极性，帮助学生理解学习内容，体验化学与技术、社会的紧密联系，引导学生认识化学在促进社会可持续发展中的作用。创设学习情景可以增强学习的针对性，有利于发挥情感在教学中的作用，激发学生的兴趣，使学习更为有效。在创设学习情景时，应力求真实、生动、直观而又富于启迪性。演示实验、化学问题、小故事、科学史实、新闻报道、实物、图片、模型和影像资料等，都可以用于创设学习情景。

在教学中，教师要善于引导学生从真实的情景中发现问题，有针对性地展开讨论，提出解决问题的思路，使学生的认识逐步得到发展。如组织小组辩论"常用的几种燃料中，哪一种最理想？"试验"活性炭和明矾的净水作用"；观看录像"硬水对人们生活的影响"等，都可以为学生学习有关知识提供良好的基础。

# 第三节  化学教学过程与教学方法

## 一、化学教学过程

化学教学过程是化学教师教和学生学的统一的活动过程，是教师引导学生掌握化学基础知识和基本技能，发展能力，形成正确情感态度和价值观的特殊的认识过程。

化学教学过程是教和学的双边活动过程。教学不是教师一个人的活动，学生是教师教学的对象，更是学习的主体，同时也是课堂教学活动的主体之一。成功的教学是符合学生的认知特点，能够调动学生的积极性，让学生主动地参与活动，是有利于学生自主建构正确的认知结构的活动，是有利于学生发展的活动。相反，脱离学生参与、忽视学生的感受与理解的教学往往事倍功半甚至一无所获。在教学过程中，学生倾听教师的讲解，遵循教师的引导，完成教师布置的任务；教师倾听学生的言语，观察学生的反应，根据学生来调整自己的教学，或加快或减慢，或详细或简练；学生的思想是不可预测的，是变化多端和充满灵气的，学生提问或回答，对教师就可能是启发，也可能生成新的教学资源；教学的过程也是教师学习、进步的过程。同时，师生之间的感情、情绪也彼此互动：教师的激情将振奋学生的斗志，教师的投入将换来学生的配合；学生的活跃将刺激教师的热情，学生的痛苦将带来教师的苦恼。总之，教学活动中，师生之间相互作用、相互影响、相互制约。

化学教学活动又是特殊的认识过程。首先是认识对象的特殊性。化学教学中学生的认识对象是化学的基础知识和基本技能，这些知识是人类经过漫长岁月已经获得的，对学生而言是间接经验。其次是认识方式的特殊性。化学教学中学生的认识过程是在教师指导下进行的。教师综合考虑教学内容、教学条件、学生已有认知水平等因素，设计出合适的教学方案，从而带领学生完成学习任务。这样的认识过程不同于科学家、艺术家、成年人等的个体认识过程，是由教师引导未成熟的主体通过学习知识、初步探究去认识世界，把大量间接经验和少量直接经验变为学生个体的精神财富，发展学生自身的特殊认识过程。最后是认识目标的特殊性。化学教学中学生的认识目标不仅是化学基础知识和基本技能，还包括过程方法和情感态度价值观。在化学教学中，学生不仅要学习人类已知的知识，还要得到探究未知的体验，初步得到社会交往的锻炼，形成对科学正面的情感和态度。

构成化学教学过程的基本因素有四个：教师、学生、教学内容和教学条件。前两个是人的因素，后两个是物的因素，人的因素是决定因素，物的因素可以通过人的因素的作用发生变化。在四个因素中，教师是起决定性作用的主要因素。有效的教学过程是教师精心安排教学内容、充分利用教学条件和着力发挥学生主观能动性的过程。

## 二、化学教学方法

化学教学方法是化学教师在教学过程中为了完成教学任务所采用的工作方式和学生在教师指导下的学习方式。

化学教学活动由教师、学生、教学内容和教学手段四个因素组成，教学手段包括教学方法和教学物质条件。这几个因素各有各的作用，它们作为一个有机的整体决定着教学活动的进行。但是在一个具体的班级，教师和学生是固定的，教学内容（主要由教学大纲和教材决定）和教学物质条件（主要由学校经济条件决定）大体上也可以看作是固定的，只有教学方法是灵活易变的因素。化学教师可以根据教学内容，学生的认知水平、兴趣、爱好和学校的物质条件，选择或创造合适的教学方法，来保证取得好的教学效果。当然，如果教学方法不合适，就会事倍功半，影响教学效果。因此，化学教学方法是化学教师发挥聪明才智、进行创造性劳动的重要领域，是化学教学改革的活跃因素。

我国的教学论常用分析法研究教学，把教学体系分解成课程教材、教学原则、教学组织形式和教学方法几个因素，分别加以研究，然后在教学实际中综合应用。按照这种方法划分出来的化学教学方法有讲授法、谈话法、讨论法、演示法、实验法、练习法、读书指导法等。

为了讨论方便，我们把用分析法研究教学得出的化学教学方法叫作第一类化学教学方法；把用综合法研究教学得出的化学教学方法叫作第二类化学教学方法。

## (一) 第一类化学教学方法

### 1. 讲授法

讲授法是教师通过口头语言对学生系统地传授知识的一种方法。运用这种方法，教师可以将化学知识系统地传授给学生，使学生能在较短的时间内获得较多的知识。它能运用启发的方式对学生提出问题，引起他们积极思考，并指出解决问题的途径，发展学生的抽象思维。讲授法是历史上流传下来的一种最主要的教学方法，也是当前化学教学中最基本的方法。其他各种方法都要与它结合着使用。讲授法的缺点是教师占用的教学时间较多，不利于发挥学生的主体作用，也不利于发展学生的技能。如果教师不善于运用启发式教学，未能做到所教知识的逻辑顺序与学生的认识能力和认知结构相同步，学生就会陷于被动状态，成为灌输的容器，导致机械地学习，死记硬背。没有经验的教师是很容易滑到这一步的。这就是讲授法常被人称之为"满堂灌"而受到批评的原因。

讲授法是教师通过口头语言向学生传授知识的方法，所以教师的语言水平对教学效果影响很大。我们经常可以见到这样的情形：一些教师专业知识水平不低，备课也努力，但由于语言表达能力差，讲课学生不爱听，影响了教学效果。

教学语言首先应该做到清晰、准确、简练。也就是说，它既要有严密的科学性和逻辑性，也要符合语法规范，不做无谓的重复。其次应该生动，即教师讲课要讲求艺术性，善于运用形象比喻，语调有抑扬顿挫，适当运用体态语言——以姿势助说话，使教学语言富有感染力，娓娓动听，从而激发学生学习的兴趣。这里应该注意，教学是严肃的、艰苦的脑力劳动，不是娱乐，教学语言的生动应以不影响教学的科学性和正常的教学秩序为限，不能为了追求"生动"而插科打诨，卖弄噱头，把教学活动搞得庸俗化。因为那样既不利于学生知识的学习，也不利于他们思想品德的培养。

### 2. 谈话法和讨论法

谈话法是教师通过和学生相互交谈来进行教学的方法，讨论法是在教师指导下，由全班或小组成员围绕某一中心问题发表意见而进行相互学习的一种方法。这两种方法不是使学生从不知到知，而是引导学生根据已有知识、经验，通过独立思考去获得新的知识。因此，从学习的心理机制看，谈话法和讨论法都是属于探究性的。它们的优点是能充分发挥学生的主体作用，激发学生的积极思维，并有利于培养学生的口头语言表达能力。

谈话法适用于所有年级，但低年级用得比较多。它一般用于检查学生的知识，复习和巩固旧知识，也用于讲授新课。教师做演示实验时，为了引导学生观察和思考，常用谈话法与之配合。

运用谈话法首先要求教师做充分准备，拟好谈话提纲。所提问题要有启发性。如果是通过一组问题来引导学生概括出某个科学的结论，则各问题之间应有严密的逻辑顺序。其次，要面向全体学生发问，给学生思考的时间。提问对象要普遍，并要贯彻因材施教原则，即所提问题的难度应与答问学生的水平相当。

讨论法常用于高年级，因运用这种方法要求学生具备一定的知识基础和独立思考能力。运用讨论法首先要求教师提前布置讨论题，明确对讨论的要求，指导学生复习有关知识，搜集资料，写好发言提纲。其次，要求教师组织好讨论，鼓励学生勇于发表意见，相互切磋，并注意使讨论能围绕中心，紧扣主题。讨论结束后，教师要做好总结，提出需要进一步思考的问题，供学生学习和研究。

3．演示法

为了使学生获得感性知识，加深对学习对象的印象，把理论知识与实际知识联系起来，同时也为了激发学生的学习兴趣，化学课上需做演示实验，展示实物标本、模型、挂图，放映幻灯片、电影、电视录像等。教师做演示时必须与讲授相结合，这样才能引导学生观察，使学生获得全面而清晰的表象，并在此基础上引导学生思维，帮助他们形成正确的化学概念，加深对化学现象本质的理解。

4．实验法

化学是一门以实验为基础的科学，学生学习化学必须做实验。因此，实验法是化学教学的基本方法。学生课内做实验主要分随堂实验和整堂实验课两种形式。

5．练习法

练习法是在教师指导下学生巩固知识和培养技能的基本方法，也是学生学习过程中一种重要的实践活动。在化学教学中，一些重要的化学用语、化学基本概念、化学基础理论、化学计算和化学实验操作等，均需要有计划地加强练习，以达到巩固知识、训练技能、发展智力和培养能力的目的。

练习分口头（口答）练习、书面（笔答、板演）练习和操作练习3种形式。

在口头练习中，教师所提问题应具有启发性，不要提那些死背定义或简单回答"是"与"不是"的问题。同时还应对学生进行口头表达能力的训练，要求他们清晰、准确地回答问题。为了提高课堂书面练习（包括板演）的效率，最好采用是非题、选择题、填充题或计算题这样一些学生书写文字量小的问题。为了训练学生组织思想、论述问题和文字表达的能力，可以适当布置学生在课下写小论文。

操作练习，主要是让学生动手做实验和组装模型，目的是训练学生做化学实验和组装模型的操作技能，自然也是培养他们动手、动脑、解决实际问题的能力。像滴液、取液、试管操持等基本操作学生容易出错，就可以结合所学的化学知识，出题加以练习，以巩固所学内容。学生学习有机化学缺乏空间立体观念，对于分子的立体异构常常想象不出来，就可以让学生亲自组装分子模型，会巩固和加深他们对分子结构的理解，也有利于他们发展对微观粒子结构的想象力。

6．读书指导法

读书指导法是教师指导学生通过阅读化学教材和参考书获取知识、发展智力的一种教学方法，是培养学生自学能力的一种好方法。教师应要求学生课前预习、课后复习，而预习和复习都必须阅读教材。如有余力，也应阅读参考书。

## （二）第二类化学教学方法

### 1．发现法

发现法是教师提供适于学生进行再发现活动的教材，促使学生通过自己探索、尝试过程来发现知识，并培养提出问题和探索发现能力的方法。运用这种方法的关键，在于编制适于学生再发现活动的教材。编制教材时要注意以下三点：

（1）缩短过程：将科学家原发现的曲折的认识过程加以剪辑，使之变成捷径。

（2）降低难度：原发现过程对于学生来说往往难度过大，必须降低到与学生认知结构相匹配的程度。

（3）精简歧途：原发现可能走过许多不同的道路，但教材应将它们精简成少量"歧途"，这样一则可以降低学习的难度，二则可以训练学生的分辨能力。

### 2．局部探求法和引导发现法

这两种教学方法本质上都属于发现法，但是它们是对发现法的改进。局部探求法是将一个待发现的较复杂的问题划分成几个较简单的小问题，让学生分步去探索发现，或者让学生探索其中两个小问题，其余由教师通过启发式谈话来解决。这样就降低了探索发现的难度，扩大了发现法的适用面。

引导发现法强调在学生发现活动中要加强教师的引导，减少发现活动的自发性，使学生尽可能少受挫折，从而降低发现的难度。应用这种方法，一个发现过程大体可分准备、初探、交流、总结、运用五个阶段。

### 3．"读读、议议、讲讲、练练"教学法

"读读、议议、讲讲、练练"教学法的主旨是克服学生在学习中的被动状况，发挥他们的主体作用。这种教学方法的"读"，是指学生在教师指导下课堂上阅读教材。"议"，是指在阅读后让学生议论阅读中发现的疑难问题。"讲"，是指教师必要的讲授，它贯串课的始终。如布置阅读时提启发性问题，给学生的议论做总结，对于难度大、学生难以读或议的教材直接进行讲授等。"练"，是指在课堂上组织练习，组织学生做实验，借以巩固知识、形成技能。

显然，这种教学方法是以教为主导、学为主体的教学原则，是将阅读指导法、讨论法、讲授法、练习法、实验法综合在一起形成的，体现了启发式教学的精神，如果运用得好，会取得好的教学效果。

### 4．单元结构教学法

单元结构教学法是根据布鲁纳结构主义观点将化学教材重新加以组织，同时汲取发现法、程序教学法和传统的讲授法的优点而创造出来的一种新的教学方法。采用单元结构教

学法时，教师备课要做好两项工作。首先，要以理论为主线，实验为基础，将知识按内在逻辑联系组成不同的"结构单元"。其次，按结构单元编写指导学生自学的"学习程序"。

单元结构教学法一般按照下面的程序进行教学。

（1）教师启迪开始学习时，教师对本单元的内容和重要性等做一概括的介绍，以引起学生的学习动机，明确学习目的、学习方法和思路。

（2）自学课堂上让学生按学习程序自学，其方式包括阅读教材、参考书，做实验，做预习题，钻研学习程序上提出的思考题。

（3）检查自学情况，组织讨论，进行重点讲授，为了检查学生自学的情况，应让他们报告自学的成果，回答教师的提问，并组织他们对有不同意见或自学理解不深刻的问题进行课堂讨论。然后教师对他们进行讲评、订正、示范、总结。同时根据需要，对于教材重点、难点还要进行讲授。讲完后再让学生做作业、做实验，以资巩固。

（4）做好总结，形成知识体系，在一个单元学习结束时，教师要布置一些带综合性的作业或布置写小论文，促使学生将已学到的知识分类、对比、概括、总结，使知识系统化，从而形成较完善的认知结构。

教学实践证明，这种教学方法有利于做到教为主导与学为主体的统一，可以让学生比较好地掌握双基和培养他们的思维能力与自学能力。但是它在如何划分结构单元，如何做到单元知识结构与学生认知结构最佳地配合等方面，尚不够成熟，有待继续探索。

## 三、选择和运用化学教学方法的注意事项

第一类化学教学方法是单纯的方法，在运用这些方法时，只有贯彻正确的教学原则，坚持实行启发式教学，适应课程教材的要求，协调与教学组织形式的关系，才能取得好的教学效果。第二类化学教学方法，虽是根据对教学实行综合研究设计出来的，但也存在指导思想是否符合教学规律，教学措施是否符合实际情况的问题。加之不同课的教学目的、内容、学生的情况及不同学校的环境设备均有差异，因此，教师如何根据实际情况正确选择和运用教学方法，对于提高教学质量具有重要意义。

选择和运用教学方法，应该注意这样几点：

（一）要适合课题教学目的任务

教学方法是为完成教学目的任务服务的，因此，教学方法必须适合课题教学目的任务的要求。如课题的教学目的是传授新知识，一般就要应用演示法给学生提供感性知识，然后用讲授法、谈话法等方法使感性知识上升为理性知识。如果教学目的是培养学生的化学计算技能，则应采用练习法进行教学。由于教学中一堂课的教学目的往往不是单一的，因此，使用的教学方法也不应总是单一的，而应是几种方法最优的结合。

（二）要与教学内容相匹配

教学目的由教学内容来体现，教学方法要适合教学目的的要求，就必须与教学内容相

匹配。如元素化合物教材，一般应选用演示法、实验法、讲述法或讲解法；理论教材，应选用讲解法、谈话法或讨论法；对于化学用语，一般采用讲解法和练习法等。

### （三）要与学生实际情况相适应

不同年级的学生，其知识储备不同，认知水平不同，对于不同的教学方法的适应能力也不同。如讲解法、讲述法、谈话法、演示法等，在初中都可以顺利地使用，而讲演法、讨论法就宜于在高中使用。选择教学方法时还应考虑班集体的学风。例如，有的班特别活跃，学生爱提问，爱发表自己的意见，就利于采用谈话法和讨论法；有的班表现"沉闷"，不爱提问，讨论不爱发言，讨论法应暂时少用，而宜选用其他教学方法。当然教师也应采取措施，打破这种沉闷局面，使班集体逐步活跃起来。

### （四）要考虑学校的设备条件

某些教学方法的使用，与学校设备条件有关。例如，学校化学实验室设备完善，化学仪器药品供应充分，就可以多用实验法，也可以适当采用发现法。如果不具备这些条件，就只好采用演示法或其他教学方法。

### （五）要适合教师自身的业务水平和教学风格

不同的教学方法对教师的业务能力要求不同。教师应该了解自己的长处和短处，扬长避短，形成自己的教学风格。例如，擅长口头表达的教师，可以多用讲授法、谈话法；精通化学实验的教师，可以多用演示法、实验法；教学组织能力强的教师，可以多用讨论法。当然，擅长口头表达的教师，在发挥讲授特长的同时，应该保证学生有足够的机会动手做实验；精通实验的教师，在发挥组织学生做实验特长的同时，也应保证对学生进行必要的讲授。因此，一个好的化学教师，在发挥特长、形成风格的同时，必须具备运用各种普通教学方法的基本能力。

### （六）要按规定教学时间完成教学任务

各种教学方法传授同样数量的知识所耗费的时间是不同的。一般来说，讲授法、演示法耗用时间短，发现法、谈话法、讨论法、实验法耗用时间长。对于一个具体课题应采用什么方法，要根据课题的教学目的和可以使用的时间综合考虑，不能片面地做决定。

在教学过程中，为了取得好的教学效果，对于第一类化学教学方法，往往不能一种方法用到底，而是需要几种方法组合使用。例如，在一堂课上教师不能总是讲授，常须配合使用演示法、学生实验法、谈话法或讨论法等方法。课的教学质量在相当大的程度上取决于这些方法的选择和组合是否得当。对于第二类化学教学方法，如发现法，除了它对教材组织有特殊要求外，教学方法上也是指导读书、实验、讨论、讲授等第一类化学教学方法的综合运用。它的教学质量既取决于教材组织，也取决于教学方法的选择与组合是否得当。因此，一堂课教学质量的高低，相当大程度上取决于教师是否能根据实际情况对教学方法实行优选组合、灵活运用。所以教师优选组合、灵活运用教学方法的能力，可以看作是教师教学业务水平的一个重要标志。

# 第二章　高中化学探究式教学建构

## 第一节　高中化学探究式教学的特征

### 一、师生关系

探究式教学要求平等、互信和融洽的师生关系，这也是探究式教学成功实施的前提条件。传统教学的师生关系是基于儒家伦理思想建立的，强调等级次序，强调教师的威严和学生的顺从。新型的师生关系，需要教师"放下身段"，摒弃传统的师道尊严，让师生在知识、人格、心理、道德等多层面开展广泛、深入的交流。它的核心是师生心灵的互相接纳，形成师生民主、平等的伦理关系和至爱、真挚的情感关系。它的宗旨是本着学生自主性精神，促进其人格的健康发展。它应该具备这样几个特征：

(1) 真诚相见：师生诚实相待，不欺诈，不敌对。
(2) 相互尊重：这种尊重是双方都能清晰无误感觉到的。
(3) 相互独立：彼此不存在任何形式的依赖、依附关系。
(4) 相互包容：彼此接纳对方独特的个性。
(5) 共同发展：一方的进步和需求不以牺牲另一方的进步和需求为代价。

只有建立新型的师生关系，学生才可能在与教师相互尊重、合作、信任中全面发展自己，获得成就感与生命价值的体验，逐步完成自由个性和健康人格的确立；教师的教育教学活动，才可以让每个学生都能充分感受到自我价值，感受到心灵成长的愉悦。

### 二、教学目标

传统教学强调认知目标，即知识的系统学习，忽视学生的智能发展、人格培养和情感需求。传统教学由于放弃了教学中的非智力教育因素（如兴趣、热情、毅力等）和教育契机，教学趋向形式化和教条化，抑制了教学的生机和活力。

探究式教学通过在学习中创设一种类似于学术研究的情境，引导学生自主地发现问题、实验操作、调查研究、搜集与处理信息、表达与交流等，从而获得知识、技能、情感、态度、方法、探索精神和创新能力的发展。简言之，探究式教学是帮助学生培养学习的能力，包括：

（1）学习态度。培养树立"爱"学习的思想，变"要我学"为"我要学"，变学习的自为、自然状态为自在、自觉状态，变被动学习为主动学习。

（2）学习习惯。不用任何外力约束，而能持之以恒地获取知识、信息和技能。

（3）学习观念。读书不唯书，尊师不唯师，不局限于课堂，不迷信权威，主动求知，主动探索，具备质疑精神和批判意识。

（4）学习方法。合理安排学习时间，会利用各种现代化学习工具，重视学习效率和学习效果。勤读、勤听、勤问、多思，知其然知其所以然；善于融会贯通，总结经验教训，懂得调整思路和策略；善于借鉴他人学习经验和发现学习规律，寻找适合自己的学习方法。必须指出，探究式教学不是反对知识和技能的学习，而是强调使学生学习知识、掌握技能的过程，同时变成经历科学探究过程、学习研究方法和提升情感态度与价值观的过程。

## 三、教学模式

### （一）"问题"是核心

传统教学是"接受性教学"，主要有三个特点：一是被动性。学生在学习中是被动的，对学习缺乏自主权。教师由学校安排，学生所学知识内容是国家规定的统一教材，教学过程、学习目标是教师确定的，学习结果是教师按统一标准评价的，学习时间、场所、形式等都是学校决定的。对于这一切，学生不能做主，既没有选择的权利，也没有选择的机会。二是依赖性。学生的学习活动依赖教师，学习内容靠老师提供，学习情境靠老师创设，学习过程靠老师设计，学习的重难点靠老师点拨，练习的作业靠老师布置，学习成绩靠老师评价。在学习活动中，学生缺乏独立性。三是封闭性。学生学习的知识内容局限在书本之中，学习的场地局限在课堂。在这种封闭的学习状态中，学生失去了对未知世界探究的兴趣、动机和机会。

化学探究性课堂的最根本特征是围绕化学科学问题，运用科学的方法进行科学的探索活动，经历科学的工作过程。这种未知性取决于人类的一种基本特质——好奇心。探究性课堂重视并利用学生的这种本能的学习冲动。可以看出，探究性课堂迎合了学生的心理特点，符合新时期教育的发展要求。而利用未知性创设问题性，这是探究性课堂的最大特点。

探究式教学是"问题式教学"，它要求创设一种有助于探索研究的开放的情境和途径，使学生围绕某一主题主动地探索、加工处理信息，并应用知识以解决问题。它主要分为以下三个步骤：

（1）提出问题。要求学生根据已有知识或经验主动提出问题，教师由此出发组织教学。这是"问题教学法"的第一步，旨在培养学生的问题意识。问题是思维的起点，提出一个问题往往比解决一个问题更重要。问题由学生提出，学生由被动的接受者、服从者、执行者变成了主动的发现者、研究者、探索者，发现问题的喜悦将成为激发学生学习和创造欲望的强大动力。

（2）讨论问题。教师根据学生提出的问题加以重新设计，并搜集、编制适合学生讨论的相关材料。问题设计旨在赋予问题的挑战性和答案的多样性，以充分激发学生的好奇心和求知欲，有助于学生从问题中发现新问题，不断深化对问题的理解，为学生思维的自由发挥拓展新的空间。

（3）解决问题。教师帮助学生对探究的成果和不足加以总结和分析，肯定成绩以培养学生解决问题的成就感和自信心，维持学生进一步探究的兴趣。鼓励学生把学到的知识运用到新的学习和探究中去，实现有效的知识迁移。

（二）学生唱主角

传统教学以课堂教学为主，全部教学活动由教师决定，而教学方法主要采用所谓的"讲授式"，注重个人努力，很少或完全不考虑师生、同学之间的集体合作。长期的教学实践已经证明，单向性的讲授式教学，不可能激发学生较高水平的思维活动，不可能充分调动学生的学习积极性，必然造成学习效率的低下，不利于学生思维能力的发展。

探究式教学模式注重学生学习的自主性。它突出学生的主体地位，赋予学生学习的自主权，鼓励学生主动探求问题，自由交流，课程不再只是特定知识体系的载体，更成为一种师生共同探索新知的发展过程。教学的过程具有开放性和灵活性，不再是完全预定的、不可更改的。教学不完全在教师的控制之下，学生学习和研究过程的演进往往无法预料，教师不仅要提供学生方法上的支持，还要帮助学生随时解决可能遇到的困难。这样的教学模式要求教师转变角色，即变"教师"为"导师"，变"教学"为"导学"。而教学顺序则变"先讲后学"为"先学后讲"。也就是说，学生通过自学、讨论先行解决自己能够掌握的学习内容，而后教师有针对性地讲解学生的疑难问题，真正体现"以学为本，因学导教"的教育思想。成功自主性学习的主要标志是：学生本人对学习的各个环节和要素都能自觉自主地选择和控制。具体表现为：学生的学习动机是自发的，学习内容是自己选择的，学习策略是自己确定的，学习时间是自己安排和管理的，学生能够主动营造有利于学习的物质条件，并能够对学习结果做出自我评判。反映在学习过程中，就是学生在学习活动之前能够确定学习目标、制订学习计划、做好相应的学习准备，在学习活动中能够对学习进展、学习方法做出自我监控、自我反馈和自我调节，在学习活动后能够对学习结果进行自我检查、自我总结、自我评价和自我补救。

探究性课堂应充分体现学生的主体性和教师的主导性。学生是课堂的主人，他们必须亲力亲为，积极主动地投入到探究中，这种体验是不能假手于人的。教师扮演的是合作者，为学生提供必要的帮助，可以说教师仅仅给学生参考性的意见和建议，而执行者只能是学生本人。没有标准答案，学生自己走出的就是路。主动性是把学生当成学习的主人，而不是知识的容器，更好地体现了主观能动性。互动性则为主动性保驾护航，师生之间的反馈、生生之间的交流更好地诠释了探究性课堂的活的灵魂，在互动中，促进了交流与沟通，学生的合作意识、表达能力、分析讨论水平都能得到很好的发展。

（三）开放的教学

探究式教学是个占有资料和推演的过程，学生的探究性工作必须借助于课外实践才能完成，探究能力也必须借助于课外实践才能真正培养起来。因此，探究式教学必然拓展、延伸到课外，即课堂是开放性的。传统教学的课堂结构大都是封闭式的，课堂有固定程序，重视总结，以学生熟练掌握知识为评价标准，这样的教学思想既限制了教师的教学智慧，也阻碍了学生可持续发展能力的培养。探究式教学讲求课内和课外的衔接，课堂教学是为了给学生打下坚实的基础，课外探究活动则是基础知识的具体应用，课内、课外探究活动共同构成整个教学不可分割的组成部分。一方面，课外探究活动涉及学生的主体生活、自然生活、社会生活的方方面面，通过解决实际问题，有助于强化学生搜集、处理和提炼信息的能力，提高学习的积极性，激发他们探究的欲望，培养其创造精神；另一方面，课外探究活动必然加深学生对原有知识的理解，探究活动的问题反馈会充实和促进课堂教学。

探究性课堂不应是一条通往知识库的康庄大道，而应是纵横交错的交通网，每一条旁逸斜出的小路上都会在收获知识的同时有额外馈赠，所谓条条大路通罗马。过程性既遵循了知识生成的结构特征，也尊重了人们发现知识的认识规律。开放性则体现了知识的可生成性和个体的差异性。我们知道，没有绝对的真理，任何真理都是随着人们认识能力的提高在不断发展与完善的，因此，我们的课堂必须是开放性的，或者说给学生留下的是知识的活路——可以继续延伸的路。同时，由于个体的差异性，对于预先设计的课堂学生可能产生我们没有计划到的结果，这种可贵的隐性结果是学生闪烁的智慧的火花，我们应该及时捕捉这些"意外"，让学生在探究性课堂中得到真正的发展。

# 第二节 高中化学探究式教学的设计

## 一、教学设计概述

化学探究式教学是学生在教师的指导下，从学习和社会生活中选择并确定研究的课题，用类似科学研究的方式，主动获取知识、应用知识、解决问题。它具有自主性、开放性、实践性、探究性。那么，怎样使学生体验科学研究的过程，形成化学观念，领悟科学研究方法呢？这需要教师在教学中成为一个引导者和促进者，引导学生进行科学探究。

化学探究课的设计需要关注以下问题：一是化学探究要源于真实的情境中产生的问题。二是探究的结果表现为问题解决、知识建构或建立模型。三是探究过程中要尽可能地运用化学学科核心知识，探究的结果应生成新的知识，避免出现脱离学科背景的形式训练的探究误区。四是要引导学生自主经历发现问题、提出假设、设计实验、进行实验、分析现象与得出结论等主要探究过程，让学生学习控制变量等设计实验的方法。五是在探究的相关环节中，要关注学生的科学思维训练，需要根据科学证据得出结论，即基于证据的科学推理，它是一种内在的逻辑思维形式。在科学探究任务中，一般都涉及不同类型的科学推理，要让学生在探究过程中启动高阶思维，进行深度学习。六是探究过程中要重视学生对科学态度的培养，深化对科学本质的理解。

具体在进行科学探究过程时，教师要引导学生做好以下五个方面：

（1）教师应根据教学内容和学生实际来创设情境，引导学生发现新的化学情境与已有知识的冲突所在，从而提出所要探究的问题，一般引导学生从生活中观察发现问题并能口头或书面表达这些问题。例如：人被蚊子叮咬后，为什么皮肤会发痒或红肿，怎样处理？为什么不能用茶水服药？衣服是怎样被洗干净的？不粘锅为什么不粘食物？这些日常生活中的问题处处充满了科学可解释或未解决的谜团，只有勤于思考、认真观察的学生，才能切身体会到生活中充满的这种科学魅力。

（2）教师要引导学生根据自己的经验和已有知识对问题的原因提出猜想，对探究的方向和可能出现的实验结果进行推测与假设。

（3）要指导学生自己制订计划和设计实验，通过观察和实验收集数据，或通过公共信息资源收集资料，并指导学生对实验数据或相关信息进行比较、处理。

（4）要引导学生进行简单的推理和归纳，尝试对探究结果进行描述、解释和评估。

（5）要引导学生之间的交流与合作，并改进探究方案，总结出先前所提出的猜想或假设。

## 二、教学设计

例如，"$Ca(OH)_2$ 溶液导电性实验中异常现象的探究"教学设计。

### （一）教学内容

通过"测 $Ca(OH)_2$ 溶液导电性"的实验让学生亲身经历和体验实验探究过程，并对实验过程中产生的"异常现象"——用石墨做电极出现的"浑浊现象"进行大胆猜测和探究，并设计实验进行验证，最后得出正确结论。

### （二）学情分析

学生已经进入高中阶段，学习并复习了关于酸碱盐、溶解度的相关内容，他们也有进一步探究更多相关知识的求知欲和兴趣。

### （三）教学目标

（1）通过 Ca（OH）$_2$ 溶液导电性实验，认识溶液能导电的宏观事实与微观实质，深化对元素观和变化观的理解。

（2）通过对 Ca（OH）$_2$ 溶液导电性实验中异常现象的探究，学会进行实验设计及实验分析，提高收集证据和分析推理的能力，培养科学探究与证据推理核心素养。

（3）体会科学探究的乐趣，培养敢于质疑、勇于批判的科学精神，形成严谨的科学态度。

### （四）教学过程

**1. 创设情境，激趣导入**

（1）教师演示实验：饱和 Ca（OH）$_2$ 溶液导电性实验。

（2）提问：观察到什么现象？

（3）学生：灯泡发光；两极产生气体；溶液出现白色浑浊。

设计意图：通过陌生的实验及观察到的现象激发兴趣、引发问题、引导探究。

**2. 提出问题，做出假设**

（1）教师：展示出现白色浑浊的图片。

（2）学生：好奇并提出问题：为什么出现白色浑浊？白色浑浊是什么？

（3）教师：鼓励学生积极思考并大胆猜想，并引导学生提出猜想和假设。

（4）学生：小组合作，思考讨论。

假设 1：水的减少导致溶液中有 Ca（OH）$_2$ 沉淀析出；

假设 2：温度升高，Ca（OH）$_2$ 溶液的溶解度减小，导致溶液中有 Ca（OH）$_2$ 沉淀析出。

①质疑：电解时溶液温度是否升高？学生讨论后设计了用温度传感器来测定电解后溶液温度变化的方案。

②演示实验：介绍不锈钢温度传感器并测定饱和 Ca（OH）$_2$ 溶液导电性实验中温度是否发生改变。

③收集证据：电解时溶液温度升高。

设计意图：明确要探究的问题，让学生依据已有元素观、变化观及溶解度知识提出假设，再根据学生质疑后讨论的方案，演示用不锈钢温度传感器测定电解饱和 Ca（OH）$_2$ 溶液实验时温度的变化。通过温度上升的实验事实，确认假设 2 成立。

以上教学环节具有如下作用：一是帮助学生认识到假设是通过基于证据的推理形成的；二是让学生在探究中形成证据推理的素养；三是提升了学生交流合作的意识，培养了学生敢于质疑与批判的精神。

### （五）合作探究，实验验证

小组合作讨论，分享实验方案。

1. 验证假设 1

实验方案 1：将饱和 Ca（OH）$_2$ 溶液加热蒸发掉部分水（溶液体积和蒸发掉水的体积和上述演示实验相同），再冷却到室温，观察溶液中是否有浑浊出现。

实验方案 2：向 90ml 相同浓度饱和 Ca（OH）$_2$ 溶液中加入 10ml 蒸馏水，搅拌，在相同电压下再次进行导电性实验，观察是否变浑浊。

2. 验证假设 2

实验方案：取 100ml 饱和 Ca（OH）$_2$ 溶液于大烧杯中，加热至电解时上升的温度（温度升高约 4 度），观察是否出现浑浊。

教师：鼓励学生小组合作，设计实验方案，巡视各小组并予以引导。

学生：按实验方案进行实验并记录现象，收集证据。

实验 1：溶液中出现少量白色浑浊；

实验 2：溶液中出现较多白色浑浊；

实验 3：溶液中没有出现白色浑浊。

学生：分析证据，进行推理，得出结论：实验 1 出现浑浊说明白色浑浊与电解时水的减少有关；实验 2 出现浑浊说明不饱和 Ca（OH）$_2$ 溶液电解时也有白色浑浊，说明白色浑浊的生成还有其他因素，假设 1 不是唯一的原因。实验 3 加热饱和 Ca（OH）$_2$ 溶液至电解时的温度，没有出现明显的白色浑浊，说明跟温度的微弱升高没有明显关系，故假设 2 不成立。

设计意图：设计实验方案是实验探究中最具挑战性的任务。本环节中，通过实验方案的设计培养学生的科学探究能力，提升证据推理的意识，特别是实验 2 从逆向思维角度设计的方案，体现了学生思维的变通性和创新特点。同时，学生在分组实验中，训练了动手能力和收集证据的能力，最后通过师生互动、生生互动，得出假设 1 不是唯一因素、假设 2 不成立的结论，训练了学生演绎推理能力和辩证思维能力。

（六）推理释疑，剖析本质

（1）教师：那还有其他猜想吗？引导学生提出与石墨电极有关，然后介绍铂电极并用铝电极进行导电性实验证明。通过展示白色浑浊的图片（与电源正极相连的石墨电极周围变浑浊）引导学生提出新的猜想。

（2）学生：是否与电极有关呢？可以用铂电极来代替石墨电极做一个实验。

（3）教师：肯定学生的质疑精神和科学思维，演示用金属铂电极做电解饱和 Ca（OH）$_2$ 溶液的实验。

（4）收集证据：使用铝电极溶液果然不浑浊。

（5）学生：通过分析证据，推理溶液浑浊与电极有关。通过思考讨论及在教师的引导下得出新的假设。

假设 3：可能是阳极产生的 $O_2$ 与石墨电极中的碳反应生成 $CO_2$，$CO_2$ 与 $Ca(OH)_2$ 反应生成的 $CaCO_3$ 导致白色浑浊出现。

设计方案：学生合作讨论，设计实验方案并分享。

实验方案 1：向烧杯浑浊的液体中，滴加稀盐酸，观察是否有气泡产生。

（1）教师：提醒学生注意实验安全。

（2）进行实验，收集证据：学生实验操作并记录现象：白色浑浊物消失，无明显气泡产生。

（3）学生：分析推理可能是 $Ca(OH)_2$ 溶液浓度小，产生 $CaCO_3$ 的量少，滴加稀盐酸后产生的 $CO_2$ 也很少，故无法观察到明显气泡。

（4）教师：解释上述传统实验仍有弊端，就是稍不注意也有可能看不到气泡产生，向学生介绍数字化实验并课堂演示。

实验方案 2：将浑浊的液体倒入密闭容器中，通过注射器注入稀盐酸，并利用 $CO_2$ 传感器来测定装置中 $CO_2$ 含量的变化。

（1）收集证据：观察实验并记录数字化曲线现象：二氧化碳含量上升。

（2）实验结论：加入稀盐酸后产生了 $CO_2$，故假设 3 成立，即饱和 $Ca(OH)_2$ 溶液导电性实验中出现浑浊的原因是阳极产生的 $O_2$ 与石墨电极中的碳反应生成 $CO_2$，$CO_2$ 与 $Ca(OH)_2$ 反应生成的 $CaCO_3$ 导致白色浑浊。

师生共同小结：白色浑浊产生的原因主要有两个：一是电解过程中阳极产生的 $CO_2$ 和 $Ca(OH)_2$ 溶液反应生成的 $CaCO_3$；二是电解过程中水的减少导致 $Ca(OH)_2$ 析出。至于电解时温度的微小变化不是产生浑浊的主要原因。

设计意图：本环节首先让学生通过观察电解实验时溶液阳极部分产生浑浊的现象，推理出白色浑浊与石墨电极及阳极产物有关，从而提出假设 3；然后引导学生运用传统实验方法验证假设 3 的产物 $CaCO_3$，实验未发现明显气泡时进行反思，分析可能是碳酸钙含量少的原因，从而引入精确度高的数字化实验来深入探究，通过 $CO_2$ 传感器得出的曲线，证明白色沉淀中确实含有碳酸钙，体现了数字化实验在科学探究过程中独特的应用价值；最后，师生共同就整个探究过程的结果进行小结，得出科学的结论。在这个环节中，学生在教师启发下独立提出假设、设计实验、分析现象、得出结论，提升了科学探究素养。

## 三、反思

探究式教学的本质特征是问题性、实践性、参与性和开放性。为了在课堂教学中实施探究教学，引导学生探究，必须营造以下条件：

## （一）要有探究问题的欲望

在课堂教学中，要想方设法培养和激发学生的探究欲望，使学生经常处于一种探究的冲动之中。学生在强烈的探究欲望之下会积极主动地去想、去做。

## （二）要有探究问题的空间

要给学生提供一个思维的广阔空间，把学生带入一个主动学习、主动探究的空间，使学生有一种投入心力去学习的愿望，并在学习的过程中，体验到探究的乐趣，品尝到成功的喜悦。

## （三）要有充分的自主学习空间

探究的问题性、实践性、参与性和开放性决定了探究学习必须有充分的自主学习时间。

## （四）有多维互动的交流空间

学生深层次的认知发展既需要独立思考，又需要合作交流。在合作交流中学生的思维可以得到完善和升华。

# 第三节　高中化学探究式教学的实施

## 一、探究式教学在化学教学中的实施策略

### （一）创设探究式教学情境，激发学生的探究欲望

在适当的背景下更容易激发学生探究的思维。因此，教师应该注重创造不同的情境，培养学生的探索欲望。质疑是探索技能发展中非常普遍的一种方法。教师进行提问，学生的思维会发散，会更加容易地将各种化学知识进行归纳总结。化学老师在提出问题之前，必须认真研究教科书的相关内容，并创造最好的情境以引发学生的思考。同时，质疑的难度应该把握好，既不能太简单又不能太难，使学生既能够回答出来又能经过一番思考。这是发展探索能力的重要方法。例如，当今全球气温升高出现了温室效应，让学生探讨温室效应时，就可以让学生从温室效应产生的原因入手，结合自己所学的知识发表相关的意见，这样学生在发表意见的过程中就会归纳总结各种化学信息。

### （二）进行实验教学，尽量减少化学理论教学

化学主要是一个实验主题。化学实验课程占了化学课程的大部分。化学教师应运用实验教学引导学生学习化学知识。但是，少数教师的实验教学存在一些问题。最常见的现象是，教师为了提高教学效率，在实验教学过程中插入了大量的理论教学，使得学生的实验连续性不强，化学知识点不能很好理解。在实验过程中学生被打断，影响学生对化学反应的仔细观察。如果化学实验现象没有得到很好的观察，实验效果就会大大降低，学生对知识点的掌握程度也会不尽如人意。因此，化学教师在实施探索性实验时尽量减少理论的教

学，不要因化学理论的存在而限制学生思维的分歧，而应该激励学生结合日常生活经验和实践经验，提高学生的化学学习能力。

## 二、化学探究教学的改进策略

（一）以现实为基础，找好解决问题的方法

影响探究式教学在化学课堂应用的因素有很多，不仅有人为因素，还有物的因素，既有校内原因，又有校外原因，所以，要以现实为基础，在了解原因的基础上，制定切实可行的解决措施，进一步落实探究式教学方法，这才是最重要的。

教师在探究活动的实施过程中，应充分考虑学生的学习基础和能力情况，因地制宜、因时制宜地开展适合学生的探究活动。在探究教学过程中，教学内容的设计要合乎逻辑，又要适应学生的认知结构，以便于学生掌握和应用科学知识，培养其科学探究的能力。

探究式教学的实施中对学生实验探究能力的评价希望能具体到特定的评价指标，综合考虑各种影响，积极构建系统性的、量化的、有标准的评价机制。

对于探究式教学是否能促进学生成绩的提高方面，希望广大教育者能开发出适合学生的、新颖的探究性试题，且这些试题能应用于升学考试，实现探究式教学的真正推广，能真正引起大家对探究式教学的重视。

（二）调整连堂课探究，将课内课外相结合

教师应加强对课堂探究活动的组织和调控。课前做好充足的准备，设计好探究式教学教案，完成各种教学用具的准备，尽量考虑到课堂可能会出现的问题，做好事先的防范。同时应适当组织学生做课前预习，培养学生的自学能力。课堂上做好组织和调控，确保能在规定课时内完成教学计划。课后总结课堂教学并做反思，反思成败之处，以便下次教学做进一步的改善。

每节课只有45分钟，而教师要想完整且高质量地呈现一节探究式教学课堂，大概需要一个小时，这就迫使教师要连堂，需要两节课一起上，才能有效解决这个问题。除了这个方法，教师还需要采取措施，将课内探究和课外探究相结合。在开展探究式教学课程之前，要求学生提前通过课外调查、课外活动、试验等方式，将课堂上所需要解决的问题进行提前探究，这种课内课外相结合的方式，不仅促进了开放学习环境的构建，还使学生掌握了相应的知识，调动了他们的探索积极性。如果在化学课堂上多开展这样的活动，对于学生和教师都有好处，很有意义。

（三）从模仿到独立再到创新

对于探究式教学策略的使用，不可机械地照搬固定的教学策略，应充分考虑各种教学实际条件灵活开展。也可试着根据自身情况开发适合自身的教学策略。因此，要想从根本上提高化学老师的探究式教学方法，不仅要让他们了解探究式教学的好处、方法，还要提供给他们一些真实可靠的案例，使他们逐渐从最开始的模仿，到慢慢地可以独立教学，最后在这种模式的基础上进行教学模式的创新，这是非常有必要的。

# 第三章 高中化学任务驱动教学建构

## 第一节 任务驱动教学法基本理论

### 一、任务驱动教学法的基本特征

任务驱动教学过程体现了"以任务为主线、以教师为主导、以学生为主体"的教学过程。在任务驱动教学中,教师的主导作用和学生的主体作用是相辅相成的,主导推动主体,主体促进主导,直至完成整个教学过程。教师要为任务的展开创设合理的情境,环环相扣的教学过程推动学生发挥主体作用从而完成任务。在任务完成过程中,学生集思广益,开拓思维,同时会提出与任务有关的问题促进教师发挥主导作用来点拨学生合理完成任务。在学生、教师的双重推动下,任务本身可能出现一些不可预知的变化,也可能有更深层次的拓展,从而促使学生全面掌握知识。任务、教师、学生三者之间的互动体现了任务驱动教学模式的基本特征。

#### (一)任务为主线

任务驱动教学模式的核心是任务设计,任务贯穿于整个教学过程中。课堂教学以任务为主线,师生间围绕任务互动,学习以任务完成为标志。我们可以把任务根据不同的标准进行分类。例如,根据任务完成的时间限制可分为学期任务、单元任务、课时任务;根据任务结果可分为作品展示的任务、问题解决的任务,根据学生的个体差异性可分为基本任务和扩展任务;根据学生的认知结构和知识结构可分为封闭型任务和开放型任务。任务的分类有助于教师设计任务。

在任务驱动教学过程中,任务不但是学习的知识载体,而且是教学的内容。相当一部分教师错误地认为任务驱动中的任务就是让学生去做一件具体的事,完成具体的操作,完成任务就是任务驱动。在任务驱动教学中,任务设计的质量直接关系教学效果。虽然学生完成了任务,但是学生的能力却没有得到培养,这样完成的任务不等于任务驱动。任务应该与要求学生巩固的技能和相关的知识点密切联系,但任务不能只停留在掌握基础知识和基本技能上。在设计任务时,可以从解决问题的具体过程来考虑,使任务的完成过程既满足教学的需要,又满足学生学习技能培养的需要。同时,任务还应该具有探究性、创造性和生活性,即任务应来源于学生的学习和生活的真实世界,反映与学生相联系的客观世界。也就是说，任务不是凭空捏造的，任务设计要把学生所学习的、生活的真实世界浓缩于任务之中，使学生与任务的交互转变为学生与真实世界的交互，而不是站在真实世界之外来学习和认识不相关的任务。而化学教学中的任务特指通过使用化学原理或化学反应来解决某个或多个实际问题。

（二）教师为主导

任务驱动教学模式是基于建构主义教学理论的教学方法，与传统的行为主义强化学习理论相比，教师的作用将发生转变。这种角色转变有两重含义：一是从传统的知识讲授者、灌输者转变为学习的组织者、引导者、协作者；二是从讲台上讲解转变为走到学生中间与学生交流、讨论、共同学习。任务驱动教学模式要求教师必须明确自己所担当的角色，认识到学生学习的知识不是靠教师的灌输而被动接受的，而是在教师的指导下，由学生主动建构起来的。在整个教学过程中，教师不是可有可无、无事可做的，而是比传统教学中的作用更加重要，更加不可缺少。

（三）学生为主体

从学生角度来说，任务驱动是一种学习方法，适用于学习操作类知识和技能，而学生是学习的主体。任务驱动教学有助于体现学生的主体地位，主要表现为以下几点：

1. 激发学生的学习欲望

教师精心设计的任务可以引起学生的注意，激发其主动投入执行任务的过程中。在完成任务的过程中，学生可以体验成就感、满足感，从而进一步激发求知欲望，形成一个感知心智活动的良性循环。

2. 培养学生提出问题、分析问题和解决问题的能力

任务驱动是一种伴随着问题解决的教学方法，所有的教学内容都蕴含在任务中，能让学生通过问题的解决来主动建构概念、原理、方法等。提出问题是分析和解决问题的前提，学生只有提出问题，才会有所思考，才能有所认识，然后有所掌握，有所创造。在任务驱动教学模式下，学生必须学会质疑，提出需要解决的问题，探究解决问题的方法和途径，只有这样才能顺利完成任务。

3. 培养学生的协作意识

学生完成任务的过程不仅是与教师交流的过程，还有大量学生之间相互的协作与交流。研究表明，由学生之间的交流所产生的认知冲突对学生全方位地认识事物有重要作用。在这种"生生"互动中，学生反思自己的思考，借鉴别人的观点，学会从其他角度认识事物，更进一步地组织、完善自己的观点与结论。任务驱动教学模式通过要求学生完成任务，为他们提供了交流互动的机会。

4. 培养学生自主学习的能力

任务驱动教学将学习置于近似真实的环境或情境中。在这种学习情境中，学生不但学

到了知识，而且培养了知识的迁移能力，学会了解决实际问题的方法。在任务的完成过程中，学生提出疑问，查找资料解决问题，最终完成任务，从而完成了相关知识的建构。随着任务的完成，学生的成就感也得到了满足。这时学生强烈地希望再去尝试新的任务，去提出问题、解决问题，循环往复。在这个过程中，学生自主学习的能力得到了提高。

## 二、高中化学教学中任务的设计原则

任务设计是任务驱动教学方法中的重要环节，任务直接影响教学效果。因此，任务设计非常关键。适当的任务设计能诱发学生深思，使学生很快进入思维的状态中，使任务顺利地进行。在具体的实践基础上，教师总结了化学教学中任务设计的六个原则。

（一）任务设计要有明确的教学目标

任务的目标要明确。在设计任务的过程中，要有一个明确的目标，这样才能有的放矢。一个目标的完成，需要很多的知识点，这时可以把总体目标分解为一个个的小目标，并且把每个小目标设计成为一个个子任务，使之容易掌握，再通过这些子任务来实现总体目标。

（二）任务设计要符合学生的特点

因为不同的学生接受知识的能力不一样，不同年龄阶段的学生接受知识的能力也是有差异的，地域差别、学校差异等因素也导致了学生的化学学习能力的差异性。教师在设计任务时，要从实际出发，充分考虑学生的现有文化知识、认知能力、年龄、兴趣等特点，遵循由浅入深、由表及里、循序渐进的原则，注意分散重点、难点，根据学生已有的知识和经验展开教学，尽力体现"以教师为主导、以学生为主体"的教学策略。对新的知识或有难度的任务，教师要先进行必要的讲解与点拨；对基础较差的学生，开始时应布置一些简单易实现的任务，让他们体验到一定的成就感，培养其学习化学的兴趣。教学设计要为学生留有活动余地，任务不能太琐碎，应具有一定的完整性，便于培养学生的综合应用能力。同时，要处理好任务之间的联系，不要孤立地设计任务，以确保教学的连续性和系统性。

（三）任务设计要符合真实性原则

教师要创设出与当前主题相关的、尽可能真实的学习情境，引导学生带着真实的任务学习，使学习直观化和形象化。任务应来源于实际的学习和生活，是学生熟悉的日常学习和生活经验。这样有利于学生运用已有经验，唤起学习欲望；同时，有利于改造和拓展学生的已有经验。所谓贴近学生学习和生活经验包括两种可能：一是利用学生已有的学习和生活经验来教学，如考查生活污水对河流的污染，并用化学反应机理说明原因；二是将化学知识应用于解决学生学习和生活问题的实际事例，如氧化还原反应对人类的危害。设计任务时可以根据需要，有针对性地选择这两种"贴近"方式。

真实性原则中还要注意，教师不可片面地理解任务"来自实际"的含义，选取来自实际但远离学生生活经验的实例，会导致学生在学习和完成该任务的过程中要补充大量的基础知识，而课程主题被冲淡，学生不知所云。如调查衣料所用纤维制品的性能价格和市场占有率，以及如何识别它们，这样的任务就比较大，不适于课堂教学，只可作为课后实施的开放型任务。实际上，所谓的"来自实际"的任务，其核心目的是唤醒和激发学生的学习动机，烘托课程主题，提高学习效率。

### （四）任务设计要遵循可操作原则

在化学学习中，学生亲自做实验得出结论比听教师讲、看教师示范要有效得多。教师提出问题后，让学生通过自己的探索去尝试，最后完成任务。设计任务时，一定要注意任务的可操作性，要设计出只有通过亲身实践才能完成的任务。当然，任务不能太难，如果学生经过一定努力也难以完成，这样会让他们对化学学习失去信心。任务也不能太易，如果让他们感觉化学太简单，也会对学习失去应有的认真。任务最好限定在学生的"最近发展区"附近，以达到最佳效果。一般来说，封闭型任务涉及的知识点不宜过多，应采用个别化学习方式；开放型任务由多个学生共同协作完成，学生在相互交流中不断增长知识技能，促进学生之间良好的人际合作关系，有利于培养学生的创新精神和创新思维。

### （五）任务设计要遵循趣味性原则

人们常说，兴趣是最好的老师。设计的任务如果能引起学生的兴趣，将会大大激起学生的求知欲望。例如，为北京奥运会设计一种有中国特色的节能环保型奥运火炬。这个任务的设计与课本知识点中的能源部分紧密结合，又与当代最热门话题"奥运会"相联系，学生乐此不疲。同时，通过这样一个任务，教师可以适时地对学生进行环保意识与爱国主义的教育。

### （六）任务设计要注重渗透方法，培养学习能力

设计的任务要给学生"留白"，给学生充分创造和发展的空间，并使学生能举一反三、触类旁通，思维得到发展。同时，任务的设计要注重渗透方法，培养学生的能力。

例如，在讲解"乙醇分子结构"时，教师不是直接把乙醇的分子结构给出，而是让学生做一道练习题，在已有知识的基础上自己推导：某有机物重 4.6 g，完全燃烧后生成 0.2 mol 的二氧化碳和 5.4 g 的水，并且此有机物蒸气的相对密度是相同状况下氢气的 23 倍，求此有机物的分子式。

学生经过解答，得出符合题意的分子式为 $C_2H_6O$，而该分子有两种可能的结构形式。教师可以引导学生做乙醇的相关实验，判断出乙醇结构中有一个氧原子和其他五个是不同的，而得出乙醇正确的结构。这道留白习题的设置，还为以后学习同分异构体奠定了基础。学生通过习题得到了思考的空间，对知识的掌握也会更加深刻。

# 第二节　任务驱动教学法的教学过程结构及教学设计

## 一、任务驱动教学法的教学过程结构

任务驱动教学法是通过提出任务来进行教学的。任务是中心点，学生围绕任务来进行学习，教师围绕任务给予指导，并引导课堂教学。任务驱动教学法以"提出任务——分配任务——完成任务——评价任务"为教学主线。教学过程可大致分为以下几个阶段：

（一）提出任务

任务驱动教学法要求首先分析教学内容，然后以此为依据设置合理的教学目标。教学目标不只是知识的获取，还应该有三维目标，即知识与技能、过程与方法、情感态度与价值观。最后将这个大目标细化分为一个个小目标，针对每一个小目标提出一个较为简单易解决的子任务。学生通过逐步解决这些子任务从而完成任务，实现总的学习目标。其中提出的第一个子任务，即为切入点。这个切入点应该与现实生活紧密结合，或者就是真实的社会问题，以便于激发学生的学习兴趣。

（二）分配任务

任务驱动教学法的核心是"任务"，任务设计的好坏关系到能否激发学生的主动性，驱动学生积极自主探究。教师要让学生有参与感。在任务提出之后，因不同的学生能力不同，所能解决问题的层次也不同。因此，应当将任务具体分配到小组或个人，让学生明确各自的学习任务，激发其想象力和创造力，从而积极主动地参与到课堂活动中来。学生的互动交流能够使其更好地完成任务。因此，教师在分配任务时可遵循互动性原则，让学生合作学习、相互交流、相互帮助。

（三）完成任务

当学生明确自己的学习任务以后，教师应当给予学生足够的时间去思考，还应当提供给学生完成任务所需要的工具和材料，引导学生大胆假设、小心求证，设置科学、严谨的实验过程。在完成任务的过程中，教师要注重培养学生的合作、交流和创新能力。

（四）评价任务

学生完成任务后，教师应当及时给予评价，并且给予学生积极、肯定的评价，因为每个学生都渴望得到肯定和荣誉。教师在评价时不应只注重结果，即学生完成任务的好坏，还应当注重过程，即学生的学习过程。教师要引导学生回顾他们在解决问题时为什么采用此种方法，加深学生的个人体验，从而提高学生归纳知识和解决问题的能力。

## 二、任务驱动教学法的化学教学设计分析

教学设计是教学过程的初始阶段，对教学过程起着宏观调控前导与定向的作用，是教

学目的第一实现过程的具体预演。它的优劣直接决定着教学过程与教学效果的优化与否。

（一）教学目标的分析

教学目标是教学的起点和依据，也是教学的归宿，支配着教学的全过程。目标的设置不是随意的，而要紧扣教学内容，根据新课标的要求并结合学生学情。教学目标的设置要符合学生的学习需求。因此，在设置目标时一定要具体，要能通过一定的方法和手段检测出学生是否达到目标。在正式进行实验之前，应做到对学生、教材内容和课程标准进行分析。

（二）教学策略的分析

1. 分析目标，提出任务

化学教师要根据新课标的课程标准和内容标准要求，参考内容标准中的活动与探究建议，对教材内容进行分析，并且依据自己对教材的理解和学生已有的知识水平去设计任务。设计的任务应该具体、明确，符合学生的"最近发展区"；还应该具有一定的开放性，满足不同学生的学习需求，并且促进学生发散思维的发展，使学生可以得到多种解决任务的方法。当然，教师要让学生自己选择合适的活动去完成任务。所谓合适的活动，可以是组织学生进行社会调查、组织学生自主设计实验进行实验探究或者是小组交流合作讨论等。

设计任务可以从物质的用途出发。化学教材中的知识往往是提炼的化学本质，但也给学生造成了化学无用的错觉，学生无法将化学与他们的生活联系起来。而从物质用途这一角度出发，正好可以解决这个问题。比如，在探究二氧化硅与氢氟酸的反应时，可以利用玻璃的雕刻工艺作为背景进行学习。

设计任务还可以从解决实际问题出发。从解决实际问题的角度来设计任务，不仅可以培养学生的社会责任感，同时能够帮助学生利用化学知识去解决社会问题或科学现象，实现学以致用。比如，学生在学习钠与水的反应时，就可以以解决"钠着火"这一问题为出发点进行探究。

2. 创设情境，明确任务

情境的素材有很多，可以从生活或文学历史中获得。在选择情境时，要注意情境应该是明确的，情境的创设是为了更好地提出任务和达到教学目标；情境应该是真实的，创设的情境应该与日常生活紧密联系，让学生在这样的背景下，根据自己的已有经验去解决问题；情境应该是师生可以互动的，设置的情境应该使师生之间、生生之间有较好的交流和互动，使学生能够积极地参与进来，从而体会合作学习的乐趣。

3. 组织活动，完成任务

活动的参与者是教师和学生。在课堂活动中，二者并非独立的，而是相互和谐统一的。学生的学习活动主要是明确自己所要完成的任务，之后进行活动探究，得出相应的结论，并且进行反思总结，讨论自己在活动探究中存在的问题，从而可以概括为明确任务、执行任务、得出结论、进行反思四个环节。教师的活动环节应该是要具体分配学生所需要完成的任务，在学生完成任务的活动中给予相应的指导和帮助，并且在学生完成任务后帮助学生进行总结，给出正确的结论，从而可以概括为分派任务、指导学生、引导总结、给出结论四个环节。

在引发学习活动时，教师要选择真实、有趣的情境吸引学生的注意力，使学生快速进入学习活动中来。学生在感受情境的同时，明确自己的任务，然后进行科学探究。

在执行任务的过程中，教师应当确定学生学习活动的内容和形式，适当地给予学生帮助，从而让学生顺利完成任务。学生的活动形式多种多样，可以是班集体活动、小组合作或由个人独立完成。教师应根据任务的难易程度，规定学生的活动形式。

在完成任务之后，应对整个任务进行总结。这个总结应该首先是学生自主讨论后得出的，教师再进行补充，从而给出正确的结论。进行总结是教学过程中非常重要的一个环节。因此，在进行总结时，要给学生一定的时间，让学生对任务的过程和结果进行梳理和反思，这是对学习的一个归纳和提升，教师切不可操之过急。学生在总结时应从知识与技能、过程与方法、情感态度与价值观三个角度来思考自己的收获。

4. 查找资源，支持任务

任务的设计、完成需要搜集足够的资源，这些资源可以是教材、辅导资料、网络资料等。根据资源的获取途径可分为学校资源、网络资源和泛资源三类。

学校资源是在学校就能够获得的资源，如学校所发的教材、学习资料、实验室的药品和仪器，这些资源是完成教学活动所必不可少的。教材决定了一节课的教学内容，学习资料可用于学生对于知识的练习，实验室的药品和仪器对学生学习化学非常重要。在有条件的情况下，教师应该尽可能地让学生自己动手进行实验，还应该提供较多种类的药品和仪器，引导学生设计不同的实验方案。

网络资源是在网络上获得的。现代信息技术的高速发展，为化学教学提供了丰富的网络资源。网络上信息丰富，可以让学生了解科学的最新发展，同时能够提高学生收集、处理、分析问题的能力，使学生得到有效的信息。

泛资源是指学生为了完成学习任务，通过去图书馆查阅文献、参观工厂、亲自拜访专家等手段获取的信息。

# 第三节 任务驱动教学法的应用实践

## 一、基于小组合作学习的任务驱动法在高中化学教学中的应用

### （一）任务驱动下的小组合作学习的概念界定

任务驱动下的小组合作学习是指将任务驱动教学法与小组合作学习相互融合。其中，

由教师精心设计的任务是学生合作学习的导向，为学生引领前进的方向，推动学生的合作进程；以小组合作为主的学习组织形式则有利于学生在小组中发挥各自优势，积极配合，共同完成任务从而获取新知识、新技能，培养学生解决实际问题的能力。

（二）任务驱动下的小组合作学习模式

1. 任务驱动下的小组合作学习模式的结构

（1）任务设计

任务设计要考虑当前学生的心理特征。因此，教师在设计任务前，要了解当前学生群体的一般特征。高中生正处于由少年期向青春期过渡的阶段。在认知上，他们的思维正由具体化向抽象化、概括化、逻辑化方向发展；在情感上，他们很看重教师和同伴的评价，希望得到肯定来产生满足感。当然，除了一般特征外，学生个体之间也存在差异，包括观察力的差异、性格的差异、思维习惯上的差异等。

任务设计要紧扣教学目标，围绕目标选择教学内容和教学方法。教师不能仅关注知识与技能目标，还要关注学习的整个过程以及在学习方法和情感态度上实现的目标。

任务设计要结合可以利用的教学资源，包括书本、网络、模型、实验器材等方面，缺少资源而不可能完成的任务对学生来说是没有任何意义的。由于高中生时间有限、资源不足，所以教师一方面要指导他们自行查阅资料、浏览网页、走访专家以获取信息，另一方面要尽力为他们提供资源、整理信息。

任务设计时要注意教学情境的创设。具体生动的教学情境一方面能激发学生的学习兴趣，缓解学生长时间学习的疲劳感，使学生积极参与到学习活动中去，另一方面能缩短教师与学生的经验差距，并将知识内容与生活实际相互联系，便于学生准确感知、理解和运用教学内容，提高课堂效率。

（2）任务实施

教师指导学生运用资源，进入任务情境。不论是自主学习阶段还是合作学习阶段，教师都应密切注意学生的学习行为，给予及时的指导。任务驱动下的合作学习既注重学生的自主学习能力、分析问题和解决问题的能力的培养，又注重学生合作能力的培养。在任务实施过程中，学生不仅学到了知识和技能，还学会了如何与他人进行合作学习，在相互分享与相互质疑的过程中建构知识、增长才干。

（3）任务评价

及时的评价可以激发学生的学习动机和学习兴趣，使学生了解自己的学习状况以纠正自己的后续学习表现。要创建多元化的评价机制，主要包括评价内容的多元化和评价主体的多元化。评价内容的多元化体现在以下三个方面：一评知识与技能；二评过程与方法；三评情感态度与价值观。实现评价主体的多元化可以采用以下方式：教师评价小组；组长、学科长与组员双向评价；组员与组员之间相互评价。小组合作学习中不仅要对个体进行客观公正的评价，还要实现小组捆绑式评价，可以采用量化考核的方式进行。量化分可由学习分和活动分构成,其中的学习分又包括自主任务分、合作任务分和拓展任务分,由值周班长组织一周一汇总,一月一评比,采取积分累积的方式进行奖励。

2. 任务驱动下的小组合作学习模式的流程

任务驱动下的小组合作学习模式是"以任务为主线、以教师为主导、以学生为主体",建立在新型合作学习小组基础上的一种教学模式。它可以分为三个阶段:自主任务阶段、合作任务阶段和拓展任务阶段。

(1) 自主任务阶段

教师在自主任务阶段依据教学目标设置一些难度不高的基本任务,要能提高学生的学习兴趣,并能很好地反映出本节课的基本要求。教师要为学生提供必需的学习资源,做相关的自学指导,引导学生自主完成任务。在完成任务过程中,学生会遇到一些困难,对个别学生存在的个别问题,可以由教师单独辅导;一些有讨论价值的问题,可以由教师引导学生思考;不能解决的问题,则记入"我的疑问"中。教师将自主任务阶段普遍存在的共性问题进行汇总,纳入下阶段的合作任务中。

由教师对小组、学科长对组员就自主任务的完成情况进行等级评定,分为 A、B、C 三个等级。A 级:书上有详细的圈划痕迹和思考笔记,答题工整规范,正确率高且能提出质量较好的疑问。B 级:书上有圈划痕迹,答题较工整规范,正确率较高,能提出疑问且质量尚可。C 级:书上圈划痕迹少,答题欠工整规范,正确率不高,疑问少且质量不高。

(2) 合作任务阶段

①合作任务的设计

教师在合作任务阶段,一方面解决自主任务阶段普遍存在的问题,另一方面要设置较高要求的合作任务,鼓励学生通过相互之间的讨论与协作来解决。教师在设计合作任务过程中应注意以下几点:

1) 任务的情境性

创设情境可以从学生的实际生活出发,如展示保鲜膜外包装上的材质说明,化学成分是 PE,即聚乙烯,从而引出任务"如何从石油中得到聚乙烯保鲜膜"。创设情境也可以从实验操作出发,如在学习乙醇的有关内容时,设置任务"经测定乙醇的分子式为 $C_2H_6O$,请同学们根据有机物中碳四个键、氢一个键、氧两个键理论用球棍构建出所有符合此分子式的结构,写出相应的结构式",从而使学生对乙醇真实结构的探究产生极大的兴趣。

2) 任务的层次性

合作任务往往是较为复杂的任务。因此,一定要将任务进行分解,分解成若干子任务,由浅入深、由易到难。

3) 任务的可操作性

例如,学习关于乙醇的内容时,设置任务"根据实验现象推测乙醇在催化氧化反应中的断键方式",这样的任务显然超出了学生的认知范围,除非借助参考书,否则无法解决。

4)任务的复杂性

合作任务要以学习目标为依据,以有一定难度的内容为生长点。书上能找到答案的内容,大部分学生完全能理解的知识点应设计为自主任务,不需要耗费大量的时间去合作讨论。例如,关于人工合成有机化合物的内容主要是对前面有机物学习的概括与总结,书上的信息提示也比较完备,完全可以设计为自主任务,由学生自主完成,个别疑问采取个别辅导的方式来解决。

②合作任务的实施

成功的任务驱动的合作学习过程应该从"任务驱动"发展为"动机驱动"。内在的驱动力可以是存在的问题得到解决、自我价值得到体现;外在的驱动力可以是同伴的肯定、教师的表扬、学业成绩的提升。小组合作学习的方式正是以学生的成就动机来驱动个体完成任务的。课前要先做好角色分配工作,做到人人参与。例如,可以先确定好组内的记录人员、质疑人员、辨析人员、展示人员等,角色可以采取一周一轮换的方式,让每位学生都有机会尝试不同的角色。在小组合作中要注意以下两个环节:

1)小组讨论

讨论前,教师要引导学生明确学习目标,分析可用的教学资源。讨论时,要求全体学生分组站立讨论,先一对一讨论,再全组讨论解疑,依然无法解决的问题或生成的新问题由各组派代表到黑板上相应小组的区域写下板书;教师在教室内巡视,对各组指导点拨,发现问题。这一环节是小组成员合作交流、相互启发、共同探究的过程,能够以好带差,使小组成员之间互教互学、共同进步;同时能够培养和发展学生的合作意识,鼓励学生学会交流、学会倾听、学会分享。学生在这个阶段有收获,也有疑问,这为他们积极参与下一环节提供了良好的知识准备和心理基础。

2)展示、质疑与点评

课堂上,教师组织学生以小组为单位派代表上台展示并讲解合作任务的完成情况,将合作讨论环节仍然不能解决的问题以及生成的新问题向其他小组同学提出。展示学生代表本小组在黑板上就某一题进行展示,展示解题思路、解题过程和易错点等,本组的其他学生可以补充讲解。各小组相互点评展示情况,回答展示小组的疑问或提出新的疑问。教师回答学生仍然不能解决的问题并对展示内容进行补充与完善,帮助他们从一知半解到完全理解。教师要严格控制小组讨论的时间以及学生上台展示并讲解的时间,台上的学生可以对台下的学生提问,台下的学生也可以对台上的学生提出质疑,形成多向互动,在思维的不断碰撞中点燃知识的火花。教师还应注意引导学生追问,从各个角度进一步探索、分析,激发求异动机,找出自己的思维障碍,分析其原因,努力走出困境。学生所想到的往往要比教师所预期的更多、更深,而在相互质疑和探讨中获得的知识会在脑海中留下更深刻的记忆。

③合作任务的评价

第一，对学生知识的掌握情况进行评价，可以通过课堂检测的方式来实施。课堂检测的题目数量宜少不宜多，要反映出本节课的主要内容，能体现学生知识的掌握程度。由于时间有限，可以是选择题或填空题的形式，不应该选择大型实验题、推理题或计算题。第二，对学习的过程与方法进行评价，可以采用评价量表来实现对各组员合作学习行为的评价。

（3）拓展任务阶段

拓展任务阶段应依据实际需要与实际情况来开展，形式可以有多种，如专题研究讲座、小组辩论赛，以小组合作完成为主。考虑到高中生课外时间较少，这一环节不需要每一课时都开展，可以根据需要，在一个专题学习完后组织一次，主要由教师列出本专题中有价值的拓展任务，各小组领取本组感兴趣的任务。当然，也可以鼓励小组自拟任务，自拟任务要由教师审核其可行性与研究价值。拓展任务应尽量贴近学生的生活，可以是一些理论调查，也可以是一些实验操作活动。

教师要指导学生从多种途径来获取资源，包括图书、杂志、网络等文献，将搜集的信息进行组内交流，相互分享，确定研究的范畴、研究的方法与研究预期达到的目标。对于任务实施过程中遇到的问题，要鼓励学生先进行合作探讨，再寻求教师的帮助。整个过程要做到全员参与，有的负责信息搜集，有的负责资料整理，有的负责进程记录，有的负责成果展示，等等。小组内的成员要做到相互取长补短、合作共进。

总之，任务驱动下的小组合作学习模式能充分发挥任务驱动教学法和小组合作学习的优势，将其运用于化学教学不仅能促进教学目标的实现，还能调动学生合作学习的积极性，提高学生的合作学习能力。应珍惜在实践中获得的经验，在以后的教学中扬长避短，不断完善任务驱动下的小组合作学习模式，使其发挥最大的优势来促进学生各方面的发展。

## 二、基于学案导学的任务驱动法在高中化学教学中的应用

（一）前期准备

实施化学导学案任务驱动教学模式，前期的准备是非常重要的。就像一部好的电影，不仅要有好的故事情节，还需要编剧精心设计，否则难以吸引观众。教师在采用这种教学模式前，要充分准备，精心编制导学案，用心设计任务过程。

1. 导学案的设计与编写

（1）导学案的编写原则

导学案的编写是实行导学案任务驱动教学模式的重要环节，一个好的导学案能够达到

事半功倍的效果，是学生"愿学""乐学"和"会学"的前提，是顺利完成教学任务的关键。不同的学科在编写导学案时有不同的要求和侧重点，但是大体上要满足以下四个原则：

①教与学相统一的原则

在编写导学案的过程中，教师要考虑到如何充分发挥学生的主观能动性，极力给学生创造尽可能多的动手动脑的机会，使他们能够掌控自己，成为学习的主人，体现学生的主体地位。同时，教师不能忽略其在课堂教学中的主导地位。在课堂中，学生就是"演员"，教师就是"导演"，教师要对过程实时监控，要让"戏"顺利地、符合情节地发展下去，尤其是对表演水平尚欠缺的"演员"，要使他们也能演出自己角色的原态，通过成功塑造自己的角色，提升信心和成就感。

②探究性原则

教师在设计导学案时，在充分分析学生已有知识水平的基础上，要设置具有探索性的真问题，时刻激发学生的积极性和主动性，激发他们强烈的获取新知的欲望。探究性原则让学生学会独立分析问题，积极探索新知，勇于提出独特的想法，开拓思维。学生在探究的过程中，不仅拓展了个人的知识广度，还提高了探究兴趣，有利于养成创新性思维方式和自主探究学习的良好习惯。

③系统性原则

教学之所以要循序渐进、系统连贯地进行，是由于学科知识本身具有内在的联系。因此，教师在编制导学案时，要成为学生构建知识的好帮手，要特别注意新知与旧知之间的连贯性和系统性，要善于寻找新旧知识之间的切入点，帮助学生以最快的速度进入探索新知、对旧知进行深化和拓展的过程。导学案的系统性能够辅助学生理清知识脉络并可以及时联想和总结，从而最大限度地促进学生的发展，提升课堂教学效率。

④高效性原则

高中阶段，学生学业压力大，任务繁重。教师应该思考如何让学生在课堂上保持高效的学习效率，如何在45分钟内完成教学任务，让学生获得新知。若利用导学案，教师应该考虑导学案编写的有效性和科学性。导学案是学生学习的指南针，能够为学生的学习指明方向，促使他们不断去探索新知。所以，导学案不能是课本知识和习题册的简单叠加，而是教师在对三维目标和学生学情分析的基础上对课本知识的整合，要求教师精心编排、合理筛选。特别是导学案上面的题目，应该精而不多，既要达到使学生掌握知识的目的，又要在课堂上完成。科学有效的题目不仅能够减轻学生的课堂学习负担，还能保证学生的学习效率，达到事半功倍的效果。

(2) 导学案的编写过程

导学案是全面实施素质教育、打造高效课堂的有效载体，是引导学生自主学习、主动参与、合作探究的学习方案，是学生自主学习的线路图、方向盘和指南针。导学案的质量高低直接影响到课堂质量的高低，其编制不能靠个人力量完成，应该集整个备课组的力量于一体。教师认为，导学案的编制应该分为四步完成，即集体讨论、个人设计、集体讨论、个人梳理。

首先，组织组里的教师集体讨论，确定具体一节课的编写方法，给出初步设计的建议。然后，主备教师收集组里教师的意见，依据导学案的编写原则和考纲要求，研究学生，钻研教材，编写出导学案初稿。在此基础上，再次进行集体讨论，备课组的教师要提出各自建议，就如何从创设情境的导入到任务进行中的点拨、怎样从突出重点到突破难点、怎样从知识的缺漏到教学课件的完善等，各抒己见，集思广益，最终形成优化的导学案。最后进行个人梳理。每个教师都有自己独特的教学风格，结合所在班级学生的特点，在集体讨论出来的导学案的基础上进行适当调整，整理出既适合自己上课风格，又能够满足所在班级学生认知水平的导学案，为上好该节课做好充分的准备。

根据以学生为主体、因材施教的教育思想，遵循导学案设计的原则，教师这里所使用的导学案一般包括学习目标、学习重点和难点、学法指导、知识准备、课堂研学、归纳总结、诊断练习、学习评价等内容。当然，对于不同的课型和知识点，学案应该有各自不同的侧重点，因此，可以予以适当的删减。

①学习目标

导学案中要呈现出具体的目标，也就是所谓的三维目标。这里要强调的是，学习目标并不是简单地重复教材上的原有语句，而是要结合自己班上学生的实际情况来调整。同样，学习目标不能过于笼统，设置时表述得越精确越通俗越好，使学生能够知道具体的学习任务，同时达到可以自我检测的目的。例如，达到"会运用……解决……问题""会说出……"等细化的目的，而不用"了解""理解""掌握"等模糊语言。学习目标越具体越明确，学生干劲越足，在学习过程中探究活动越会有所侧重。教师在编写学习目标的时候要做到以下四点：理清教材、弄清本节课在该学科知识体系中的位置、弄清学习本节课内容的意义和充分研究学生。这样，编写出的学习目标才会和课程相一致，才会符合学科知识特点，才会最适合自己的学生。

②学习重点和难点

学习重点和难点不仅包括本节课学生所要掌握知识的重点和难点，还包括学生学习方法或者教师的教法方面的重点和难点。教师备课时要充分研读课程标准和研究学生，明确本节课的重点和难点；同时教师要把突破重点和难点的方法呈现给学生，描述的时候要具体准确，助他们一臂之力。

③学法指导

要使学生在学习的道路上少走弯路，学法指导是个很好的途径，是直接告诉学生要解决某个问题的方式、达到某个目的的具体做法，现行的很多导学案上面并没有这一点。在课堂学习过程中，当学生学习遇到困难时，学法指导能够引导学生采用方法技巧来攻克难关。好的学法指导能够大大提高课堂效率，减少学生的挫败感。例如，在某一节内容的学习过程中，结合具体内容，提醒学生阅读课本，注意进行小组讨论、做实验等就是学法指导的具体体现。

④知识准备

知识准备即旧识回顾，当然有的教师命名为课前测评、诊断检测等。它能够帮助学生温习前面的知识，检验所学知识的掌握程度，起到复习的作用。教师可以根据本班学生的特点和本节课教学目标灵活设置，为新知识的学习做好铺垫。

⑤课堂研学

课堂研学是整个导学案的中心环节，该环节主要是通过任务的形式呈现的。教师依据自己学校的条件和学生的认知水平，结合教学目标，把教学内容编写成若干个串联起来的细化的任务模块，并将这些细化的任务模块在导学案中呈现出来，让学生在教师的引导下完成任务。在任务的设置过程中，要充分体现导学案中知识的系统性，细化学习内容，梳理知识脉络，明确学习目标。只有在此基础上，学生才能在强烈的任务动机驱动下，以自主学习或小组合作学习的方式，按部就班地完成细化的学习任务，在获得新知的同时培养分析问题、解决问题的能力。

⑥归纳总结

归纳总结即对知识的整理归纳。在导学案中，重要的知识点要尽量留给学生来填写，以便加强动手记忆能力，同时要善于督促学生对本节课的学习方法、学习规律进行总结，要让他们体会整个学习过程，学会在旧知的基础上提炼出新知的内容，并且找到旧知与新知之间内在的联系和规律。

⑦诊断练习

如果在课堂上能够对学生所学知识进行检测诊断，将会收到很好的反馈效果。因此，可在导学案上面安排一些诊断练习。教师结合本节课的具体要求，精挑细选出一些具有代表性和诊断功能的习题，让学生能够及时了解知识的掌握程度，从而查缺补漏，提高学习效率。诊断练习可以穿插在不同的环节（如探究、问题解决）中，也可以单独作为一个环节来检验。在题型的设置上，种类尽量要多，但是数量要适中，以每堂课5~6分钟的题量为宜；难度要合适，通过设置一些分层习题，提高待优生和优等生的学习水平。题目做完之后要注意反馈矫正，这样才能进一步提高课堂有效性。所以，每一个知识点对应的练习都要紧扣本节课的重点和难点、易错点、易混点和易漏点、高考热点等，以巩固所要掌握的知识和技能。

⑧学习评价

每节课学习完之后,教师都要让学生进行自评或者互评,谈谈自己的感想。这样不仅有利于学生之间相互学习,自我反思,还有利于教师对这节课的教学效果进行反思和优化。

2. 任务的设计

任务的设计是否合理不仅是能否成功实施导学案任务驱动教学模式的关键,还会直接影响课堂的学习效果。设计的任务应该紧密结合教学目标,同时应是学生感兴趣的,能够从不同层面促使学生积极思考自己要解决的问题。

(1) 任务设计原则

①明确目标

每个任务都要围绕教学目标进行设计。

②要符合学生的"最近发展区",要具有一定的挑战性

设计的任务相当于给学生提供一个跳板,学生借助跳板,能够伸手够到更高的地方。这样学生的能力才会得到较大的提高,课堂也就不会成为一个照本宣科的场所。因此,设计任务时要掌握好难易程度,过于简单的任务会使学生懒得去积极思考,由于缺少挑战性而失去探索的兴趣;而过于困难的任务又会使学生厌烦,失去信心。所以,给学生设计的任务应该难度适中,又有一定的挑战性。这样学生才能在任务动机的驱动下,不断地督促自己向前继续学习。例如,在学习"氢氧化亚铁的制备"时,告知学生氢氧化亚铁很容易被氧化,给出一些装置,让其分析哪些装置可以制备氢氧化亚铁。

③要有层次性

教师在设计任务时,应该结合学生的能力水平,提供不同的跳板,给不同水平的学生提供不同的帮助,循序渐进地开展教学。这样学生在完成任务的同时,才不会为很多没有见过的知识点而苦恼。

④要善于联系生产实际、科学技术、化学学史、社会热点、自然现象及学生的生活

化学是和生产、生活紧密相连的学科,如果在设计任务时能够和学生身边的生产、生活等联系起来,会让学生有一种熟悉感、亲切感,更容易让学生接受任务并且对此更感兴趣。例如,在学习铁及其化合物时,可以联系生活中对铁盐净水、补铁剂的利用等。

⑤任务设计必须是学生能够完成的有效设计

设计的任务必须是在现有的条件下,学生根据已有的知识背景,在教师的引导下或者通过小组合作可以完成的任务。化学是一门以实验为基础的学科。因此,在课堂上,多让

学生动手动脑的学习方式是最有效的。

(2) 任务设计的基本步骤

教师可以根据教学目标、教学内容和学生能力水平，把一节教学内容分为总任务、模块任务、子任务等大小不同的任务。下面以"苯"为例来解读任务设计的基本步骤。

①研究教学目标和内容

教育的目标是为了促进学生能力的发展，而这个目标的实现是通过平时的一点一滴促成的，课堂教学是其中的一个重要组成部分。在课堂教学中，教师是通过学生与教学内容相互作用来实现教学目标的。因此，教师一定要仔细研究教学目标与内容，然后确定学生所要掌握的三维目标，将这些三维目标分散到具体教学内容当中来一一实现。例如，以下是"苯"的第一课时的教学目标。

知识与技能：能列举苯的主要物理性质，掌握苯的分子结构并能够描述其结构特征。

过程与方法：通过对苯物理性质、分子组成及结构进行探究，增强观察、归纳、推理等方法及技能的训练，进一步认识研究有机物的一般过程和方法。

情感态度与价值观：苯的凯库勒式的发现过程是对学生进行"勤奋——机遇"关系教育的良好素材；运用引导探究的学习方式，让学生亲身经历"苯的发现之旅"，体会科学研究的过程和乐趣。

②研究学情

首先，应该了解学生的能力水平，要知道学生已经掌握了哪些知识，已经具备了哪些技能；再分析在这节课中学生应该要掌握哪些知识和技能，哪些是学生可以通过自己努力探究来学习的，哪些是需要教师引导来完成的，等等。例如，在学习"苯"之前，学生已经初步掌握了具有代表性的两种有机物——甲烷和乙烯的结构与性质，已经初步知道了如何学习有机物。按照碳形成四个共价键的原则，他们可以在教师的引导下探究苯的分子的可能结构，再根据所学的知识去验证推测的结构是否正确。然后，要大概了解学生在完成任务的过程中可能遇到的困难，这样教师就能心中有数，知道怎样设计合适的任务。例如，在学习"苯"的这节课上，用凯库勒式表示苯的结构时，学生难以理解苯中的碳碳键是介于碳碳单键和双键之间的一种独特的键。这便是本节课的难点，教师就要采取一些方法来帮助学生突破难点。

③研究任务

依据以上对教学目标、教学内容和学情的分析，可以将抽象的教学目标细化为具体的任务，如图3-1所示。

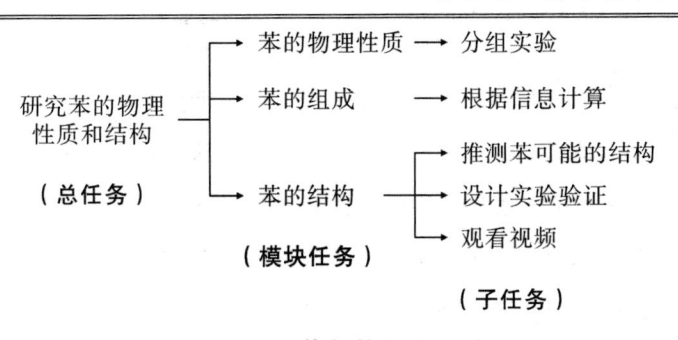

```
                           ┌─→ 苯的物理性质 —→ 分组实验
                           │
    研究苯的物理  ─────────→├─→ 苯的组成    —→ 根据信息计算
    性质和结构                │
                           │                  ┌─→ 推测苯可能的结构
     （总任务）              └─→ 苯的结构    —→├─→ 设计实验验证
                                              └─→ 观看视频
                              （模块任务）
                                                （子任务）
```

**图 3-1 "苯"的任务设计**

## （二）实施流程

本研究中的导学案任务驱动教学模式是指以教师设计的导学案为载体，遵循"以教师为主导、以学生为主体"的原则，运用教师引导的方法，以导学案中呈现的任务为切合点，师生共同探讨的教学模式。在学习过程中，用任务来驱动学生的学习，让他们主动获取知识。因此，这种教学模式是以任务为中心，师生通过任务结合在一起，将学生所掌握的内容与任务相连接，任务引领课堂教学，在教师适当的指导下，学生围绕任务进行探究学习，师生共同完成教学任务。这种教学模式包括教师依案导学，学生依案自学；教师创设情境引发任务，学生依案思考分析任务；教师适时指导，学生自主协作完成任务；教师组织学生交流并评价，学生展示整合成果并反思；教师和学生一起归纳总结，迁移拓展等。

### 1. 教师依案导学，学生依案自学

教师在精心编写课时导学案之后，一般要将导学案提前发放给学生。学生依据导学案进行自学，了解本节课的学习目标、重点和难点；通过认真阅读教材，初步了解马上要学的知识，成为学习的主人。这一环节主要是让学生完成对每节课的知识准备，培养学生的自学能力。

### 2. 教师创设情境引发任务，学生依案思考分析任务

任务的引发必须依靠教师完成。化学实验是化学教师进行课堂教学时经常采用的一种手段，它直观明了，能够激发学生的兴趣。因此，教师可以利用化学实验创设直观、生动的教学情境。化学也是一门与生产、生活紧密相连的学科。因此，教师也可以利用生产、生活中的实例创设真实的情境，让学生产生熟悉感和亲切感。除此之外，现在很多学校教室里都安装了多媒体设备，教师还可以利用多媒体呈现相关的情境素材。这样创设情境的方式就是多种多样的。通过创设情境，学生原有的知识体系被打开，可以迅速进入接受任务的状态中。依据导学案上布置的任务，学生利用已有的知识经验和教材上的信息，主动对任务进行分析和思索，努力解决问题，完成任务。

### 3. 教师适时指导，学生自主协作完成任务

在完成任务的过程中，教师起着重要的作用。教学的内容并不是都需要学生进行探究的，对于很基础的知识或者与他们之前所学联系不大的知识，教师要进行详细的讲解和传授。在学生遇到一些瓶颈时，教师要给学生适宜的指导，避免学生在完成任务时走过多的弯路。此外，教师要善于引导学生把新旧知识和技能联系起来，使学生可以更容易地掌握新的知识和技能。在整个过程中，教师对学生的指导程度一定要拿捏准确，对于确实较难的问题，一定要给予提示，而学生可以独立完成的，绝不能代替其完成，同时要注意对于不同水平的学生采用不同的教学方式，要做到因材施教，以保证大多数的学生都能够顺利完成任务。

对于学生而言，在明确任务之后，他们就需要通过展开学习来完成任务。此时，任务的明确有助于学生们做到心中有数，知道自己要做什么，需要哪些手段，从而快速地进入学习状态。此外，授课教师应该结合不同的任务，采用不同的教学方法和技巧。例如，对于简单的任务，可以让学生阅读课本自主学习来完成；对于复杂的任务，可以让学生进行分组讨论、合作完成。

### 4. 教师组织学生交流并评价，学生展示整合成果并反思

完成任务后，教师要及时组织学生发言交流。对于学生自己完成的任务，让学生展示个人成果；对于小组合作完成的项目，可以让他们派一名代表来汇报成果及在这个过程中所用到的方法。其他人在听取别人汇报时比较自己的成果及所用方法，相互学习。在这个过程中，学生彼此交换想法，相互评价，自我反思，学习别人的优点，发现自我问题，然后及时解决或改进，完成对知识的构建。当然，在这个过程中，教师并不是无所事事，而是要做到认真仔细地听学生报告，并且要善于对学生任务完成情况做出评价，指明学生的优缺点；更重要的是，要指出今后他们要努力和改进的方向。对于不同层次的学生，评价的方法也要不同。优秀的学生以高标准严格要求他们，使他们不断拼搏；基础较差的学生，以表扬为主，肯定他们的进步；中间水平的学生，以激励为主，既要肯定其做得好的地方，又要道出他们的不足，为进一步努力指明方向。总而言之，要让每个学生学有所得，最大限度地调动学生的学习积极性，最大限度地提高学习效率。

### 5. 教师和学生一起归纳总结，迁移拓展

在上述环节的基础上，学生基本完成了课程内容的学习，但是这并不意味着学习的结束。最后教师要引导学生进行三个自问：今天学习了什么？是怎么样进行学习的？为什么这样学习？这便是对本节课的重点知识进行归纳总结，并把新旧知识进行对比分析，梳理成线。同时，要引导学生对自己的学习状态进行回顾：今天学习遇到了哪些困难？采用了

哪些化学思想、学习方法、思维策略进行解决？要将这些方法规律整合起来、迁移拓展，帮助他们在后续学习中更好地学习，促使他们的能力得到进一步的提升。

## 三、任务驱动教学法在高中化学实验教学中的应用

### （一）传统化学实验教学方法解析

**1. 传统化学实验教学方法的形式及实施程序**

我国传统的化学实验教学有两大特点：一是实验教学形式以演示实验为主；二是实验教学模式以验证性教学为主。这种验证性实验教学模式在课堂教学中的表现形式主要有演示讲授模式和学生实验模式。

（1）演示讲授模式

该模式是将演示实验与教师的启发讲授融合而成的一种教学模式。其实施的基本程序为：明确问题——演示实验——启发讲授——获得结论。

（2）学生实验模式

该模式是指在单元教材学习后，为复习、巩固和验证课堂上所学的知识，在教师的组织和引导下，由学生按照操作步骤独立完成实验的一种教学模式。其实施的基本程序为：学生预习实验——教师讲解实验内容和注意事项——学生按操作步骤做实验——填写实验报告。

传统的验证性实验教学模式具有简明、清晰的特点。按照这种模式进行教学，有利于学生对相关结论的认可、强化理解和记忆，有利于教师对整个教学过程的控制，教师可以充分把握教学的时间和进程。但传统化学实验教学模式也存在明显的不足之处。

**2. 传统化学实验教学方法中存在的不足**

（1）学生的主体地位被忽视

在传统实验教学中，学生往往按照教材或教师事先指定的步骤进行实验操作，思考教师提出的问题。其中，实验器材、实验用具都是事先安排好的，学生只需按教师的指令进行即可，其结果就是学生失去独立思考问题和解决问题的机会，只能机械记忆、机械操作，对实验技能反复练习，却很少深入思考结论是如何得来的；很少深入思考为什么这样做，而不那样做；很少有机会尝试用不同的实验途径去探索发现和获得知识；也很少运用所学知识解决实际问题。长此以往，学生主体性的发挥受到影响和限制，阻碍了学生个性能力的全面发展。

（2）重结论轻过程

重结论轻过程是传统教学模式十分突出的问题，也是一个明显的教学弊端。在化学实

验教学中，为使学生获得较为准确、清晰的认知性结果，往往将"现象明显"置于突出的地位或定为首选标准，只重视实验的认知性结果，而忽略知识的发现过程，压缩了学生在化学实验过程中的各种体验、感受和感悟，忽视了化学实验对学生思维能力、问题解决能力和创新能力的培养。

（3）过于封闭

传统的化学实验教学模式是预设和封闭的。整个实验过程由教师设计，再由教师以讲授为主的方法传授给学生，过于强调实验对所认识的化学基本概念、基本理论和原理的验证；学生不需要什么"探索"，只要按照实验步骤做下去，就可以得出结论；实验内容与生产、生活实际相脱节，学生学习以后不知它有什么用途，对学习和生活有何帮助，除了考试中答题有用以外，学生体会不到它的实际应用价值。教学内容是规定的，教学过程是封闭的，信息传递是单向的，学生只能处于被动接受的地位。这种教学模式不利于实验功能的全面发挥和学生实践能力的培养。

很显然，从培养学生的综合能力角度来看，长期和单一选用传统的化学实验教学模式实施实验教学是不妥的，并且随着社会的发展，素质教育和创新教育成为时代主旋律，对人才的培养也有了全新的要求。时代特征决定社会需要能够孕育出新观念并将其付诸实施、取得新成果的创新型人才，但传统的验证性实验忽视了学生的认知主体作用，束缚和制约了学生的创新意识，传统教学模式培养出的人才越来越不符合社会所需人才的标准。高中阶段是学生创新思维形成的最佳阶段，化学实验教学对培养学生创新思维具有十分重要的作用，所以改革传统化学实验教学模式势在必行。

（二）高中化学实验任务驱动教学法的构成要素

1. 高中化学实验任务驱动教学法的目标

研究高中化学实验任务驱动教学法，目的是促进学生主动、活泼地学习，发展自主学习能力、创新能力和实践能力，而最终目标是促进学生科学素养的全面发展。在我国，发展学生科学素养尤为重要。资金、设备和人才可以引进，但国民的科学素养不能引进。另外，通过在课堂中实施高中化学实验任务驱动教学法，可以实现以下几个分目标：

第一，引导学生在一定的社会背景中学习化学，回归生活和社会实际。

第二，关注学习过程，发展基于解决实际问题的探究能力。

第三，注重学习情感体验，养成良好的意志品质。

第四，形成自主、合作、探究等多样化的学习方式。

2. 高中化学实验任务驱动教学法的操作程序

操作程序是指运用教学模式，展开教学过程的逻辑步骤，以及各步骤应完成的主要任务。一般而言，运用任务驱动教学模式进行教学时，除去课前的任务设计，课堂中的教学往往要经历呈现任务——分析任务——完成任务——总结评价的教学过程。在吸收已有实践经验的基础上，提出运用高中化学实验任务驱动教学法展开教学的步骤：创设情景，抛出任务——师生讨论，分解任务——实验探究，得出结论——交流分享，回归任务——实施评价，反思总结。需要说明的是，这一操作程序并非不可更改，更谈不上完美无缺，教师完全可以根据自己的理解和实践经验做出调整。以下对高中化学实验任务驱动教学法的操作程序做出了说明。

(1) 创设情景，抛出任务

教师创设真实、生动、开放的任务情景，在情景中产生与实验内容有关的问题，教师结合问题提出操作性较强的总任务；学生边体验情景，边抽取认知结构中的相关经验，试图同化他，但没有直接可利用的知识经验，学生处于"心有余而力不足"的愤愤状态。这成功激发了学生的认知冲突，激起了学生的探究欲望。

(2) 师生讨论，分解任务

教师抛出的总任务一般较复杂，没有直接完成任务的思路，并且不宜一次处理太多信息，需要师生就任务和已有的知识经验，将总任务分解为数个子任务。每个任务紧密相连，一环扣一环，构成有机整体。

(3) 实验探究，得出结论

总任务细化为一个个子任务后，学生搜索原有知识经验，借助教师提供的引导和支持，生成对子任务的初步理解，建立起相关假设，然后去检验和验证。通过与实验相关的活动，获得完成任务所需的必备证据和资料。

(4) 交流分享，回归任务

学生积累的完成任务的必备证据和资料只是"物的存在"，还需对事实信息做出合理解释，即学生将实验结果与已有的知识联系起来，形成超越已有知识和当前观察结果的新的理解。学生形成的新的理解会存在差异，有的甚至是错误的，所以有必要通过合作、交流、讨论，暴露自己的观点，分享彼此的想法，共享集体思维成果，加深对事物的全面理解。各个子任务完成后，要进行归纳整合，最终回归总任务，经历一个完整的综合——分解——综合的过程。

(5) 实施评价，反思总结

学习是具有反思性质的活动。在探究获得答案后，学生应以自我为参照进行评价，如"学会了什么""明白了什么""掌握了哪些方法""还存在哪些需改进和注意的地方"。学生除了对自己在探究过程中的表现进行自评外，还需要适时地进行小组成员之间的共同活动评价，总结有益的经验，分析合作中存在的问题及相关原因，为小组合作提供有益的反馈。当然，教师也应对整个任务驱动教学过程做出评价。通过反思，学生获得知识、经验，并与原有经验相互作用，增强和丰富了个体经验。

从实施程序来看，任务驱动教学模式和探究教学模式都是由问题或任务出发，通过观察、调查、假设、实验等多种形式的探究活动获得知识或解决问题。但任务驱动教学模式更强调任务的真实性、趣味性、层次性等，注重如何激起学生完成任务的内驱力。

### 3. 高中化学实验任务驱动教学法的实现条件

实现条件是指教学模式发挥效力，达到一定功能目标所需要的各种条件。一般来说，实现条件包括内部条件和外部条件。内部条件主要是指学生的学习兴趣、学习动机、已有的相关知识技能、学习能力和学习风格等因素；外部条件主要是指支持学习的各种资源，如物质资源、信息资源、方法资源、人力资源。

### 4. 面向学生全面发展的评价体系

评价是教学过程中一个不可或缺的环节，它能起到诊断、矫正与反馈的作用，从而保证教学过程的正确性与有效性。不同的教学方法由于教学理念、教学目标、操作程序与教学方法、策略的不同，在评价方法上也有所不同。但不论何种教学方法都有相应的评价指标与体系，只有这样才能使教学方法处在不断更新与完善的过程中，从而使教学更具有生命活力。

基于任务驱动的化学实验教学提倡自主、合作、探究的学习方式，目的是让学生学会学习，培养创新精神和实践能力。教学的立足点应是学生而不是物化的知识，让学生体验学习的快乐，获得心智的发展。因此，评价应更关注学生在课堂上的互动、参与、交流等，即以"学"论"教"。根据新课程相关理念和任务驱动的教学理念，构建促进学生科学素养全面发展的化学实验教学评价体系——评价主体多元、评价内容全面、评价方式多样。

（1）评价主体多元

突破传统评价中教师"一言堂"的局面，鼓励学生和学习小组参与评价，促使学生对实验过程进行回顾与反思，培养学生学习的主动性和自信心。家长或其他教育管理者也可以参与评价。

（2）评价内容全面

既要着眼于基础知识和基本技能的考查，又要重视思维能力、实验能力、科学方法和迁移能力的培养，以及在学习过程中学生的参与度，弥补传统评价体系中的薄弱环节——过程和情感体验评价。

(3) 评价方式多样

评价方式更多地采取观察、访谈、问卷调查、作品展示、项目活动评价表等开放及多样化的方式,但是也不能放弃笔试。

## (三) 基于任务驱动的化学实验教学设计

### 1. 设计引领学生的目标

设计引领学生的目标也就是设计"引领学生到哪里去"。该过程涉及确定教学任务、选择教学内容和明确教学目标。这些又是以准确把握课程标准和学生实际学习需要为前提的。将课程标准和教材内容转化为实际的教学目标或教学任务,关键在于确定学生现有实际水平和期望水平之间有多大差距,所以作者在此重点介绍学生分析和确定化学实验教学目标两个方面。

(1) 学生分析

在教学大纲中,教学目标的对象定位是"教师教学";而在课程标准中,对象定位是"学生学习"。目标主体的转变反映出"以学生为主体、以教师为主导""一切为了学生的发展"的教育理念,该理念要求教学设计应该更加关注学生已有的发展水平以及将要获得的发展。教师进行教学设计时,需要考虑学生的一般特征、独特特征、已有知识经验等,以便于制订恰当的适合学生发展的教学目标,同时有利于后续的任务设计和学习活动的组织。

①考虑学生群体的一般特征

高中生处于16~18岁,是少年期向青年期过渡的阶段。在认知方面,他们的思维向更为抽象、概括和注重逻辑的方向发展,在学习中具有比较强的迁移能力;在认识事物过程中,能够做出独立的判断和思考;情感体验方面向深和细的方向发展,对他们肯定性的评价或自我肯定会使他们产生满足和成功的体验。在学习化学时,学生除了有获得化学知识、技能的愿望外,还希望获得情感体验,即学习过程并不单纯是知识的接受和训练,还伴随着创造、选择、意志、努力等情感的综合过程。教师在教学中应该联系化学研究过程的真实世界,引导学生模拟角色,身临其境,像化学家那样分析和解决问题。

②把握学生的独特特征

学生除了具有一般特征外,个体之间还存在着各方面的差异。

1) 观察实验现象的差异

对化学实验现象观察深入的学生能积极主动观察诸如物质的颜色、状态、气味的变化,并善于抓住主要现象,运用多种感官从多方面进行观察;而有的学生仅仅觉得有趣,不能进行全面细致的观察。

2）性格差异

具有自主型性格倾向的学生易于形成主见，喜欢独立学习和实验，善于独立发现问题和解决问题；顺从型性格的学生独立性差，喜欢"随大流"，对别人的依赖性强；外向型性格的学生善于表现，喜欢与别人合作讨论；内向型性格的学生不善于或很少与人合作讨论，等等。

3）思维风格的差异

从思维方式来看，分析型思维风格的学生喜欢把事物或对象分解成个别部分或属性，再步步思考；整体型风格的学生喜欢把事物或对象的个别部分或属性联合成一个整体进行把握。

在教学过程中，教师要善于发现每个学生的优势和不足，促使他们在学习过程中能互相影响，学习别人的长处，弥补自身的不足。

③获取学生的已有知识经验信息

学习过程是新旧知识相互作用的过程，是学生运用已有知识经验不断获得新知识的过程。所以，在学习新内容之前，教师要了解学生原有知识经验，并有效激活原有知识结构，促使新知识的建构。教师可以通过传统方法——诊断性测验、布置作业、课堂提问等，也可以通过现代方法——深层会谈、诱导法、设置认知冲突法等，来确定学生已有知识经验。这些方法对于探查学生已有经验，揭示学情信息是十分有效的。

（2）确定化学实验教学目标

教学目标是教学的起点和依据，也是教学的归宿，支配着教学的全过程。化学实验教学目标以化学实验教学为主要手段。具体的化学实验教学目标是学生学习结果的外显表现，教师要在目标中表达出希望学生表现出什么样的学业行为。化学实验教学目标制订的主要依据有以下几方面：

①化学实验教学标准

在设计具体实验教学目标时，首先应考虑内容标准中与实验有关的基本要求和活动建议，做到"有章可循"和"心中有数"。

②化学实验教学目标体系

新课程改革强调"以实验为基础"的学科特征，并对化学实验教学目标做出了明确规定，构建了化学实验教学的总目标——发展学生的科学素养，以及三个分目标——实验知识与技能、实验探究能力、实验情感态度与价值观。教师制订实验教学目标时应围绕这三个维度来表述。

③实验教学内容

实验教学内容是实现实验教学目标的载体，是教师的教和学生的学不可缺少的重要媒介。教师制订化学实验教学目标时，应认真研究实验教学内容，对实验内容做出适当处理，如增删、换序、整合、新编，结合内容标准提出的要求，合理地设计学生应达到的目标。

④学生特点

实验教学目标规定的是学生应达到的学习结果，实施主体是学生，学生的学习基础和接受能力等会影响教学目标的可行性。所以，在制订实验教学目标时，要考虑教材中的要求究竟是否适合当前学生，应不应该作为教学目标或任务被提出。

2. 规划导向目标的策略

规划导向目标的策略就是设计"如何引领学生到达想去的地方"，即导向目标的过程有赖于选择相应的教学策略。人们把教学策略看成一切有利于达到教学目标的师生互动的总和，主要包括引入和设计任务，创设情境、引发任务，组织活动、完成任务和设计化学实验教学资源的支持四个方面。

(1) 引入和设计任务

任务是重点，是贯穿教学过程的主线，直接影响教学效果。所以，引入和设计任务是关键。它要求教师在明确学习需要和实验教学目标的前提下，掌握一定的设计技巧和策略，设计出有利于实验教学目标顺利实现的操作性强的任务。

①设计任务的一般步骤

人们常说"教学有法""教无定法"，教学设计也一样。教师的教学思路不同，运用的设计方法也不同，教学设计结果就会不同。在此，作者依据对模式中的任务及任务的构成要素的理解，归纳出设计任务经历的三个步骤：确定任务的内容、规划落实任务的途径、选择任务情景素材。

1) 确定任务的内容

教师往往需要根据自身对课程的理解和学生的实际学习需要，参考不同版本中的实验内容，根据实际情况进行重组和调整，挖掘实验内容背后更深层的东西，然后将实验内容中的要求转化为更明确的任务内容。

2) 规划落实任务的途径

静态的任务要靠动态的教学活动来完成，没有活动的支撑，任务就没有任何意义。所以，选择任务落实的途径其实就是选择教学活动。按照完成活动的方式来划分，落实任务的活动可分为实验类活动、调查类活动和交流类活动。

实验类活动包括实验探究、小组实验、实验设计、试验、实验证明、实验验证、实验区分、实验比较、对比实验、实验推断、测定、鉴别、分离、配制、实验观察等。

调查类活动包括调查、收集、查阅、查找、参观、观看等。

交流类活动包括交流、提问、阅读、讨论、问答、汇报、辩论、比较、解释、写论文、报告等。

选择什么活动方式落实任务很重要，不同的活动方式适合不同的内容，当然还受到学校教学资源、教师设计思想等影响。教师所选的活动方式应恰当、多样化，让学生的认知和情感两方面都投入到活动中，让学生能够充分体验活动过程；在活动过程中，激发学生的思维方式，充分发挥创新精神，快速有效地完成任务，实现教学目标。

3) 选择任务情境素材

任务内容和落实任务的活动方式确定后，还需要选择引发任务的情境。可以作为任务情境的素材有很多，但好的任务情境应具有驱动性、诱发性和真实性。具备以上特点的情境可以让学生体会到化学与他们的生活息息相关，在真实的情景下学习化学，有效激发学生的学习兴趣，调动学生的学习积极性，并将兴趣转变为一种持久的内部驱动力，从而推动学生主动完成学习任务。

② 设计任务的策略

学生在学习时经常会有这样的困惑：学化学有什么用？哪些场合会用到化学？之所以会产生这样的困惑，说明现在的化学教学没有很好地体现化学与社会、生活的紧密联系，没有很好地体现出化学教学的功能及现实意义。如何贴近生活，贴近学生实际，模拟或走进社会现实，帮助学生融会贯通知识技能和迁移活用？这就需要教师在设计任务时把握一定的策略和技巧，找准切入点，通过让学生完成任务，使他们体会到化学的实用性和学习的价值。

1) 从化学与生活的结合点入手进行设计

化学与生活联系紧密，生活中处处涉及化学。运用人体与化学、食品与化学、营养与化学、家居生活与化学、环境与化学的关系等设计任务，引导学生以解决困惑和问题为核心来学习化学。让学生在生活中"找化学"，使化学生活化；在实验中"做化学"，使化学活动化和趣味化。同时，将演示实验变为学生实验，加深学生对知识的理解；组织学生进行多种形式的探究活动，体现教师的着力引导、学生的主动参与。

以教材中的实验内容为载体，从化学与生活的结合点设计任务，可以提高学生学习兴趣，让学生感受到生活中处处有化学，化学就在生活中，体会到学习化学的重要性，更有助于创新精神和创新能力的培养。

2) 以解决社会问题为线索进行设计

关注化学科学发展、化工生产、化学事故、环境污染等社会事件，挖掘社会事件中蕴涵的化学科学知识，联系实验内容设计任务。这样可以有效激发学生学习化学的兴趣和探究欲望，使学生解决具体问题的经验和策略日益丰富，解决实际问题的能力和创新能力逐步提高。

3) 以实验史实为线索进行设计

化学实验史就是运用实验方法论进行实验探究，以获取化学实验事实，建立化学科学理论的发展史,在培养学生的科学素养方面起着非常重要的作用。结合人类探索物质及其变化的历史与化学科学发展趋势,引导学生进一步学习化学的基本原理和基本方法,形成科学的世界观。所以,以实验史实为线索进行基于任务驱动的化学实验教学设计是一种重要的技巧。

以化学实验史实为线索设计任务,学生可以体会、了解化学家认识世界、改造世界过程中的科学思想和思路。化学教学不限于现成的静态结论,而是结合化学教与学的过程揭示出蕴含于化学知识之中的科学思想和科学方法,潜移默化地促使学生多方面能力的提高,使学生的科学素养得到全面提升。

4)课内与课外相结合,将任务向课外延伸

因为课内时间是有限的,所以有时需要把化学实验由课内延伸到课外,通过课外活动来实施。例如,学习完"化学反应中的能量变化"后,教师让学生尝试完成"运用所学知识制作一个简易冰袋实现短时保鲜"的任务;学习了"钠及钠的化合物"后,适时举办"食品制作大赛",学生可制作各种饮料、糕点等。在完成这些任务的过程中,学生通过查阅资料搜集相关信息,小组合作完成实验,分阶段展示实验成果,自主设计实验报告,并运用合理方法进行评价等。采用课内与课外相结合的方法,学生将书本知识、网络信息和生活实际相结合,增强合作与交流能力,培养团队精神,激发学生学习兴趣,培养动手操作能力。

当然,除了以上所说的设计策略以外,还可以以文学素材中蕴涵的化学知识为线索进行设计,相信一线教师在教学过程中还会挖掘出更多有效设计任务的方法。

(2)创设情境,引发任务

有关情境的研究很多,如情境的概念、分类、来源、功能、理论基础、应用。在这里只讨论与任务设计和引发有关的两个问题:一个是情境素材的获取与选择问题,另一个是引发任务时的情境创设问题。

①情境素材的获取和选择

情境的创设需要以情境素材为基础。化学学科本身具有很强的情景性,是以实验为基础的,而实验为探究活动提供了非常好的情境。当然化学实验史实也是应引起重视的情境素材,展示的化学规律和化学现象等内容易于让学生感受到情境的真实性。此外,《化学教育》《化学教学》《高中化学教学参考》等杂志中与社会生活、实验教学相关的栏目也是情境素材的重要来源;"走向科学的明天丛书"是介绍当代科学知识以及相关的历史背景、人物、科学前景的丛书,对社会发展的热点问题进行了专题介绍,其中蕴涵很多实验教学情境素材,需要教师挖掘和利用;另外,互联网可提供丰富的情境素材,从网上获取与实验教学相关的情境素材更加便捷和有效。

情境素材具备后,对它的鉴别和合理利用非常重要。选择任务情境应遵循以下几条原则：

1) 目的明确

任务情境服务于任务和教学目标。所以，要求它能够在学习活动与学习内容之间搭建平台，成为学生与新知识之间的桥梁。

2) 与学生已有的知识经验相联系

学生接触与自己的生活经验密切相关的情境时会感到亲切，从而积极主动地投入学习中。

3) 重视学生的情感体验

面对具体、生动、形象的情境素材，学生可以产生积极的情感体验，形成积极的态度，便于教师从情境出发来引发任务，促使学生积极参与学习，提高教学效率。

②任务情境的创设

情境创设的方法和手段有多种，以下重点讨论运用化学实验、文字材料、实物展示和多媒体创设情境的方法。

1) 运用实验创设情境，引发任务

化学实验具有直观性、生动性、变化性等特点。因此，利用化学实验创设任务情境，呈现真实、生动、直观的教学情境，能引发学生对化学概念、物质结构、某种实验方法、物质性质、化学反应规律或原理等的探究。

2) 通过文字材料创设情境，引发任务

文字材料具有信息量大、详细真实等优势和特点。例如，化学实验史、生活中的自然现象、化学科学与技术发展及应用、化工类新闻、化学事故和历史故事等，可以作为引发任务的情境素材。它们以文字材料的形式呈现给学生，而学生通过阅读信息，接受文字材料信息的冲击，可成功激发其学习兴趣和动机，促使其积极进行探索。

3) 利用实物创设任务情境，引发任务

化学教学中的实物主要有模型、标本、图片、图表等。在教学过程中可以通过展示实物来创设任务情境。这是一种直观手段。它不仅有利于任务的引出，还是学生情感态度与价值观培养的有效途径。

4) 利用多媒体呈现情境素材，引发任务

随着信息技术的普及，多媒体技术和网络技术为学生的学习提供了丰富的资源。通过播放联系实际的多媒体录像片，播放录制的活动录像片或浏览专门网站，创设一种感知情境，使抽象的内容变得具体、鲜活，引起学生注意，激发学生思维的积极性，让学生在轻松愉快中获得知识，提高解决问题的效率。

总之，任务情境呈现方式和策略并不是唯一的。教师应不时变换呈现情境的方式，同时注重任务情境创设的策略，不断设计出角度新颖的任务，使学生的思维处于活跃状态，激发学生对情境中所蕴涵问题的思考，为接下来任务的顺利完成提供动机和内驱力。

(3) 组织活动，完成任务

教学包括教师的教和学生的学两方面活动，是教师的教和学生的学的统一体。那么，高中化学实验任务驱动教学模式中的教师的教学活动和学生的学习活动应如何设计和开展呢？教师的教和学生的学是如何统一的呢？又是怎样有助于任务完成的呢？这就需要研究这两类活动的基本环节及组织策略。

①活动环节分析

高中化学实验任务驱动教学方法中学生的学习活动环节主要包括以下内容：明确任务环节，即明确所要完成的任务；执行任务环节，主要是实施活动探究，得出相应的结论；任务反馈环节，主要对任务和任务完成的过程进行反思与总结，即明确任务——活动探究——得出结论——反思总结。基于"教服从于学、为学服务"的教学理念，要求教师的教学活动要为学生的学习活动顺利有效开展服务。所以，高中化学实验任务驱动教学法中的教师活动环节应包括学习活动的引发、学习活动的组织和指导、学习活动的总结和评价。当然，教师的教学活动和学生的学习活动在教学过程中不是孤立的，而是相互联系、统一互动的。

②组织教学活动的策略

1）学习活动引发的策略

学习活动的引发主要是让学生进入积极主动的学习活动状态，明确要完成的任务。如何巧妙地达到该状态呢？创设生动的、真实的任务情境是十分有效的策略，学生在感受情境的同时引发思考和质疑，明确要完成的任务，激发积极探究的欲望，为后续教学做铺垫。

2）学习活动的组织和指导策略

学生完成任务阶段，教师的主要角色是组织者和指导者。教师作为重要的教学资源、学生的主要指导者，应在该阶段确定学生学习活动的形式和内容，同时给予学生适当的指导和帮助，以保证任务顺利完成。

学生的活动形式可以是个别活动（学生个体单独完成）、小组活动（通过分工合作共同完成）、集体活动（全体学生参与完成），活动的内容是围绕化学实验内容设计的一系列任务。当学习任务较简单，个人经过努力可以独立完成时，最好由个人单独进行；当任务较复杂，需要合作才能完成时，适合采用小组学习，有助于学生之间相互启发，共享材料和资源；而集体活动适合在总结经验、得出结论时使用。所以，采取何种活动形式应根据任务的性质、学校的化学教学资源等来决定。

教师的指导包括技能指导和方法、资料导引等。例如，技能指导包括化学实验技能指导、信息技术使用技能指导、探究技能指导、合作技能指导等，资料导引包括仪器使用方法的导引或提供资料支持等。在学习活动中，可能需要个别指导或集体指导，而指导可以在探究活动开始前进行，也可以在过程中随时展开。具体来说，应根据指导内容和学生的实际情况采取不同形式。

如果说学习活动的引发是学生完成任务的前提，那么教师的组织和指导则是完成任务的重要保障。教师的组织和指导为学生提供充分的学习条件，是学生顺利开展探究活动、得出结论的基础和保障。教师应营造宽松、民主的气氛，恰当运用表扬和奖励，如运用具有鼓励意义的启示语，让学生在"安全"的心理环境中充满自信地投入学习活动。

3）学习活动的总结策略

学生通过活动探究得出结论之后，有必要对任务和完成任务的过程进行梳理和反思。该环节是对整个学习过程的总结、归纳和提升。

总结主要由学生完成，教师做补充。可以先在小组内部交流讨论，然后在小组之间进行更大范围的成果共享。当然，学生谈收获或体会时，应有明确的要求和范围；同时学生在总结前，应留一段时间进行反思和讨论，以提高总结的质量。总结的内容应包括知识技能、完成任务的过程和方法等收获或不足之处，以及科学探究能力、态度和情感方面的提高。总结可以采用口头表达、书面表达等形式。该环节虽然用时不多，但其重要性是不言而喻的。

（4）设计资源的支持

基于任务驱动的化学实验教学是学生借助教师帮助和运用化学实验教学资源进行的有意义的探究学习活动。化学实验教学资源是指有利于实现化学实验教学目标，在实验教学设计、实施和评价过程中可以利用的各种资源的总和。这些资源包括图书、杂志和实验室设备等，还包括网络资源、人力资源等。按资源的获取方式，可以将化学实验教学资源分为本地资源、网络资源和泛资源。

①本地资源

本地资源是指教师在上课前准备的化学实验药品和仪器、收集整理的化学实验情境素材以及教科书上相关章节的内容等。这些资源为学生学习提供了必要的指导信息，并指明完成任务需要阅读的有关理论和实验指导。值得重点提出的是对实验室的要求。新课程的推进对实验室的建设提出了更高的要求。所以，应加大投入，配备必需的实验仪器设备、药品，并不断更新仪器，为实验探究活动创造基本的物质条件。同时，开放实验室，给学生提供更多进入实验室的机会，便于学生选做一些设计性、研究性的实验，一方面可以培养他们的设计实验能力、研究和解决实际问题的能力，另一方面还可以丰富学生的课外活动，让那些对实验研究特别感兴趣的学生进一步满足自己的求知欲，让那些在实际生活中遇到的亟待解决的化学问题能及时在实验室得到解决。这对学生的实验设计能力、动手操作能力、实验研究能力和实验创新能力的培养是非常有利的。

②网络资源

以计算机网络为代表的信息化资源为化学实验教学提供了方便、快捷、丰富多彩的感性材料。将网络上的资源导入学生的学习过程中，可使学生获得更多的信息，拓宽学生的视野，得到最前沿的知识成果，使学生能更深刻地理解课程内容。所以，学校应从实际出发，加快完善校园网的建设，并向师生开放，充分利用网络信息资源培养学生检索、收集、分析、处理信息等的能力。

③泛资源

为了完成学习任务，学生可能还需要从其他各方面获取信息和支持，如查询各种文件和书籍、浏览一些网页、走访专家和其他成人。教师将这种不确定的信息来源称为泛资源。这种泛资源比较分散，利用时要目标明确，并做好计划，以免在一些不必要的环节上浪费时间。

## 四、任务驱动教学法在高中化学复习课中的应用

（一）基于任务驱动进行化学复习的必要性和可行性

化学复习课的最基本目的是学生通过复习，结合实际已经掌握的知识，对还未掌握的知识进行查缺补漏；通过复习，将所学的知识系统化并在头脑中形成联系紧密的知识网络；通过复习，准确熟练地掌握化学基础知识，并做到灵活运用。化学复习课更深层次的目的是使学生在系统掌握知识的同时，进一步提高思维能力，提高分析、解决问题的能力以及独立思考能力。

这些教学目标的实现需要充分发挥学生个体的主观能动性，使学生变被动学习为主动学习。基于任务驱动的学习理论正是倡导学生在一定的动力驱使下自主自发地完成对知识体系的构建及能力的培养。因此，在化学复习课中，进行基于任务驱动的教学具有较强的必要性。

在复习阶段，学生已经通过新授课的学习获得了一定的知识基础，具备了通过合作等方式完成较为复杂的特定学习任务的可能性。因此，在化学复习课中，进行基于任务驱动的教学具有较强的可行性。

基于任务驱动的化学复习课不是直接将知识脉络呈现给学生，而是以一个个具体的学习任务为载体，驱动学生自己去完成任务，让学生在这一过程中构建起知识之间的联系，将蕴含于具体化学知识中的思想、方法抽象概括出来，在分析完成化学任务的过程中逐步培养自身解决实际问题的能力。这就需要在复习课中给学生提出较为明确具体的学习任务。

（二）基于任务驱动的化学复习课教学设计理论构想

1. 任务驱动教学理论与化学学习任务的联系

基于任务驱动的化学复习课教学是指在教学实践过程中，学生在教师的帮助下，以任

务为焦点，在鲜明的目标动机驱动下，通过自主运用信息材料和任务情境，进行积极思维和主动探究，最终达到学习知识、获得技能、培养能力的目的。这里的任务来源于真实的世界，教师要考虑到知识与学科之间的联系，同时兼顾学生的发展需求，设计生动的情境和内涵丰富、有启发性的任务。这些任务激发并维持着学生的学习兴趣，引导学生积极主动思考。

在任务驱动教学理论中，任务处于核心地位，这一核心地位体现如下：任务是教师教学设计的最小单元，整个课堂教学是以学生完成学习任务的形式进行的，学生需要掌握的真正内容就隐含在任务中。

2. 化学学习任务

（1）化学学习任务的内涵

学生的化学学习是有一定目的性的活动，在此过程中需完成一定的化学学习任务。那么，什么是化学学习任务呢？下面就以一个课堂教学实例来进行说明。

【课堂教学实例】

教师：同学们，刚才我们学习了电解质与非电解质的概念，知道它们的区别是在溶于水或熔融状态下能否导电。现在我们来做一个实验验证刚学习的概念。同学们要注意观察并思考以下几个问题，小组讨论之后请小组代表发言。

教师：（演示实验）讲台上的导电装置前放有两瓶红色溶液和一瓶无色溶液，它们分别是滴加了酚酞的 NaOH 溶液、滴加了酚酞的同浓度的氨水和纯醋酸。现在我们用这三种溶液同时做导电性实验。

问题：

①观察灯泡的亮度变化，并判断溶液的导电性强弱顺序。

②它们导电性不同的原因是什么？

③三种溶液中分别含有什么样的微粒种类？

④你还能提出其他问题吗？

教师：哪个组的学生可以回答一下第一个问题？

学生1：NaOH 溶液的导电性最强。

教师：其次是哪个？

学生1：氨水。

教师：那纯醋酸导不导电呢？

学生1：不导电。

教师：我们从灯泡的亮度可以看出三种溶液的导电性强弱为 NaOH 溶液＞氨水＞纯醋酸，那它们导电性不同的原因是什么呢？哪个组的同学能说一下？

学生2：因为溶液的导电性和离子的浓度密切相关。NaOH 溶液中有大量自由移动的离子,它的离子浓度最大,导电性最强,灯泡最亮;氨水是弱电解质,电离程度较小,灯泡亮度较弱;纯醋酸几乎不电离。

教师:纯醋酸里只是什么微粒呢?

学生2:醋酸分子。

教师:解释得很好!请坐。

教师:根据我们所学的知识和刚才的小组讨论,同学们还有其他见解或疑问吗?还能提出其他问题吗?

学生3:我们学过"结构决定性质"。电解质与非电解质、强电解质与弱电解质之间导电能力不同,归根结底是因为它们的结构不同。

学生4:我在思考不同类别的电解质分别在什么条件下能够导电。

学生5:……

我们可以发现,在这段课堂实例片段中,从演示实验与观察实验,到问题与回答,教师的教学活动与学生的学习活动都在围绕着"电解质的导电性实验"这个共同主题,通过完成不同的问题层层推进。通过对许多课堂教学实例的分析,可以发现每一节课都可以分成几个相对独立但又彼此密切联系的片段,每个片段中都包含学生需要完成的学习任务。它们环环相扣,构成了完整的课堂教学。这些经过教师精心设计的包含了学生必须习得的知识和掌握的技能的具体任务,引导学生由易到难、循序渐进地学习和培养能力的具体任务,都是此部分内容中提到的"化学学习任务"。

(2)化学学习任务的构成要素

对于一个具体的学习任务,首先要回答两个问题,即"做什么"和"怎样做",其中包含了内容要素和方法要素这两个基本方面。但仅有这两方面要素的学习任务就成了单纯的对科学知识的学习。这样的学习任务是不足的、空洞的,不仅会使学生对学习任务感到难以理解,还容易导致学生在学习了科学知识后仍不会应用的局面。因此,为了使学生更好地理解学习任务,学会正确应用科学知识和自身技能,情境要素也是每个学习任务必不可少的。

①内容要素

化学教学内容是化学学习任务的内容要素最主要的来源,教学内容的选择与组织直接影响着化学学习任务的内容要素的选择与组织,并为化学学习任务的内容要素提供了重要的参考依据。依据新课标的基本理念,化学教学内容大致可以划分为以下三类:

1)知识与技能方面的内容

知识与技能方面的内容是指有关化学物质的知识,包括化学概念与原理、结构与性质、基本规律，以及有关化学实验的基础知识和基本技能、学习实验研究的方法。

2）过程与方法方面的内容

过程与方法方面的内容是指获得化学物质知识，包括经历科学探究的过程，提高科学探究的能力，运用观察、实验、查阅资料等多种方式收集获取信息，并运用比较、分类、归纳、总结等对信息进行加工处理。

3）情感态度与价值观方面的内容

情感态度与价值观方面的内容是指化学物质知识价值，包括化学改善人类生活、促进社会可持续发展，还有树立对化学、自然、社会正确的情感态度与价值观。

以上三类教学内容分别对应了科学素养的知识与技能、过程与方法、情感态度与价值观三个维度。每个教学内容都可以归到其中一类，但并不是每个学习任务都只归到其中一类。实际上这三类教学内容经常彼此结合而依存在同一个化学学习任务中。以"课堂教学实例"为例，学生观察"电解质的导电性"这个演示实验，对应的是第一类教学内容。这个演示实验同时蕴含了一个哲学观念，对应的是第三类教学内容。这两类教学内容存在于一个学习任务的内容中。以往的传统教学偏重知识与技能教学内容的传授，新课改则提倡三类教学内容的协调作用与发展。如何更好地分析和组织教学内容，从而设计出更有利于学生发展的学习任务，是我们需要探索思考的问题。

②方法要素

化学学习任务的方法要素要回答的问题是"怎么做"，即"完成学习任务的途径"。静态的学习任务需要动态的活动作为支撑。如果没有活动，那么设计的学习任务也就没有意义。活动包括学生的化学学习活动和教师的化学教学活动。二者相互紧密联系，都是完成化学学习任务的载体。新课标强调以学生的化学学习活动为主，以教师的化学教学活动为辅，教师的化学教学活动要服务于学生的化学学习活动，学生的化学学习活动是完成化学学习任务的主要途径。

学习活动方式的设计有以下几点原则：

1）价值性原则

课堂时间是有限的。在选择活动方式时，要综合考虑多种因素，尽可能赋予一项学习活动更多的教育价值，首选那些具有更多、更重要价值的学习活动。

2）易参与性原则

一方面，所选的学习活动应尽可能使所有学生都参与进来，活动的难易程度适中，有一定的梯度，不同水平的学生都能在学习任务中得到不同程度的提高；另一方面，活动能调动学生各方面的参与，眼、耳、手、鼻、口都在活动中得到运用，表达能力、分析能力、总结能力等都得到发展。

3）学科性原则

化学是一门以实验为基础的学科。这里的"实验"并不停留在实验的形式上，而是在实验目的、实验方法、实验过程、实验史实等方面都体现着化学独特的学科性优势。

再看"课堂教学实例"。电解质的导电性实验难度并不大，在学校实验条件允许的情况下，教师的"演示实验"能否改为"学生实验"？又如"灯泡的亮度是怎样的？电解质的导电性谁最强？"这样的问题能否改为学生在观察实验现象后自行提出而不是教师提出？不断协调，选择最有利于学生自主学习和发展自身探究能力的活动方式，也是我们需要思考的问题。

③情境要素

学生的学习与学习情境之间有着密切的关系。一方面，知识是情境性的，知识在不同的情境中被个体重新建构从而获得自身的意义；另一方面，个体在获得具体科学知识的基础上，还要学会在不同的情境中运用所学知识，分析解决实际问题。学习情境实际上是一种优化处理后的特定学习环境，它为学生模拟了真实环境下的任务，学生可以从中找到与实际生活密切相关的学习内容，从而激发学习兴趣，使他们更好地理解和应用知识，在真实的探究过程中提高科学素养。

一般来说，学习任务的情境可以从日常生活实际与自然问题、社会生产实践与社会问题、化学实验、化学史四个方面入手。具体的学习情境的设计有以下几点原则：

1）真实性原则

好的学习情境来自学生熟悉的生活事物或自然、社会中与之相关的问题，它们呈现出化学知识存在的实际背景，突出了化学与生活息息相关。学生对这些真实情境心存疑问，并在这种情境下完成学习任务，在此过程中对知识进行意义建构。

2）知识性原则

学习情境包含了学生要学习的知识和要解决的问题，学生可以在不同的情境中多层次、多角度学习知识，情境设计的恰当与否也直接影响着学生对所学知识的掌握。

3）针对性原则

在不同学习情境中开展的学习活动具有明确的学习目标，是目标定向的活动。学生能够通过学习情境来明确学习任务，从而有针对性地进行学习。

4）驱动性原则

具有实际意义且贴近学生生活的学习情境可以激发学生的学习动机，学生由于心理上的贴切而产生兴趣。这种情感推动着学生主动承担学习任务，积极参与相关的化学学习活动，学习的过程也就成为一个满足自身好奇心和学习需要的过程。

3. 基于任务驱动的化学复习课教学设计思路

要通过基于任务驱动的化学复习课达到预期的复习目标，首先要依托于对化学知识的复习。教学设计是科学地指导和实现教学的手段，要上好基于任务驱动的化学复习课，就要对复习课进行科学合理的教学设计。基于任务驱动的化学复习课教学设计，要符合一般教学设计的基本程序和要求，但又区别于一般教学设计的特点。任务驱动教学法最根本的特点是"以任务为主线、以教师为主导、以学生为主体"。因此，在基于任务驱动的化学复习课教学设计中最关键的是学习任务的设计。

在任务驱动教学法中，学习任务的设计是核心，教学内容分析和学情分析是学习任务设计的基础，教学目标的确定直接指向学习任务的设计。因此，教学过程设计应以学习任务为主线，教学活动通过完成学习任务来展开，教学完成后的教学评价设计也应体现在对学习任务完成情况的效果检测中。整个教学设计过程处处体现着任务分析与设计的特点。

（三）基于任务驱动的"电解质与离子反应"复习课教学设计

以基于任务驱动的化学复习课教学设计模型为指导，以"电解质与离子反应"复习课为例，对基于任务驱动的化学复习课的教学设计进行具体探讨。

1. 教学目标设计

教学目标是教师对期望学生达到的学习结果的阐述。它使学习任务设计有了明确的方向，并为学习任务最终的完成状况提供了测量和评价的依据。根据对教学内容和学情的分析，对本节复习课的教学目标设计以下几点：

第一，建立起对纯净物与混合物、单质与化合物、电解质与非电解质、强电解质与弱电解质、酸碱盐的概念之间的联系；能根据不同的分类依据对常见化合物进行分类，在这一过程中体会分类的思想和学习方法。

第二，能正确书写强电解质电离方程式；能有效地将弱电解质的电离和对弱电解质电离方程式的判断结合起来，加强对弱酸的酸式盐、强酸的酸式盐等的电离方程式的正误判断。

第三，通过小组合作学习，总结离子共存规律，体会团队合作的过程和精神，提高学习主动性。

第四，通过与生活实际密切相关的离子反应实例，复习离子方程式的书写，同时提高学习兴趣，促进学生对化学与生命、生产、生活等联系的关注。

第五，通过对电离方程式、离子方程式及化学方程式的比较学习，形成对化学语言更深入的认识。

## 2. 学习任务设计

学习任务设计是基于任务驱动的化学复习课教学设计模型的中心环节。首先，根据对教学内容和学情的分析，以教学目标为指导，将本节复习课的总体内容划分为五个学习任务。然后，选择合适的情境来匹配不同内容的学习任务，以激发学生的学习兴趣，使学生更好地理解任务内涵，提高问题解决能力。在确定了内容要素和情境要素后，用什么方法即采取什么形式的活动来完成任务也就解决了。最后，再对整节课的化学学习任务进行整体调控，使之更完善、合理。

## 3. 基于任务驱动的复习课教学过程设计

基于任务驱动的复习课教学过程设计，以驱动性的学习任务为线索，创设真实丰富的学习情境，通过灵活多变的活动方式，调动学生学习的积极性，提高复习的深度和效率，加深学生对知识的系统化理解，促进思维能力的不断发展，在独立思考与小组合作学习相结合的活动中提高学生的问题解决能力。

在整个复习课教学过程中，学生是处于主体地位的，教师在课堂中起到协助与提示、补充与整合的作用。在课堂上，教师注重组内讨论的同时，关注小组之间的交流和探讨。在课堂的最后，小组内讨论本节课学习任务的完成情况与表现，分析自身展现的优点与存在的不足，在反思中增强分析问题的能力，同时每名学生反思自己是否充分参与到课堂中，最大限度地发挥自身的主体作用来完成任务。

## 4. 教学评价设计

在实施教学实践后，要进行相应的教学评价来检测教学结果，分析是否达到了教学目标，并根据教学评价所反映的问题对所设计的学习任务进行适当的改进。

总之，基于任务驱动的化学复习课的教学是有效的。通过实践研究发现，该模式下的复习课能够促进学生对概念的理解和掌握，使学生构建起系统的知识网络体系；能激发学生的化学学习积极性和兴趣，提高复习课课堂的生命活力；还可以有效地促进学生自主学习，培养综合能力。学生可以在完成任务的过程中提高自己发现问题、分析问题、解决问题的能力，在与他人的互动中发展交流与合作的能力。基于任务驱动的化学复习课对学生造成的影响是一个在长期的学习中逐渐显现的过程，希望在今后的教学实践中能得到长期且广泛的开展。

# 第四章 高中化学互动教学建构

## 第一节 高中化学教学互动的理论基础

### 一、建构主义理论

（一）建构主义理论的产生

建构主义也译作结构主义，是认知心理学派中的一个分支。建构主义最早可追溯到18世纪法国哲学家维柯（Vico）。对建构主义发展起重要作用的当属瑞士心理学家皮亚杰（Piaget）和苏联心理学家维果茨基（Vogotsky），他们分别奠定了建构主义的两大主要流派的基础——认知建构主义和社会建构主义[①]。

（二）建构主义理论的特点

当今的建构主义流派众多，虽然他们受不同理论、不同价值取向的影响，提出问题的角度也不尽相同，但在许多问题的看法上却有相同或相似之处。首先，他们都认为知识不是被动接受的，而是学习者积极建构的；其次，他们都认为学习是学习者个体主动建构知识的行为；再次，他们都重视学习者先前所建构的知识和经验，并将学习者已有的知识作为新知识的生长点；最后，他们在强调学习者的自我发展的同时，并不排斥外部的引导，只是反对简单的、直接的知识传递。在对教学活动的看法上，建构主义者都认为教学是一个学生主动建构知识的过程，"情境""协作""会话""意义建构"是学习环境的四大要素，学习不是行为主义所描述的简单的"刺激—反应"的过程，也并非认知信息加工理论所认为的学习不过是信息的输入、存储和提取的过程，强调学习是学习者在一定情境中主动与环境互动的过程。

1. 建构主义理论知识观

建构主义理论认为，知识是人们对客观世界的一种解释、假设或假说，不是问题的最终答案，也不是对现实世界的客观反映，随着社会的不断进步和发展，肯定还会有更准确的关于客观世界的解释。因此，教学不能把知识作为绝对法则教给学生，在具体的问题解决中，需要针对具体问题的情景对原有知识进行再加工和再创造。知识的学习只能通过学

---

[①] 高文. 建构主义研究的哲学与心理学基础[J]. 全球教育展望, 2001 (3): 3-9.

生自己来建构，这种建构是以学生自身的经验为背景的。学习新知识的过程不仅是理解的过程，也是对它进行分析、检验和批判的过程。

2. 建构主义理论学习观

建构主义理论认为，学习不是由教师把知识简单地传递给学生，而是由学生自己建构知识的过程。学生不是简单被动地接收信息，而是主动地建构知识的意义，是根据自己的经验背景，对外部信息主动地选择、加工和处理，重新认识和编码，建构自己的理解，从而获得自己的意义。外部信息本身没有什么意义，意义是学习者通过新旧知识经验间的反复的、双向的相互作用过程而建构的。在这一过程中，学习者原有的知识经验因为新知识经验的进入而发生调整和改变，这种建构是无法由他人来代替的。同化和顺应，是学习者认知结构发生变化的两种途径或方式。同化是认知结构的量变，而顺应则是认知结构的质变。同化——顺应——同化——顺应，循环往复；平衡——不平衡——平衡——不平衡，相互交替。人的认知水平的发展，就是这样的一个过程。学习不是简单的信息积累，更重要的是包含新旧知识经验的冲突，以及由此而引发的认知结构的重组。学习过程不是简单的信息输入、存储和提取，是新旧知识经验之间的双向的相互作用过程，也就是学习者与学习环境之间互动的过程。

3. 建构主义理论教学观

建构主义理论认为，教学过程应以学生为中心，充分发挥学生的主体作用，重视学生自身对知识的理解，并以此引导学生完善和调整自己的理解，教师从知识权威的传递者、提供者和灌输者，转变为学生学习的引导者、合作者和促进者。学生是信息加工的主体，主动建构知识的意义，而不是被动的接收者和被灌输的对象。由于学生原有的知识经验是理解新知识的基础和生长点，教师的教学也应该以学生原有知识经验为基础，把知识的单向传递转变为知识的处理和转换，通过设计、使用真实的任务，以日常的活动或实践整合多重的内容或技能，促进学生形成知识间的联系，实现主动建构。

# 二、分布式认知理论

## （一）分布式认知理论的产生

分布式认知理论（Distributed Cognition）是认知科学的一个分支，其理论与方法论基础源自认知科学、认知人类学和社会科学。

传统的认知理论只关注于个体内部的认知过程，从而制约了相对于个体层面不可见的一些有意义的认知因素，这直接导致了分析认知的视角比较狭隘。直到20世纪90年代，赫钦斯（Hutchins）认识到了这一不足并力图打破这种局限。他对某些现实中的认知过程和认知现象分析后认识到，完整的认知过程实际上不仅依赖于认知主体，还包括其他认知情境、认知个体、认知工具及认知对象，进而提出了分布式认知的概念。

## （二）分布式认知理论的特点

分布式认知是一个包括认知主体和环境的系统，是一种包括所有参与认知的事物的新的分析单元。分布式认知是一种认知活动，是对内部和外部表征的信息加工过程。分布式认知是指认知分布于个体内、个体间、媒介、环境、文化、社会和时间等之中[1]。赫钦斯的分析表明，交流是分布式认知的必备条件，共享聚焦的信息是支持问题解决的重要手段，各要素必须相互依赖是任务完成的重要保证。[2]

分布式认知关注发生于"拓展的认知系统"中的认知过程，明确解释了人与制品以及技术系统等之间复杂的相互依赖与交互，而这正是传统认知理论经常忽视的，从而化解了个体认知（这一贯是认知科学家的研究领域）与文化认知（这一贯是人类学家的研究领域）之间的传统界限。

分布式认知视角下的学习与以往的学习相比有以下几方面的不同：

第一，传统认知强调个体认知，把个体作为分析单元，认知过程也就是个体头脑中的内部过程，社会以及文化经脉通常排除在外。而分布式认知考虑到参与认知活动的全部要素，即分布式认知下的学习，不但重视学习个体，而且重视学习群体、学习环境，将"学习环境＋学习主体"作为学习和认知过程的分析单元，从而从更广阔的包容角度来关注学习过程和学习过程中的互动。

第二，媒介和认知工具在原有的认知视角下，只是一种传递教学信息的工具。而在分布式认知理论的视角下，媒介作为人工制品，是认知发生过程的一部分。它作为认知过程的一部分参与到认知过程中，学习者可以通过与媒介间的信息的表征转换来实现人的认知与技能的内化。

第三，分布式认知视角下的学习被看作是内部表征和外部表征的互相依赖和转换计算的加工过程，认知活动不再仅仅是内部表征的信息加工过程，其源于外部表征和内部表征的交互作用。认知过程发生在包括人脑、人与人之间、人与人工制品之间，分布在媒介、时间、文化、社会中。由此可以看出学习的过程不再是学习者自己个人的事情，不仅需要合作对话，还需要将一些人类大脑不擅长处理的认知负荷转移给外部环境，以此减少大脑的认知负荷，提高认知和学习的效率。

第四，分布式认知视角下的学习相比较于以往的学习观，强调了"人工制品"在学习过程中的重要作用。它认为：认知存在于个体/群体和人工制品之中；认知的活动方式是"个体/群体＋人工制品"；人工制品在分布式认知中有着日益显著的作用和功能。人工制品在应用时拓展了人的智能，使人变得更聪明、更有效率；人在使用制品的过程中会产生

---

[1] 周国梅，傅小兰. 分布式认知：一种新的认知观点 [J]. 心理科学进展，2002（2）：147-153.
[2] 戴维·H. 乔纳森. 学习环境的理论基础 [M]. 郑太年，任友群，译. 上海：华东师范大学出版社，2002：117-119.

认知留存（Cognitive Residue）现象；使用制品有助于发展使用者的元认知能力；使用制品能很好地分担学习者的认知负荷；使用制品提供认知给养，人工制品是丰富的认知给养之源。而且，使用制品产生的认知留存会使制品不存在时，人们也能很好地完成任务。[①]

第五，分布式认知视角下的学习环境是动态的，它不仅提供支持个体认知的物质资源环境，还要创设能实施"社会建构"的包含学习活动和学习情境的学习环境。人是在社会文化情境中，通过与他人及环境的交互来习得知识。

表 4-1 传统认知心理学与分布式认知理论的比较

|  | 传统认知心理学 | 分布式认知理论 |
| --- | --- | --- |
| 关注对象 | 个体 | 共同参与认知活动的要素组成的功能系统 |
| 认知过程 | 内部 | 内部和外部 |
| 认知任务分布 | 内部表征 | 内部表征和外部表征 |
| 对学习的隐喻 | 知识的获得 | 知识的建构和意义的获得 |
| 媒介的作用 | 传递教学信息 | 认知活动的合作者 |
| 媒介是否参与认知 | 否 | 是 |

分布式认知理论高度重视社会物质经脉，拓宽了教学互动的视野，为人们研究教学互动打开了一扇新的窗户。

## 三、群体动力学理论

### （一）群体动力学理论的产生

群体动力学（Group Dynomics）理论源于 20 世纪初格式塔心理学派创始人卡夫卡（Kafka）提出的"群体动力学"（亦称"团体动力学"）理论，旨在探索群体发展的规律。群体动力学理论认为群体是成员之间的互赖性可以变化的动力整体。群体动力学是生生互动的核心理论基础，它为生生互动提供了最基本的理论支撑，同时也突出了生生互动的重要性和必要性。

### （二）群体动力学理论的特点

从群体动力学理论来看，群体是有意识调整了的两个人或更多人的行为和各种力量系统，群体成员间是互相依赖的，由共同的目的、协作的愿望和必要与充分的信息等要素构成，是一个密不可分的整体。"群体动力"是来自群体内部的一种"能源"，这一能源包括三个方面：一是班级群体内部成员具有不同智慧水平、知识结构、思维方式、认知风格，在互动合作学习中相互启发，相互补充，通过彼此之间的交流、沟通和争论，交流了彼此的思维方式、认知结构等，可以互相启发，进行思维的碰撞，从而对知识进行修正以产生新的理解与认识，实现知识和智慧水平的提升；二是互动合作能使学生学会倾听，学会理解，在思想与观念的交锋中达到统一与融合，增强自尊、自信、自重的情感，形成自我意

---

① 钟志贤. 论学习环境设计 [J]. 电化教育研究. 2005 (7): 35—41.

识,培养合作精神,实现社会化功能;三是互动合作能充分利用群体动力系统构建课堂教学中的多维人际交往,创设民主、平等、和谐的氛围,为学生提供更多活动与表现的机会,尤其对那些动机、毅力、责任心相对较弱的学生会产生积极的群体压力,从而激发学习动力、强化学习效果。

## 第二节 高中化学教学互动的基本形式

依据教学互动的理论,结合化学学习具体过程,可将化学教学互动分为师生互动、生生互动和学习者与人工制品互动三种基本类型。

### 一、师生互动

(一)师生互动的内涵

作为一种特殊的人际互动,师生互动是指在教学活动中师生之间通过信息和思想的交流与碰撞所发生的思维、情感、心理和行为上的相互影响与作用。

化学教学中的师生互动,既包括教师对学生的作用,又包括学生对教师的影响;既包括教师与单个学生的互动,又包括教师与学生群体的互动。教学过程充斥着师生互动。可以说,没有师生互动就没有教学,"师生互动是教学存在的基本形态,它不是教学的手段,不是与教学平行的过程,而是教学存在本身"[①]。

化学教学中的师生互动内容既包括认知互动,也包括行为互动和情感互动等。师生互动受到教学目标的支配,同时也受到课堂环境的制约。在师生教学互动过程中,教师与学生之间的影响是相互的,师生互动的过程始终是一个动态的过程,活动主体要根据自己的知觉、评价和知识程度调整自己的行为,以使互动得以顺利进行和维持。

化学教学中师生相互作用的方式,根据意识水平可分为显性互动和隐性互动。其中显性互动主要包括言语互动和非言语互动。言语互动主要表现为讲解、问答与评价;非言语互动则主要表现为师生在教学活动中的表情、手势、体态和辅助语言。隐性互动主要包括思维互动、情感互动等看不见的互动,但可以从显性互动的表现中窥探出来。

化学教学中师生互动作用的效果既可以是积极的,也可以是消极的。积极的师生互动可以有效地促进学生的发展,消极的互动会抑制、阻碍学生的发展。化学课堂教学中的师生互动,按实质效果可分为三个层次。一是"虚假互动",只停留于表面和形式的繁荣,实为无效互动。化学问题讨论仅限于"是与非"或"会与不会"阶段,学生无须多加思考就能机械地回答出来,这便不能完全调动学生学习的主动性和积极性,更不能充分激发学

---

① 党建强. 师生互动理论的多学科视野[J]. 当代教育科学,2005(11):16—18.

生的思维。二是"刺激反应性互动",指的是学生只有在教师提出要求或说明提示后,才被动产生了互动的兴趣和欲望,进而实现了师生互动。这种互动是由教师刺激引起的,受到一定条件的限制,学生的思维空间和灵活性会受到抑制。三是"有效互动",教师和学生全身心地投入到教学活动中,在和谐民主的情境中,师生双方积极主动地围绕学习内容充分地进行交流合作,这有利于充分发挥学生的主体性,调动学生的思维,培养学生的创新能力。这种高层次的互动是化学课堂教学应追求的一种效果。

### (二) 师生互动的特点

在化学教学中,师生互动是最基本、最常见的一种互动形式。师生互动对于教学目标的达成、人格的健康发展等有着重要的作用,只有正确认识和把握化学教学中师生互动的基本特点,才能更好地理解和实施化学课堂师生互动。

#### 1. 教育性

在师生互动中,无论是师生的身份还是互动的目的、内容和互动发展的途径、情境等,与其他人际互动显著不同的是,均体现出明显的教育性特征。互动双方总是带着学习意识进入教育过程,逐渐实现自我发展目标,即完成自我的知识建构,乃至人格建构。化学学习过程中蕴含着丰富的教育内容,如学科知识与技能、科学方法、学科核心素养等,师生互动在促进其内化方面起着重要的作用。

首先,师生互动的一个重要目的就是促进学生的社会性发展。由于教师在教学活动中承担着教书育人的职责,具有"人类灵魂的工程师"的崇高地位,其一言一行及待人处事的态度和方式对学生都具有潜移默化的影响,能起到榜样和示范性的作用。学生在与教师的互动过程中,实现有引领的社会性发展。化学教学中师生互动发展的情境具有多样性,它不仅发生在师生课堂教学活动中,也广泛地发生在日常生活、交往活动中。教师在日常生活中的一言一行及其对人、对事物的态度和言行,对学生具有潜在、巨大的榜样、示范性影响。

其次,师生互动能有效促进学生的认知发展。通过开展积极、有效的师生互动,能引发和促进学生积极思考、主动参与、主动探索,形成主动学习的意识,增进对知识的理解和内化,在提升学生知识与技能的同时,培养学生的创新意识与实践能力。

再者,师生互动也是一种情感交流,教师饱满的热情、积极的情感,会对学生产生正向的影响,有利于学生正确的情感态度与价值观的形成。教师自觉或不自觉流露出来的对学生的情感、期望与评价,都会直接影响学生自我认识的程度与交流合作的态度。

#### 2. 主体性

在化学教学中开展积极的师生互动,能够改变学生被动发展的状况,让学生有更多的机会交流、思考和探索,有更多的机会参与到学习过程中,在互动的过程中实现主体地位,使课堂教学焕发出真正的活力。

师生互动中学生的主体地位表现在对教学活动的主体意识和参与态度、程度及对活动的体验。只有真正让学生动起来，师生互动才会更有效。教师在教学互动中起引导、促进作用，有意识、有计划地调动学生积极主动地学习，促进学生形成新旧知识的联系，使每堂课达到预期的目标，并在系统的培养过程中促进学生形成良好的学习习惯、自我监控能力，使学生的主体性更稳健、持续地发展。

### 3. 建构性

师生互动是学习过程中的一种表现形式，其目标指向是促进学生的主动建构。学生是信息加工的主体，是意义的主动建构者。学生的学习不是被动接收信息刺激，而是根据自己的经验背景，对外部信息主动选择、加工和处理，从而获得自己的意义。化学教学中有效地创设问题情境，帮助学生建立新旧知识的联系，引导学生开展"协作""对话"，是开展有效的师生互动的重要标志。外部信息本身没有什么意义，意义是学习者通过新旧知识经验间的反复的、双向的相互作用过程而建构起来的。因此，在师生互动中教师要有效地创设"情境""协作""会话"的环境，促进学生在学习过程中主动地实现"意义建构"，这是师生互动一个非常显著的特征。学生要成为意义的主动建构者，需要把当前的学习内容尽可能地和自己已有的知识和经验建立联系，并对这种联系加以认真的思考。"联系"与"思考"是意义构建的关键。如果能把联系与思考的过程与协作学习中的协商过程（即交流、讨论的过程）结合起来，则学生建构意义的效率会更高，质量会更好。需要注意的是，协商有"自我协商"与"相互协商"（也叫"内部协商"与"社会协商"）两种，自我协商是指自己和自己争辩什么是正确的；相互协商则指学习小组内部相互之间的讨论与辩论。在协商的过程中，这两部分都发挥着重要作用。

### 4. 生成性

师生互动是师生之间不断地交流、处理、加工、反馈信息的动态过程，师生双方都在同对方的互动中，在不断变化和生成的问题中重新建构自我、发展自我和完善自我，因此，生成性也是师生互动的一个重要特征。虽然基于教师的经验设计问题在化学教学中有着重要的作用，但在师生互动中，更应该重视生成性问题，因为，生成性问题更能反映学生的学习状况和学习需要。化学教学中教师的教学设计必须从单纯的静态预设式走向动态生成式，为学生的生成留有空间。

要善于发现学生在互动中生成的问题，并尽可能重视和解决学生在学习过程中生成的问题，突出以学生发展为中心。生成性问题的解决对学生有着极为重要的意义，要善于把教学过程中生成的问题当作一种重要的学习资源，而不是影响教学"任务"完成的负担。有效的纠错型反馈是教师通过反馈既让学生明白错误所在，同时又能让学生在纠错的过程中获得更为丰富的知识，掌握学习技巧，增加学习的积极的情感体验，从而"创造"课程，无形中又实现课程的生成性。

要引导、鼓励学生主动地提出问题。学生提出的问题，基于学生学习的真实情况，反映了学生的认知冲突，会使学生的学习变得积极主动，让学习富有意义。与此同时，让学生学会主动提出问题也是培养学生能力的重要方面。

应当注意的是，关注学生的问题和生成性问题，并不是教师不能设计和提出问题。事实上，教师设计和提出的问题是一种基于经验和对学生学习状况了解为前提的有针对性的问题，对促进学生发展有着积极的意义。教师设计的问题应尽可能基于真实的问题情境，贴近生产、生活和社会实际，为学生提供运用所学知识解决实际问题的机会，从而能更好地唤起学生的已有经验，激发学习兴趣，培养解决实际问题的能力。

5. 情感性

从师生互动的本质来说，师生互动实质上是一种交往活动，而维系这一交往活动得以顺利开展与进行的，不只是知识授受关系，还有情感关系。教学是教师的教与学生的学的双边过程，要想达到良好的教学效果，不仅需要教师的努力，更离不开学生的配合。教师与学生建立一种良好的情感关系，对于激发和培养学生的学习动机、维系协调的人际关系、保持稳定的情绪状态、形成完善的人格结构等都具有重要的意义。

需要层次理论告诉我们，只有学生在获得生理、安全、归属与爱和尊重的需要以后才会产生求知、审美和自我实现的需要。因此，在化学教学互动中，一是要建立良好的师生关系，形成相互信任，让学生产生与教师互动的愿望；二是创设民主平等的教学环境，使学生能更主动地参与学习活动，更好地与教师交流讨论，积极地质疑问难，并乐于发表自己的见解，让学生在教学互动中感受到爱和尊重；三是积极鼓励学生发挥特长，为学生提供展示自我的平台，让学生得到个性化的发展，体验到自我价值，感受到互动带来的快乐。教师在与朝气蓬勃的年轻个体交往的过程中，也感受到生命的活力与可爱，体验到教育工作的价值，形成自我生命的提升。

# 二、生生互动

## （一）生生互动的内涵

对生生互动最为普遍的解释是指学生与学生之间发生的相互作用和相互影响。

广义的生生互动，是指学生之间发生的一切作用与影响。从发生这种作用和影响的参与主体来看，既包括学生作为个体参与的个体之间的作用，也包括学生所在的群体之间的交流与沟通；从发生这种作用的空间上来讲，既指发生在教育教学情境下的互动，也指发生在教育教学背景之外的社会中的作用和影响；从发生这种作用的时间上来讲，既指课堂中的学生之间的互动，也指课堂外的交流和沟通，贯穿于学习全过程；从发生这种作用的形式上来讲，指学生与学生之间通过语言、动作、情感等一切能产生影响的形式而进行的交流与沟通。不论这种作用和影响怎样发生、发生在哪里等，都会导致学生的心理和行为发生某些变化。

狭义的生生互动，则指发生在教育教学情境下的学生与学生之间在教学过程中所发生的相互作用和影响，是学生之间以自己的固定经验来了解对方的一种相互交流与沟通的方式。学习过程中的生生互动，主要通过信息交流与分享、讨论与争辩、提供支持与帮助、模仿、同伴反馈、强化等途径发生影响与作用。学生与学生之间以语言、非语言的方式进行互动，互动的内容包括认知、情感、态度、价值观等方面，也包括学生的生活经验、行为规范等信息；互动的过程包括交流、分享、讨论、争辩、反馈等外部的"交流"方式，以及学生与自身进行的内在的"自我交流"活动；生生互动的结果不仅是交流信息，促进知识的掌握和技能的提升，更是培养合作意识和技能，促进学生个体社会化发展的过程。

生生互动既可以是显性互动，如学生间的问题讨论，也可以是隐性互动，如指课堂具体情境中学生与学生通过信息交换和行为交换所导致的相互之间心理上和行为上的改变以及自身进行的内互动，从而表现为一个包含互动主体、互动情境、互动过程和互动结果等要素的动态和静态相结合的系统。

目前，化学学习过程中的生生互动，主要的形式是小组合作学习。研究表明，小组合作学习是一种有效的互动组织形式，能有效地提高学生的合作意识与技能，改善学习态度，提高学习兴趣和学业成绩。在课堂上，学生之间的关系比任何其他因素对学生学习的成绩、社会化和发展的影响都更强。

（二）生生互动的特点

生生互动除了具有主体性、交互性、建构性等与师生互动共有的特点外，还有一些较为突出的自身特点。

1. 平等性

生生互动的平等性主要表现为两个方面。一是平等的地位，这是由学生的角色决定的。由于学生都是学习者的身份，是学习过程中的伙伴，因此，自然地就有着平等的关系，都可以平等地进行交往和学习讨论。这种平等的关系更有利于促进学生之间的互动。虽然学生之间存在一定程度的知识基础、学习能力、性格特征等方面的差异，但并不影响他们之间的平等关系，这种差异性是一种促进相互发展的重要资源。二是平等的权利。在互动过程中，每个人都有权利发起互动，与别人讨论交流，回答别人的询问，提供自己的想法与见解，发挥自己的作用。

2. 多元性

在生生互动中，参与互动的主体构成是多元的。在小组合作学习中的生生互动，根据互动主体的不同，可以划分为学生个体与学生个体，学生个体与学生群体（组内），学生群体与学生群体（组间）之间的互动以及学生个体与自身之间的互动。值得注意的是，学生个体与自身进行的互动（即内互动），学生不断将互动过程中接受的信息、交流获得的经验与自身内在的知识与经验进行比较，学生个体在与自身持续不断的互动中，改变了内在的认知结构，情感体验得以丰富，同时也提高了解决问题的技能以及社会化程度。

多元性还表现在参与合作学习生生互动的主体存在个别差异。由于性格特征、兴趣爱好、知识结构、认知风格和文化背景等方面的不同，学生之间必然会存在差异。如有的学生思维敏捷，有的学生表达清晰；有的学生善于表现，有的学生则拘谨胆怯；有的学生富有恒心，有的学生则浅尝辄止。这些学生间的资源差异，可能会对学生的学习和教师的教学产生一定影响，但是学生间存在的差异也是一种丰富的、强大的、宝贵的、尚未开发的、最具潜力的教学资源，学生会在互动中产生积极的相互影响。

3. 促进性

虽然师生互动也会产生较强的促进性作用，但生生互动表现出的促进性因为有着伙伴间关系的特殊性，表现得更为直接、具体和生动。生生互动的过程是一个持续不断的动态的过程，互动主体通过相互作用引领着互动过程不断由浅入深、由表及里，实现知识、经验的分享，情感的交流与沟通，态度、价值观的影响，并最终导致思维、行为方式的改变，这就决定了生生互动过程有着很强的促进性。

在教学过程中，学生存在两种发展水平：一种是学生现有发展水平，表现为学生能独立解决问题的水平；另一种是潜在的发展水平，表现为学生还不能独立地完成任务，须在成人或同伴的帮助下，在集体活动中，通过自己的努力才能解决问题的水平。因此，教学要走在发展的前面，教学推动着学生内在的发展。

在生生互动中，学生之间通过讨论、协商、互助等形式实现交互。甲的发言引起乙的反应，乙的回应又引起甲的进一步思考，双方或多方主体在相互质疑中使讨论、对话不断深入、拓展下去，通过相互讨论和不同见解、观点的碰撞，与自己原有的认识、经验进行对比，引发学生个体内部的认知冲突，产生认知矛盾，而这种认知矛盾的解决最终会引起个体内部的认知结构的重新建构，相应地在情感、态度、思维方式等方面也会发生一定的变化。在生生互动的过程中，一方在影响与作用于另一方的同时，自己也会受到影响，互动过程实际上变成了一个互启、互促、互馈、互惠的过程。某种意义上说，学习过程中同伴间的互动，更贴近学生的最近发展区。由此可见，生生互动能够促进学生认知发展，能够不断地创造学生新的最近发展区。

4. 互赖性

互赖性是社会互动的一个具有本质规定性的特点，是否存在相互依赖是判断能否构成互动的基本方法。互动主体为实现一定的目的，通过相互之间的作用与影响，彼此取长补短，实现知识、经验、情感态度的交流，最终引导着个体思维和行为方式的转变，这个影响及转变是相互的，也是小组合作学习能在各种形式的生生互动中起到很好效果的依据。化学教学过程中要实现教学目标，可以通过生生的互动，建立起密切而有实质性的联系，为达成目标而努力。积极的相互依赖代表了互动成员之间一种积极的相互关系，每个成员都认识到自己与小组及小组内其他成员之间是同舟共济、荣辱与共的关系。

互赖性包括以下五方面：

一是积极的目标相互依赖。即全组有一个或若干个共同的目标，如合作完成一个实验、共同完成一份答题单。在这种合作性的目标结构下，小组所有成员共同承担责任，组内没有竞争压力，有利于调动所有成员的积极性。

二是积极的角色相互依赖。即为完成某一任务，组员分别扮演互补的、有内在关联的角色。在小组活动中，不同成员可以分别承担总结人、记录员、检查者、精确性裁判、联络员、观察员等角色。角色依赖意味着教师与学生、学生与学生的角色互为参照系。

三是积极的行为依赖。同学间的相互表扬、鼓励和支持等肯定的行为，不但会得到学生良好行为的配合，而且会起到延续学生良好行为的作用。

四是积极的资料相互依赖。即每个组员只占有完成任务所需的一部分信息或材料，要想成功必须分享、共享。如小组共享一份阅读材料，在规定的时间内又不能保证小组每一成员都有机会阅读完整的材料，这就迫使小组成员必须进行分工，不同的组员负责阅读材料的某一部分，然后通过相互交流使所有成员对材料都有完整的认识，这也是未来进行社会合作的基础。

五是积极的身份相互依赖。即小组成员有一个共同的身份或标志，如选择小组的名称、口号、标志等。共同的身份有助于激发小组成员对所在小组的归属感，增强小组的凝聚力。事实上，更大的社会团体，乃至一个国家也常常运用积极的身份相互依赖来维系个体，增强凝聚力。

5. 全员性

全员性是指生生互动可以全员参与，可以促成全体学生共同发展。

第一，生生互动能够激发学生的学习动机。学生在表述、讨论、评述的过程中，可以影响彼此的推理和结论。特别是学生与学生之间通过言语以及非言语的互动，为学生彼此的表现提供反馈，这有利于学生认知结构的重组和认知活动的形成。

第二，能够获得同伴的强化和期待。在合作性小组活动中，由于处于相同年龄阶段，学生间会自然产生一种心理认同感。学生相互间的作用与影响，比师生间互动的作用与影响更密切、更亲切、更丰富，更有利于学生直接与同伴进行行为方式、思想情感的交流，从而慢慢地培养起沟通、合作的意识与技能，思维方式、行为方式从而发生改变。

第三，学生能够学会换一个角度，用他人的视角而不仅仅是从自己的立场出发，认识情境、发现问题，学会多角度、多视角观察生活、体验生活。这一切对于那些经常经历失败的学生来说，可以改变他们对学习的认识，提高他们思维和行动的能力，为体验成功打下基础。

第四，合作性学习小组中，在学生面对面地促进性互动中，学生有更多的机会接受来自同伴的帮助，这对于学生的成功是有极大帮助的；与此同时，帮助别人的学生，在向别人讲解知识的过程中，也会进一步促进自己对问题理解的深化，增强思维的清晰度，重构自己的认知结构，并享受着同学间的友谊和愉悦的情感体验。

6. 全面性

全面性是指生生互动能促进学生认知、技能、情感、态度、价值观等方面的全面成长。生生互动过程中，学生实现的不只是认知互动，同时也实现了情感、价值观等的互动。事实上，学生在互动过程中，通过持续的讨论所获得的绝不仅是知识本身，也在学习如何获取知识，如何体验、洞察、领悟知识及其发现的过程，在交往的过程中形成合作意识、发展合作技能。学生在互动过程中也在进行着积极的思想交流，在相互获取知识的同时，能够受到灵感的启迪、情感的沟通、意志的磨炼以及人格的教育。

教育的目的是促进学生的全面发展，生生互动不但能促进学生认知发展，还能为学生形成合作意识、提高合作能力提供环境，促进学生社会情感的发展，实现从自然人向社会人的转变。

## 三、学习者与人工制品互动

### （一）人工制品的内涵

人工制品是分布式认知理论中的核心术语。在教育技术学和教学设计研究的英文文献中，它指的是工具、参考数据库、计算机、设备、技术作为活动参与者的计算机思想、心智模式、方法、语言等，包括概念的和物质的。所谓概念人工制品，是指抽象的人工概念，如体积、指示剂模型等；所谓物质人工制品，是指能以外在形式表现出来的人工制品，如仪器设备、实物模型。

本质上，人工制品同时既是物质的又是概念的。一方面，没有哪种人工制品能离开它们的实体存在。例如，言语体现在声音表达、书面文字或内部言语，姿态语言使用手或身体的其他部分来表达。另一方面，人们创造人工制品来体现其意图，并将其以某种需要它的意义方式纳入到活动中。

随着社会科学的进步，人们越来越认识到这一事实：人类活动产生的任何物体或过程都可以称为人工制品。在教学活动过程中，人工制品是教师在教学或学生在学习过程中为达到特定学习效果而用到的人工制作的产品，为了避免和其他人工制品相混淆，我们也常将"人工制品"表述为"人工教学制品"。根据人工制品的形态，我们将其分为三类：①文本制品，如教材、作业等；②实物制品，如标本、实物模型、实验仪器、试剂等；③多媒体制品，如多媒体课件、视频图像等。

### （二）人工制品的特点

分布式认知理论认为，人工制品在一个协作的共同体中有与人类参与者同样重要的地位，认知的发生是系统内认知主体和各种认知元素共同努力的结果。在教学过程中，人工制品是表征和表征状态之间转换不可或缺的重要组成部分。在分布式认知理论看来，人工制品在支持人的智能方面的作用，不是扩展了人的能力，而是对任务进行转换，使之更明显和易于解决。人工制品不仅帮助我们内化知识，并且还可以发展我们的认知技能——利用制品会产生认知留存。一是它们在应用时拓展和支持了人的智能。信息库能够通达所有相关主题的各类数据库，从而拓展了个人的记忆；符号的应用提供了记录思想的多种方式，如文本、图像或者其他格式，拓展了他们的交流能力；模拟世界让我们更加容易地用各类真实或虚拟世界的片段进行实验，观察其在未来各个时间段内的结果。可见，根据人的内部认知能力加上外部设备的促进，能够帮助我们对认知进行最佳的理解。二是无论制品的设计是否帮助了我们内化和发展认知技能，利用制品都会产生认知留存。当个体必须在没有这些工具的情况下完成任务时，认知留存能够很好地为他服务。

从字面上讲，人工制品是那些技术生产的东西。但实际上，人工制品不但有助于内部认知过程的进行，而且是学习活动的必要组成成分。分布式认知的学习观关注点从个体领域转向社会物质环境中互动的更广阔领域。人工制品具有以下特点：

1. 拓展认知能力

人们普遍承认人工制品和行为间的这种关系——把人工制品视为人类认知能力的放大器。例如，使用望远镜，扩大了人类的感知；运用计算器，增强了人类的运算能力。在这方面，人工制品不是对人类行为者的内在认知能力的简单额外添加，而是被用来在更广的认知功能系统里组织功能技巧，如学生使用计算器做算术题。使用制品有利于拓展人的智能，使人更聪明、更有效率。比如信息库能拓展人的记忆能力，多种符号（如化学元素符号）使人们能以多种方式表达思想或观点，微型世界能更好地模拟真实世界的实验，等等。人的内部认知能力加上外部制品的功用，极大地提升了人类的认知水平。

2. 促进认知留存

人们在使用人工制品的过程中会产生认知留存现象。亦即只要使用过制品来帮助认知活动，从中所习得的能力将产生内化的持久性（留存），即使后来制品不存在或不使用时也能有效地支持认知活动。制品所产生的认知效果是比较持久的。

3. 搭建认知脚手架

人工制品的研究在学习活动中能起到脚手架的作用。人工制品提供的物质和社会结构能支持成功的学习，通过这种方式学习者才能完成学习任务，否则是不可能的。这个脚手架的比喻和维果茨基的"最近发展区"的概念有着密切的联系，脚手架的概念被广泛用来描述人与人之间的支持，且近来它的用法延伸到技术支持的环境中。所谓脚手架，是由建筑行业借用的一个术语，用来说明在教育活动中，个体可以凭借教师、同伴及他人提供的辅助物完成原本自己无法独立完成的学习任务。这些辅助物就被称为脚手架。

### 4. 发展元认知能力

当媒体（一般指软件）作为思维工具时，使用者通过内化媒体符号系统，接受媒体的"元认知指导"。因为作为思维工具的媒体或技术，会促使使用者关注或反思活动过程，而不仅仅是简单地关注在做些什么。通过这种思维工具的帮助，使用者能发展自身的元认知能力，即使是以后不使用这类工具，元认知能力也会对使用者的活动产生影响。

### 5. 实现认知负荷转移

各种人工制品能有效分担学习者的认知负荷，比如各种资源库可以减轻记忆负荷，写作软件可以减轻思维负荷，等等。在分布式学习系统中，认知负荷往往是分布在相关的人工制品中。认知负荷的转移或减轻，使得学习者拥有更多的时间和精力来发展高阶能力。

### 6. 提供认知给养

在社会建构主义看来，人是在社会文化情境中，通过与他人的交互来建构知识，"我沟通，故我在"。学习就是要充分地利用来自客体的给养，并以此来促进认知活动任务的完成。显然，人工制品，特别是智能制品是丰富的认知给养之源，包括了丰富的资源及支持个体知识建构和创新的人文环境。

## 第三节 高中化学教学互动的影响因素

影响教学互动的因素有很多，归纳起来主要有教师、学生、教学内容、教学环境等基本要素。如果能正确地认识和利用这些要素，就可合理地设计并有效地实施互动教学。

### 一、教师因素

教师是教学活动的组织者与引导者。教师的教育观念、知识结构、教学能力直接影响着教学互动的行为，也决定着教育教学效果。教育观念是教师开展教学互动的思想基础，知识结构是教师开展教学互动的前提条件，教学能力是教师开展教学互动的质量保证。

教学互动是在师生、生生间发生的一切交互作用和影响，融知识传输、操作训练和组织管理于一体。教师是教学互动活动的设计者、组织者和实施者，教学互动的成功与否与教师的教学设计是否新颖、教学组织是否周全有着直接的关系。课堂作为教师和学生交流的最重要的场所，是以教学内容为中介的，因此教师对教学和互动内容的选择至为重要。课堂互动的主动性受教师专业知识深厚、广博与否的影响，专业知识越深厚、越广博，学生更愿意参与互动，互动状况更佳。高中学生更希望教师的授课不仅是专业知识的教授，还有其他相关知识的传授，课堂应充满乐趣，而非枯燥无味。

互动情境下的教学，教师是教学活动的组织者、引导者和促进者。教师要有真挚的感情、优美的语言、闪光的哲理、恰当的体态和流畅的表达，知道学生想要什么、为什么想要和用什么手段来实现他们的意愿。

### (一) 教师的教育观念

观念是人们在实践中形成的各种认识的集合体,教育观念是教师对教育的理性认识,是对教学所涉及的多种因素及其关系的现实反映。人们会根据自身形成的观念欢迎各种活动,总是利用自身的观念系统地对事物进行决策、计划、实践和总结,从而指导自己的实践活动。在化学教学中,教师的教育观念主要包括教师的教学观、知识观和学生观,它是影响教师教育行为的深层因素。就教学互动而言,教师的教育观念主要会产生以下影响:

**1. 教师的教育观念决定着互动的强度和广度**

新课程改革,强调学习是在一定社会环境中学生主动建构,教师在学习过程中充当引导者、合作者和促进者的角色,课堂开展积极的教学互动也就成了必然。分布式认知理论进一步拓宽了教学互动的视野,将教学互动推向更广阔的空间。受不同教育观念支配的教师,必然会表现出不同的教育行为。

**2. 教师的教育观念直接影响课堂互动的结构与内容**

教学互动不仅包含认知互动,还包含情感互动和行为互动。因此,教师只有不断更新教育观念,重视学生主体性的发挥,领悟课堂互动的精髓,才能创设和谐的互动环境,有效地协同认知互动、情感互动和行为互动。

**3. 教师的教育观念影响教学互动的对象与方式**

不同的教育理念还体现在教师更倾向于与什么样的学生互动,以什么方式互动和以什么载体互动等方面。当教师决定采取互动教学时,首先会考虑选择什么样的话题,进而决定和谁互动。教师在教学过程中的一个重要职责就是组织多种形式的教学互动,让每一个学生都能积极参与到学习活动之中,在有效的互动中让每个学生都能得到发展。

### (二) 教师的知识结构

教师合理的知识结构是影响教学互动深度和效果的一个主要原因。所谓合理的知识结构,就是既有精深的专业知识,又有广博的知识面,并形成适合自己特点的优化的知识体系。不同的研究者从不同视角提出了自己的观念,但一般都包含本体性知识、条件性知识、实践性知识和科学与文化性知识等内容。

**1. 本体性知识**

本体性知识是指教师所具有的特定的学科知识。作为一名化学教师,对本体性化学知识掌握的扎实程度,既影响着化学学科教学的科学性与学科核心素养的准确把握,也直接影响着教学互动的深入开展。

**2. 条件性知识**

教师的条件性知识是指教师在从事教育教学过程中所具有的关于教育学和心理学等方面的知识,即教育科学知识。教师作为教育教学活动的组织者、引导者,在教育这项复杂而又有规律的科学面前，没有科学理论的指导，靠盲目辛苦、"时间加汗水"，是不可能达到目的的。条件性知识既是认识教育对象、遵循教育教学规律的必需条件，也是开展有效互动的基本保证。

3．实践性知识

教师的实践性知识是指教师通过对自己教育教学经验的反思和提炼所形成的对教育教学的认识。教师对其教育教学经历进行自我解释而形成经验，上升到反思层次，形成具有一般性指导作用的价值取向，并实际指导自己的惯例性教育教学行为。实践性知识是基于教学实际情境，建立在前一时期专业学科知识和一般教学法知识基础上的，是一种体现教师个人特征和智慧的知识，是教师独特学科内容领域和教育学的特殊整合。它更能集中反映课堂教学的复杂性和互动性的特征。实践性知识既是落实教学设计的保证，也是实施互动的技术支持。

4．科学与文化性知识

科学与文化性知识是指教师的科学素养和文化底蕴，这不仅是优秀教师必需的品质，也是教学互动重要的资源。科学与文化性知识能使教师变得知识广博、底蕴丰厚、思维开阔、谈吐儒雅。拥有丰厚的科学与文化性知识的教师，更能受到学生的尊敬和喜爱，能更有效地提升学生的学习兴趣，更深刻地影响学生的思维方式和行为习惯，更有利于与学生产生积极的互动，引领学生发展。

值得注意的是，教学互动中除存在各种显性知识外，还存在着各种各样的缄默知识。缄默知识作为相对于显性知识的一种新的知识类型，越来越多地受到人们的关注。较显性知识而言，缄默知识具有更大的不确定性、非理性、非逻辑性和私人性。它或是无法用语言表述而只能以表情、动作、姿态等表现，或是虽能通过语言表达，但难以表达得充分确切。它难以进行形式化的正规传递，通常依靠个人的经验来获得。就其内容而言，缄默知识可分为世界图景、准则、信念和思维方式。由于教师在师生互动中的主导地位，教师的缄默知识成为影响师生互动的一个重要因素。由于缄默知识的内隐性及其对人类实践活动的"向导"作用，教师的缄默知识在教学互动中，尤其在师生互动中可能充当一种基础性的内部动力，推进互动的开展和深入，并影响师生互动中师生的角色定位、互动的目标指向、互动的具体情境、互动的行为方式。

（三）教师的教学能力

教师的教学能力直接影响教学互动的开展和质量。

1．教学互动的设计能力

教学互动的设计能力是有效开展教学互动的基础。教学是一个有计划、有组织的活动，如何根据教学目标、教学内容、教学对象，设计合适的互动内容和类型，并使教学互动的发起、展开、推进、深化有序进行，达到预定的培养目标，需要教师对课程理念、教学目标、学习内容、学生实际有深刻的理解和准确把握。

2. 教学互动的实施能力

教学互动的实施能力是开展好教学互动的关键。不同类型的教学互动有着自身的特点和规律，在组织师生互动、生生互动、与人工制品互动中，教师需要根据各类互动的特点，准确定位自己的角色，遵循教育规律和学生认知特点，做好引导、合作和促进工作。

3. 教学互动的调控能力

教学互动的调控能力是有效开展教学互动的保证。教学是教师不断地根据教学对象的反应，对教学内容和策略进行积极主动的计划、评价、检查、反馈、调控的过程，不断引导和促进学生向着预定目标前行。真实的课堂总是不断有生成性问题产生，这就要求教师要善于引导和调控，善于充分利用生成的资源，保证课堂互动有效进行，而不是一味地按照预定的计划实施。

## 二、学生因素

建构主义理论认为，学习是一个积极主动的建构过程，是学习者利用必要的学习资源、在一定的社会文化背景下、在与他人的交流过程中产生社会互动的结果，因此，在这个过程中学生就是生成的、建构的、发展的主体。

（一）学生的学习动机

动机是一切活动的原动力，学生的学习动机也不例外。高中学生正处于快速生长发展的时期，不但需要学习科学文化知识，还需要培育优良品格，不断完成社会化进程，才能得到全面发展。因此，在化学教学中，要让学生明白学习的全过程不只是收获知识的渠道，也是张扬个性、发挥主动性的活动场景。师生、生生之间的互动，不仅是一种学习方式，也是一种生活方式，教学互动不但有利于学生掌握知识与技能，还能够有效地促进学生社会性发展，对学生树立正确的世界观、人生观和价值观，培养合作意识和技能都有着重要的作用。

教学互动就是要引导学生在教学生活中选择自己的方式，主动地、生动活泼地学习，形成一个有利于学生自主成长的环境，帮助学生实现对现实世界与人的生存意义的认识和理解，获得心灵的解放。它要求学生不再是"沉默的羔羊"，而是一支支需要被点燃的火炬，具有一种开放的视野、主动的态度、批判的精神和竞争的意识，善于独立思考与合作交往，勤于探索和总结。

互动情境下的教学活动中，学生应发挥自己的主观能动性，使自己在一种渴望和迫切要求之下参与教学活动。学生应学会利用自己已有的经验，与教师、与同伴进行合作与交流，把已有的知识成果作为自己发展的起点，不断地构建和完善自己的知识结构和人格。学生要清醒地意识到自己是一个具有多方面发展需要和发展可能的主体，焕发出自主性和能动性，最大限度地发挥自己的学习潜能，真正成为学习的主人。

## （二）学生的学习兴趣

当学生对学习产生浓厚的兴趣时，会自然形成主动探索的欲望，而在探索的过程中，除了自己思考外，还需要借助外界给予帮助和支持。学生会向教师请教，向同伴寻求帮助，教学互动也就形成了。因此，兴趣对教学互动具有促进作用。学习兴趣首先来自内在的学习动机，如学生的学习目标明确，就会有较强的动机。学习兴趣也来自外在的学习内容和组织方式。贴近学生的经验、贴近学生的最近发展区的学习内容，更容易唤起学生的学习兴趣；单调的讲述往往会抑制学生的学习兴趣，问题化、合作式、实践性的学习更能激发起学生的学习兴趣。从对学生学习兴趣的培养来看：一方面，在教学以及师生日常交往的过程中，教师要热爱学生、尊重学生，更多地关心学生的学习、生活，用自己的情感去感染学生，架起师生心灵彼此沟通的桥梁。随着心理距离的逐步缩短，学生对教师的情感从接近到亲近到共鸣，学生对教师的情感也会迁移到建立起教师所教学科的兴趣上，起到"亲其师，信其道"的作用。另一方面，教师要改进自己的教学方式，提升教学艺术，引导和促进学生主动学习。化学学科在激发学生学习兴趣方面有着天然的优势，化学内容贴近生活，能有效地解释生活中的现象和问题；化学实验变幻万千，能激发学生的动手欲和想象力。"化学是一门中心的、实用的、创造性的学科"，化学正在改变着世界和人们的生活。化学从来不缺少兴趣点，关键是如何去激发和组织。

## （三）学生的学习习惯

不同的教育方式能催生不同的学习习惯，不同的学习习惯对教学互动也会产生不同的影响。习惯于教师讲、学生听的传递接受式教学方式后，学生会觉得只要听懂教师的讲解、完成布置的作业就意味着完成学习任务，久而久之，学生的问题就会越来越少，学习主动性越来越弱，互动意识越来越差，而当教师因公开课的"需要"而设计一些互动内容时，也就很难组织起有效的互动。让学生成为学习主体的课堂应是互动的课堂，学生有更多机会开展自主、合作和探究学习，逐步形成主动学习、积极思考、交流合作的习惯，会主动回答教师的问题，主动与同伙进行交流，主动地提出自己的问题，进而形成相对稳定的学习方式。学生在这种学习方式中获益，又进一步巩固了这种学习方式，成为一种稳定的品质。

培养学生的学习习惯是一个渐进的过程，不是一蹴而就的，需要在教师的引导和促进下，有计划、有步骤地推进。

## （四）学生的合作技能

学生的合作技能是顺利有效地开展教学互动的保证。所谓合作技能，是指互动中互动成员之间的有效交往与相处能力。在教学互动中，合作技能具体包括参与能力、交流能力、协作能力和解决冲突能力。

在教学互动中，学生既要能正确理解别人的观点和问题，抓住关键，又要能准确表达自己的观点、问题和意见，表达自己的想法。在生生互动中，互动的技能更为重要。小组合作学习这一教学模式的应用给课堂教学注入了活力，它不仅充分发挥了师生间、生生间的相互交流、协作功能，而且还可以培养学生的合作意识、团队精神，让学生由被动变为主动。小组合作学习需要一定的合作技能才能较好地实现。现实中的小组合作学习不能很好地开展的最主要因素是小组成员不会合作，即缺乏合作技能。

培养学生的合作技能和培养学习习惯一样，也是一个循序渐进的过程。一方面需要系统设计、精心实施，让学生掌握基本要素与要求；另一方面，合作技能不只是"知"的问题，还要在"知"的基础上落实到"行"，需要通过在实践中生成和发展。诸如"倾听、说明、求助、致谢"等基本内容可由教师示范，学生在小组活动和课后进行练习，由易到难，循序渐进，逐步使学生达到合作技能自动化水平。

## 三、学习内容

学习内容是教学互动过程的实体性要素，具有很高的认识价值、发展价值和教育价值，对教学互动有着重要的影响。一方面，任何形式的教学互动都不能游离在学习内容之外，必然以一定的学习内容为载体，并通过对问题的思考、探究和讨论，来引发和促进互动。一般来说，真实、新颖、开放性、贴近学生经验和最近发展区的学习内容更容易产生教学互动。另一方面，不同的教学内容也需要不同的互动形式与之匹配，以达到最佳互动效果，即通过敞开、接纳、回应、碰撞、交流与沟通等方式，使教学内容顺利地转化为学生的学习经验，在交往互动中引导学生知识的学习、道德品质的发展和人生成长，达到共生共荣的境界。

（一）真实性问题

由于真实性问题来自生活实际，容易吸引学生的注意，引发学生的思考，教学互动容易展开。如纯碱为什么能洗涤油污，而用热水洗涤除油污的效果更好？这样的常见的生活问题，贴近学生的生活经验，容易唤起学生的关注和兴趣，引发解决问题、掌握知识的动机，自然容易产生互动交流。

（二）新颖性问题

新颖的教学内容能激发学生的参与意识、学习兴趣和动机。学习过程中引入一些新颖的案例或呈现方式，如介绍科学上的重大发现或本学科的最新研究动态等，采用新的实验方法或手段，可以振奋学生的精神，优化学生的情绪，给学生以思考、联想和启迪，帮助学生形成正确的知识、态度和价值观。当然，教学内容的新颖性不是给学生讲奇闻逸事，也不是卖噱头，博得学生满堂大笑，而是应以创新性学习为目标，调整、充实与拓宽综合性知识，使学生的认识活动积极化，从而引起求知的乐趣和探索的热情，为学生的创造性学习和可持续性成长提供基本的材料。

（三）开放性问题

在知识更新极为迅速的今天，在深化课程改革的要求下，教育所关注的不只是知识的系统性，更重要的是关注学生应具备的、能够适应终身发展和社会发展需要的必备品格和关键能力，发展核心素养。互动情境下的教学内容注重从与现实社会生活关联的事件、现象和情境中寻找具有探索性和操作性的问题，这些问题具有较强的开放性和挑战性，而具有开放性和富有挑战性的问题更易于激发学生的探究热情，也为学生的互动提供了更广阔的空间，因此，开放性学习内容更有利于教学互动的开展，让学生在互动中汲取尽可能丰富的营养，适应复杂多变的社会发展的需要。从另一方面看，合作学习对富有挑战性的学习内容比一般性学习内容的学习效果更显著。

（四）贴近学生最近发展区的问题

不同内容的问题，其刺激点、思维强度及互动产生的效果都会影响着互动的开展和持续。如果学习的内容过于简单，思维强度不够，学生往往不需要深入思考或借助外部帮助就能很好地解决，师生或生生之间就难以产生有效的互动，即使有互动，也只是表观、形式上的互动。如果问题难度过大，远超出学生潜在的发展区间，师生或生生就难以开展顺畅、有效的互动，即使是在教师的不断"启发"下，互动也是勉强进行，不能很好地启发学生的思维，形成良好的情感体验。因此，在设计互动问题时，要根据学生的原有基础和实际发展水平，确定合适的学习内容。教学互动的内容选择并不是开放度越高、挑战性越强越好，而是要尽可能符合学生的实际，贴近学生的最近发展区，使学生能在与他人的互动中，实现"跳一跳摘到桃子"，否则会伤害学生的学习积极性。

## 四、学习环境

人的行为是人的内部张力和环境的外部张力的力场关系的结果。行为的产生就是个体内在因素与个体所处环境相互影响的结果。

教育心理学中将学习环境分为物理环境和心理环境。物理环境是指围绕教学活动存在的由物质条件构成的因素总和，主要包括教学自然条件、教学设施以及活动空间等。心理环境是指围绕教学活动存在的由心理条件构成的因素总和，主要指个体心理因素、人际关系以及教学气氛等。与物理环境相比，教学心理环境要复杂得多，主要是指在课堂互动中人与人之间的关系，它包括师生之间的关系和学生之间的关系。

在化学教学活动中，教师与学生在不同的学习环境中的心理状态和行为会有差异，环境对主体及其活动而言是一个不可忽视的因素。良好的学习环境对教学互动能起到很好的促进作用。

（一）民主、平等的学习气氛

无论是在师生互动中，还是生生互动中，营造一个和谐、宽松、平等的学习氛围都是至关重要的。营造民主与平等的学习气氛是有效开展教学互动的前提和基础。只有师生之间是平等民主的气氛，师生之间的交流才能真正有效地开展，学生间的活动才能享有充分的自主和自由；只有学生和学生之间形成民主与平等，才能有效地克服学生中"权威"的活动代替小组的活动。

高中学生思维活跃，处于成长发展期，更希望和教师、同伴平等相处。研究表明，在宽松的学习氛围中，学生更愿意表达自己的想法，思维更活跃。在师生互动中，因为有了民主、宽松的学习氛围，学生们敢于同教师交换思想，才能更自由地交流讨论，才会更自信地表达自己的观点，不怕暴露自己想法的"浅薄"，从而更充分地发挥学习的主动性和学习潜能。同样在生生互动中，因为有这样宽松、和谐的学习氛围，同伴之间就能更好地交流思维过程，解决学习中的问题，同时，和谐的学习氛围也有助于同伴间形成真诚的相互帮助的合作关系。

（二）良好的人际关系

1. 师生关系

师生关系既是一种特定的"心理交流"关系，又是特殊的社会关系，它在很大程度上影响着教学效果。师生互动的过程是教师和学生不断交往的过程，这个过程不仅可以发展师生之间的认知活动系统，也能促进师生社会性情感活动系统的发展。研究表明：良好的师生关系更有助于学生积极参与并表达自己的意见，对课堂作业表现得更有兴趣，更尊重他人、遵守规则，并且善于与他人合作，表现出更积极的社会行为；良好的师生关系能激发起教师对学生的关心和教学热情与自信。

良好的师生关系是教师对学生实施教育的基础和重要条件。实践表明，教学水平基本相当的教师，可能因为师生关系的不同而教学效果迥异。如果师生关系紧张、恶化，教师就无法顺利开展教育教学活动。由此可见，教学活动中的师生关系不仅影响学生和教师在学习活动中的行为，对师生自尊、合作等社会行为也具有重要意义。

良好的师生关系，其显著的特点是师生相互了解、情感融洽、彼此信赖，教师具有较高的威信。

在化学教学中要建立良好的师生关系，首先要确立科学的学生观，教师要与学生平等对话；其次要信任学生，确立学生的主体地位；再者要放宽视野，鼓励学生有自己的观点，尤其是在今天的社会转型发展期，面对知识经济和信息化社会，学生更应具备自己的认识，形成自己的观点。此外，教师还要做到严于律己，为人师表，成为学生的良师益友，使学生在富于教育性的师生关系中不仅获得知识与智能的发展，而且体验到平等、民主、尊重、信任、理解，同时受到激励、鼓舞、指导、忠告和建议。

2. 生生关系

在学习活动过程中，学生之间的交往无论在时间上还是内容上，其深度和广度上都远远超过师生之间的交往。因此,生生关系同师生关系一样,在心理环境的形成中具有重要的作用。在生生互动中,消极的因素往往来自群体凝聚力不强、同伴之间的关系不平等、参与热情不高、伙伴之间的冲突不能很好地解决、缺少合作技能等,这些问题往往是导致生生互动,尤其是小组合作学习不能顺利有效开展的重要因素。要解决这些问题,关键是要形成积极的相互依赖关系。因为,相互依赖代表了小组成员之间一种积极的相互关系,每个成员都认识到自己与小组及小组内其他成员之间是同舟共济、荣辱与共的关系,会产生团体动力。

在化学教学中开展以小组合作学习为主要形式的生生互动,要通过创设合作学习的小组文化、确定共同的目标、明确共同的身份、优化组织规则、发展合作技能,来促进同伴之间的相互依赖意识和行为,进而有效地促进生生之间的积极互动。

在生生互动中,冲突是不可避免的,冲突来自学生间的认知不同、信息流不同、个性特征不同。但冲突并不一定都是坏事,它虽有消极的一面,但同时也有积极的一面。冲突可以促进思维的发展和行为的改进,但冲突过于剧烈就会影响生生之间的互动,因此,合作技能在生生互动中起着重要的作用,它能使学生在互动中形成解决冲突的能力,发展社会情感。

### (三) 合适的空间结构

研究表明,教学空间特性(包括空间大小、形状、空间的封闭或开发程度以及空间调整组合的灵活程度等)、班级规模、课堂座位编排方式等环境因素都会对教学活动的效果产生显著的影响,尤其是座位编排,对教学互动的开展会产生直接而重要的影响。

课堂教学中要加强生生互动,就需要变革课堂座位方式,为生生互动创造合适的交往空间。合作学习将合作性人际交往结构引入课堂,建立一个立体、多边、全通道的课堂交往结构,常用的做法将传统课堂中的"秧田型"座位布置变换成"会晤型""U字型""马蹄型""内外圈型"等座位布置形式,这种课堂结构既增加了学生的活动空间,有利于形成面对面的互动,激发学生的学习兴趣和课堂活动的参与热情,同时还有利于形成团队合作氛围,形成团体动力,发挥集体智慧,提高学习效率。

### (四) 适当的教学设备

教学设备的运用为教学互动提供了有力的支持。

化学是一门实践性很强的学科,化学实验就是一个很好的学习者与人工制品互动的过程。通过实验,特别是让学生亲身体验、感受物质的变化,可以提升学生问题解决的动机,激发学习兴趣,发展动手实践和问题解决能力,在实验过程中,一系列的现象和问题促进了学生自身思维的内互动。

随着信息技术的发展,借助多媒体技术,不但可以在化学学习过程中化抽象为形象,而且可以实现人机(网络)互动,实现快速获取知识、帮助思考问题、促进认知发展、转移认知负荷，为教学互动开辟新的空间。

# 第四节　高中化学教学互动体系与基本模式

## 一、高中化学教学互动体系

高中化学教学互动主要包括三种方式，即师生互动、生生互动、学习者与人工制品互动。

化学教学互动系统有三个特点：

一是体现以学生学习为中心。高中化学教学互动体系突出学生的主体地位，以学生学习为中心，一切互动的目的都是促进学生的发展。

二是互动体系的开放性。教学互动不是一个封闭体系，而是一个开放的体系，开放的环境更有利于信息的交流，更有利于教学互动的开展。

三是互动形式的多样性。既有师生互动，又有生生互动，还有学习者与人工制品的互动，有效地开发了教学过程的人力资源，拓宽了互动的视野。

## 二、高中化学"互动—建构"式教学基本模式

### （一）指导思想

高中化学"互动—建构"式教学模式的指导思想是：以多维互动促进学生主动建构和充分发展。

### （二）基本结构

高中化学"互动—建构"式教学模式的基本结构由以下几个环节组成：

1. 情境创设

情境创设是唤起学生学习心向、激发学生主动思考、帮助学生形成问题意识的重要一步。创设情境的方式可以多样，如利用生活中的真实现象和问题，利用多媒体展示生动的现象，利用化学实验呈现变化，以提供学习目标，激发学生自主学习和探索。创设情境只是手段，创设的情境要服务于教学内容和学生的发展需要。

2. 问题生成

在问题生成中不只是教师提出问题，更要重视让学生提出问题，以促进学生主动学习，提高教学的针对性。一方面，教师根据学习任务和学生的最近发展区，尽可能创设真实的、贴近生产、生活和社会实际的问题情境，促进学生积极思维，为学生提供运用所学知识解决实际问题的机会。另一方面，随着学生自主学习能力的增强，问题生成将逐步由教师提出问题过渡到由学生主动提出问题，以培养学生的问题意识和提出问题的能力，实

现有意义的学习。

3. 合作探究

合作探究是课堂教学的中心环节。学生在教师的启发引导下，建立新旧知识之间的联系，以独立思考为基础，以合作学习为重要方式开展学习，通过师生、生生及与人工制品互动，有效地获得新的知识和技能，并学会探究知识的方法和策略，形成合作意识与技能，实现知识与技能、过程与方法、情感态度与价值观协同发展。这一环节必须充分发挥学生学习的主动性，发挥教师的引导作用，发挥合作学习的功能，让学生自己动手、动口、动脑去分析和解决问题，同时合理运用人工制品，有效降低学习过程中的认知负荷。

4. 反馈评价

反馈评价包括两个方面：一是学生的反馈评价。学生通过检索、提取、应用所学知识去解决有关问题，不断获得自己对新知识理解和应用的反馈信息，从而修正、调整或重建自己的认知结构，使之更符合知识的本质和内在联系，符合自身的学习特点和认知水平，最终形成有利于问题解决的活动经验结构。学生在学习过程中，通过自评和互动，帮助完善认知结构，形成合作意识。二是教师的反馈评价。教师通过及时的信息反馈和评价，了解学生的学习状况和思维障碍，纠正学生的思维偏差，进行有针对性的点拨和指导，实现教学调控，优化学生的认知结构。教师通过激励性评价、团体评价、发展性评价等策略，促进教学互动，进一步激发学生的学习积极性，提高学习有效性。

5. 整理应用

学生在问题解决和知识整理过程中，通过积极的思维活动，对所学知识获得初步理解，在头脑中建立起静态知识网络结构。但学生对知识的理解是否正确，静态的知识结构如何转化为动态的程序性知识，还必须进行整理，找出知识之间的内在联系，将部分组合成整体，形成系统化、概括化的知识技能结构，从而使新知识得到内化。要完成这一过程，还必须形成有利于问题解决的活动经验和能力，这就需要教师指导学生进行相应的练习。练习帮助教师获得反馈信息，练习也可以帮助学生促进知识的迁移，使知识转化为能力，同时获得积极的情感体验。

以上五个环节构成了高中化学"互动—建构"式教学模式的基本框架。每一个环节虽然各有其不同的结构和功能，但又是彼此紧密相连的。在实际教学过程中，各个环节之间并不完全是一种机械的、线性的排列，也并不意味着这五个环节是固化的模式，不可增减，由于教学内容的特点不同，前后环节之间可以镶嵌、简化，甚至是跳跃式递进，有一些教学环节还可以放在课堂教学之前或之后来完成。每节课往往包含多个具体的知识点，不同知识点的教学，都重复着一些基本的环节，但各个教学环节的这种周期性重复，并不是机械地原地打转，而应在不同的水平和从不同的角度对知识进行更深入的思考和重新加工，使教学过程在师生不断地提出问题、分析问题和解决问题的动态活动中得到发展。正是在这样一个循环往复、螺旋上升、不断发展的教学活动中，学生的知识技能不断扩展和深化，认知结构不断完善，积极的情感态度逐步形成，学习能力不断提高。

（三）高中化学"建构—互动"式教学的主要特点

1. 学习方式的建构性，更好地突出了学生的主体地位

"建构—互动"式教学通过创设学习情境，引导和促进学生开展积极的多维互动，为学生主动学习搭建平台，使学生有更多的时间和空间去体验、交流和探究，在互动和反思中实现主动建构，真正成为学习的主人。

2. 问题生成的真实性，让学习变得有意义

"建构—互动"式教学在问题生成环节不只是由教师提出问题，更重视让学生提出问题。学生思考后提出问题，不但促进了学生主动学习，而且提高了教学的针对性（每堂课上学生都有提问的机会）。核心素养培养的目的，就是要提高学生面对复杂情境下的问题解决能力。因此，教师应尽可能创设真实的、贴近生产、生活和社会实际的问题情境，为学生提供运用所学知识解决实际问题的机会。

3. 知识与方法的融合性，着眼于学生终身发展

"建构—互动"式教学不但关注知识技能，而且重视在化学教学中有机地融入学科思想观念和方法，双线并行，有机融合：以核心的学科思想观念为主线关联知识，在学习知识的过程中揭示观念、运用方法，在学习学科知识的同时，培育学科核心素养，使学生受益终身。

4. 互动资源的丰富性，开发了学习过程中的人力资源

"建构—互动"式教学不但重视师生互动，还重视生生互动和学习者与人工制品互动。生生互动，不但能有效培养学生的合作意识与技能，同时同伴间互动更贴近学生最近发展区。与人工制品互动，通过加强实验教学、合理运用多媒体等，增强学生实践操作和问题解决能力，降低认知负荷；通过与文本制品的互动，学会主动获取信息、发现问题，运用思维导图、概念图整理知识，完善知识结构，提高学习主动性和学习效率。

5. 反馈评价的及时性，提高了学生的学习效率

"建构—互动"式教学高度重视教学过程中的反馈和评价，并运用了教师的反馈与评价、学生的反馈与评价两套系统协同进行的策略，有效地提高了反馈的质量。布卢姆掌握学习理论告诉我们，及时的反馈与矫正是提高学生学习质量的重要手段。在做好反馈矫正的同时，"建构—互动"式教学运用教师评价、学生评价等多主体评价和激励性评价、团体评价、发展性评价等多种评价策略，激发了学生的学习热情，为学生的发展注入了动力。

# 第五章 高中化学翻转课堂教学建构

## 第一节 高中化学翻转课堂教学内容的选择

### 一、翻转课堂教学内容的选择依据

在高中化学新课程改革的背景下,高中化学翻转课堂教学内容的选择以及对应的教学设计都应为实现《普通高中化学课程标准(实验)》中的课程目标而服务。高中化学翻转课堂教学内容的选择必须有利于知识与技能、过程与方法、情感态度与价值观三维目标的达成,因而高中化学的课程目标即高中化学翻转课堂教学内容选择的依据。

(一)知识与技能目标决定翻转课堂教学内容的选择范围

依据不同类型的知识点所独有的特点,可将高中化学教学内容进行不同的分类,而不同的教学内容所需实现的知识目标与技能目标也是截然不同的。例如,对于元素化合物类的教学内容,在教学过程中重在帮助学生深化物质的结构、性质、用途三者之间的关系。而对于化学概念类的教学内容,在教学过程中重在帮助学生理解新概念和区分新概念与旧概念。因此在开展教学之前,要选择在翻转课堂教学模式下,有利于知识与技能目标实现的教学内容。

(二)过程与方法目标决定翻转课堂教学内容的选择角度

化学是一门以实验为基础的自然科学,在化学教学过程中化学实验有其不可替代的教育功能。在高中化学新课标中就指出,在教学过程中要尽可能让学生通过探究形式亲身体验化学物质变化的过程,从而更直观地感受科学探究存在的意义并提高科学探究的能力。培养学生的问题意识,使之能够独立发现并提出有价值的化学问题,然后通过与学生、教师的合作最终解决问题。因此在开展教学之前,要选择在翻转课堂教学模式下,有利于完成高中化学新课标中的过程与方法目标的教学内容。

(三)情感目标决定翻转课堂教学内容的选择方向

翻转课堂打破了传统课堂的局限性,但课堂教学的效能是多维度的,教师在传授显性知识的同时,来自教师的科学态度和价值观以及个人修养和魅力也在潜意识地影响着学生。因此在开展教学之前,要选择在翻转课堂教学模式下有利于传递情感态度与价值观目标的教学内容。

## 二、翻转课堂教学内容的选择原则

翻转课堂与传统课堂相比,在满足不同层次学生个性要求、实现因材施教等方面有着无与伦比的优势,但是翻转课堂对所有类型的教学内容都通用吗?翻转课堂教学内容的选择要考虑以下多个方面:是否会因为教学内容的选择不当,不能满足特定类型知识点对学习方法的逻辑思维形成和知识呈现方式的要求,从而给学生在后续同类知识的学习过程留下隐患;是否会因为教学内容的选择不当,导致学生课前自主学习阶段学习目标难以实现,而无法参与课堂教学,从而对激发学生学习兴趣产生负面的影响;是否会因为教学内容的选择不当,使培养探究能力的初衷慢慢磨灭,从而使学生对科学探究的过程产生认识偏差;是否会因为教学内容的选择不当,使翻转课堂在避免客观因素造成的学生差异的同时,又人为地造成学生与学生之间的认知基础差异,从而使翻转课堂的成效功亏一篑。从促进学生全面发展的角度出发,翻转课堂教学内容的选择需遵循以下原则:

(一) 目标性原则

翻转课堂教学内容的选择必须为达成学习目标而服务,不能使翻转课堂教学流于形式。因此要选择具有翻转价值的知识点作为翻转课堂的教学内容。所谓的翻转价值,应是能更好实现化学课程目标的教学内容,应是化学学科的主体知识或核心知识,应是对构建化学知识网络框架、提高学生化学学习能力等方面具有重要影响的内容。开展翻转课堂之前,需要对教学内容的选择进行斟酌,分析教学内容的类型(化学事实性知识、化学理论性知识或化学技能性知识),确保所选择的教学内容在翻转课堂的课前自主学习阶段能够实现该特定知识类型涵盖的学习目标,从而根据不同类型的教学内容更好地开展翻转课堂的课堂教学环节。

(二) 激发内在学习动机原则

翻转课堂是具有"以学生为主体"特征的教学模式。因此,学习过程中使学生的主体地位得以发挥是有效开展翻转课堂的根本保证。而学生的主体性能够得到发挥的前提条件之一是学生具有内在的学习动机。学习动机是学生学习过程中的核心要素,教师在教学过程中要通过多种有效的手段,使学生隐形的学习愿望转变为显性的学习行为,即激发学生内在的学习动机。选择恰当类型的教学内容进行翻转课堂教学,承担着激发学生学习动机的责任。因此,我们要选择在翻转课堂教学模式下更能突显其特点、更容易掌握一整套学习方法的教学内容进行翻转,从而保证学生课前容易达成学习目标,继而在课中能享受到学习的成就感,进一步激发学生的学习动机。

(三) 可操作性原则

翻转课堂特殊的教学结构决定着教学内容应具有可操作性,即所选择的教学内容要保证学生课前自主学习和课堂教学能够顺利进行。在选择翻转课堂教学内容时,我们必须要确保做到以下几点：一是翻转课堂在解决了目前教学内容多但课时少的矛盾的同时，要保证学生最终能够独立达成学习目标；二是在课前自主学习阶段达成学习目标的同时，学生能够发现和提出有探究价值的问题，保证课堂教学的成效性，从而进行实时的师生互动和生生互动，使学生享受自主学习带来的成就感。

### （四）利于长远发展原则

翻转课堂将学习的责任全权交给了学生，但在让学生自主进行知识构建的同时，不能忽略了传统教学中教师在教学过程中对学生的潜在推动作用。教学不仅是传授客观知识的教与学的互动，更是师生情感交流与升华的有效途径，教师在教学过程中的积极态度、人生价值观、个人魅力甚至小到一个表情、一个动作都可能影响到学生的学习活动，并对其后续的学习生活产生深远的影响。因此在保证学生主体性地位的同时，不能抹灭教师在教学过程中隐性知识（如语态、表情、个人魅力、价值观等）的传授。

## 三、翻转课堂教学内容的选择

只有根据翻转课堂教学内容的选择依据和原则来确定教学内容，并进行针对性的教学设计，才能高效地开展翻转课堂的教学活动，将翻转课堂蕴含的教学理念淋漓尽致地展现出来。

### （一）元素化合物知识模块

元素化合物是高中化学知识非常重要的基础部分，是全面认识化学学科、构建化学知识网络的阶梯和载体。学生只有在掌握了元素化合物知识的前提下，才能对化学基本概念进行深入理解，学习化学实验、化学计算等知识时才不会觉得空洞和乏味。元素化合物知识直接影响高中阶段整个化学知识的学习过程。元素化合物知识包括元素及其化合物的性质、存在、制法及用途等多方面的内容，属于化学事实性知识，是联系化学与实际生产生活的知识。

选择元素化合物知识模块作为教学内容开展高中化学翻转课堂教学，主要基于元素化合物知识具有以下特点及优势：

1. 知识点生动形象和直观化

元素化合物知识大多是元素与其化合物之间转化的宏观表现，具有生动直观、形象具体、便于理解等特点。学生在翻转课堂的课前自主学习阶段完成知识的建构一般不会有太大的困难，对新知识的接受程度在学生的自主学习能力范围内。

2. 知识点零散和记忆难度大

元素化合物知识涉及的元素及其化合物种类较多，包含碱金属、几种重要金属元素及其化合物和碳族、氮族、氧族、卤族等非金属元素及其化合物，涉及的化学反应方程式相对较多，而且在众多的反应方程式中，既有符合一般规律的，又有具有特殊规律的，致使教学内容相对庞杂，且学生记忆也相对困难。

现将翻转课堂教学模式应用于元素化合物知识的教学，课前自主学习环节将元素化合物的知识网络建构的任务全权交给学生，给学生提供了充足的学习时间，让学生在自主学习任务单的指导下自己决定怎样学、学多少次，最终对大容量的元素化合物知识达到熟练掌握的程度，打下坚实的化学知识基础。回到课堂，几乎各个层次学习能力的学生都在同一起跑线上，这时教师再系统地对学习这类知识应具有的逻辑思维能力进行强化，帮助学生形成学习元素化合物知识的系统思维方法。

3. 知识点与实际生产生活紧密联系

在日常生活中，学生对于元素及其化合物并不陌生，且其与人们每天的生活息息相关，如生活中铝制品、铁制品随处可见，碳酸氢钠和碳酸钠也是日常生活中的常见物品，漂白粉（主要成分是次氯酸钙）、无机肥料铵盐也是再熟悉不过的。因此选择元素化合物知识进行翻转，让学生真真实实感受到知识来源于生活，最终应用于生活。以"以学生为主体"为理念的翻转课堂，让学生能够更好地在原有生活经验和认知基础上建构新知识，使学生在课前自主学习阶段基本能将相对繁杂、易混淆的元素化合物新知识进行有效区别，尽可能避免相互混淆，提高辨别程度和记忆效率。

（二）化学基本概念知识模块

化学基本概念是高中化学教学的核心内容，体现了化学学科的本质，是整个高中化学学习的重点和难点。学生在理解了化学基本概念后，就能突破对事实性知识仅局限于描述性水平的困境，能更进一步地认识元素化合物的性质和化学反应的本质。化学基本概念是指反应物质及其变化的本质属性和内在规律的化学知识，属于化学理论性知识。

选择化学基本概念作为教学内容开展高中化学翻转课堂教学，主要基于化学基本概念知识具有以下特点及优势：

1. 知识点抽象，具有高度概括性

化学基本概念反映了物质及其相互间变化的微观本质，同时是对同一类事物的理论概述，具有空洞不易捉摸、高度概括不易理解等特点。如物质的量是高中阶段学生首次接触的化学概念，是建立化学微观世界和宏观世界的有效桥梁，直接影响整个高中化学的学习过程，但学生一般很难深入理解其本质，且易与物质的质量相混淆，在应用时觉得抽象难懂。因此在进行化学基本概念教学时，教师应注重引导学生进行概念形成过程的推理，务必让学生透彻理解作为固着点的概念理论，以保证后续概念的学习。翻转课堂最大的特点是在最大化完成课前预习的基础上，延长了课堂学习的时间。课堂中学生自身有了自主学习阶段形成的化学概念的认知基础，教师则有了更多的时间一对一地个性化引导学生发现概念的本质，并在课堂中给予学生充足的时间和机会，通过作业检测来区分概念和熟练掌握概念的应用，透彻理解其本质，保证学生对抽象难懂的化学概念的清晰认识，最终形成建立概念间相互联系的能力。

2. 知识点更注重结论的获得过程

化学基本概念的学习过程需要学生通过积极主动的思维活动来进行不断的假设和检验。概念的获取不只注重结论的获得，更重要的是让学生亲身体验结论获得的过程，因此化学概念的获取不应是机械被动的，相反要充分发挥学生的自主能动性，这一学习理念与翻转课堂的"以学生为主体"的教学理念是相契合的。将翻转课堂应用于化学基本概念的教学中，能更好地体现教学过程中对理论性知识获得过程的重视，有利于强化概念间的相互联系。

3. 知识点有助于发挥学生的思维能力

化学基本概念是在具体丰富的事物中抽象总结出来的，有助于学生逻辑思维能力的培养，同时学生在运用化学基本概念去分析化学反应、化学现象时，也对物质的性质、组成、结构及其变化有了更深层次的理解，这个过程中抽象思维能力也有所提升，体现了新课程理念所提倡的"注重学生全面发展"。翻转课堂在开展教学时，能够让学生把课前自主学习过程中的困惑带到课中与同学、教师讨论，通过生生之间以及师生之间的对话、交流等形式来尽可能发展学生的个体思维能力，教学不再是将课前设定的逻辑思维能力强加给学生，学生的抽象思维能力得以发挥，最终学生都以自己的思维方式理解概念的本质。

(三) 化学实验知识模块

化学是一门以实验为基础的学科，化学实验是化学课程中不可或缺的部分。它能将零散庞杂的元素化合物知识以实验现象的形式呈现，为学生认识化学物质提供化学实验事实，加强学生对知识的记忆和理解。同时化学实验有助于将抽象难懂的基本概念直观化，便于学生理解和接受。化学实验属于化学技能性知识，其中演示实验是把抽象的化学知识形象化的有效手段，探究实验则是在学生具有一定认知的基础上自主探索化学新知识的过程。

1. 演示实验注重拉近实验与学生的距离

演示实验和探究实验各有其侧重的教育教学功能。演示实验重在能让学生近距离观察到实验现象或教师的操作示范。把演示实验进行翻转课堂教学后，将教师的演示实验制成录像，实验现象便可以近距离地呈现在每个学生面前。对于操作性演示实验而言，可将演示录像与教师对知识点的讲解相融合录制成微视频以便于学生了解学习。课前学生可以近距离地观察演示实验、可以多次观看教师的示范操作、可以有充裕的时间思考现象背后的本质，同时降低了课中自主实验时错误操作的概率。将翻转课堂应用于演示实验的教学中，能保证所有学生近距离地观察演示实验，有利于突显演示的意义。

2. 探究实验注重探究能力的培养及隐性知识的传授

探究实验重在培养学生的科学探究能力，能让学生切身感受探究的过程。如果将探究实验进行翻转课堂教学，由于在学习任务单中提出了"设计探究方案"的学习任务，学生在学习了基础知识后也完成了实验方案的设计。但是，由于课堂中要对课前自主学习存在的问题进行交流、个性化指导以及学习结果的检测，最终没有足够的时间进行协作探究，学生大多只能按课前设计的方案盲目探究，不能达到探究实验的效果。同时探究过程更多体现的是一种对科学的态度，在翻转课堂教学中，教师要将更多的时间用于一对一个性化指导或分组解答，不能陪伴学生走过探究的过程，容易忽视将自己对科学的态度以及情感传递给学生，从而弱化了教师对科学的积极态度、对问题的思考方式以及教师的个人魅力等隐性知识的传授。相反，在传统课堂教学中，进行探究性实验时，教师能够为学生提供充足的时间，让学生分组讨论设计实验方案，然后进行实验，最终确定出实验的最佳方案。在这一过程中，学生完整有效地体验了探究的全过程，且教师在探究的氛围中，将自己对科学的态度和情感以及对问题的思考方式传授给了学生。因此，探究实验以传统课堂的模式开展，更有利于突显探究的意义。

综上所述，根据各知识模块的特点与翻转课堂教学特点的契合程度，作者认为高中化学翻转课堂的教学内容包括元素化合物知识模块、化学基本概念知识模块以及化学实验知识模块中的演示实验。

# 第二节　高中化学翻转课堂教学设计原则与策略

## 一、高中化学翻转课堂教学设计原则

### （一）以学生为认知主体的原则

翻转课堂是知识建构与知识内化过程的"翻转"，在此过程中，教师与学生的角色实现了转变，翻转课堂要求教师从"知识传播者"向"学习指导者"转变，学生从"知识的被动接受者"转变为"知识的主动建构者"。在翻转课堂的知识传递过程中，学生可以在教师设计的学习任务单的指导下，利用微视频进行自主学习，真正成为知识建构的主体。同时，在翻转课堂的课堂教学环节中，学生在同学、教师的帮助下使课前自主学习产生的问题得以解决，最终将新知识扩展和深化。从翻转课堂教学的以上特点可以看出，高中化学翻转课堂教学设计应以学生为认知主体，教师则应成为促进学生学习的催化剂。

### （二）学习任务单简明设计的原则

在翻转课堂中，学习任务单具有引导学生前置性学习的重要作用。倘若设计的学习任务单是大篇幅的，将会无法突显自主学习的重难点，削弱了学生的学习动机，无形中加重了学生的学习负担，直接影响学生自主学习的效果，也会对后续的课堂教学产生负面影响。因此，设计学习任务单作为开启翻转课堂的第一步，要做到简洁明了，能够让学生带着明确的任务学习，抓住重难点以达成学习目标。

### （三）课前课中紧密联系的原则

课前课中紧密联系能激发学生的积极性和主动性，让学生在课堂教学中体验来自课前自主学习的成就感，从而提高翻转课堂的教学效果。课前学生自主学习后，记录下自己不能解决的问题，课中教师鼓励学生合作解决问题，如果学生合作不能解决，教师可以一对一个性化指导或进行全班系统讲授。因此，在翻转课堂教学设计时，要保证课堂教学环节是基于学生课前自主学习的结果展开的。

### （四）互动交流有效性的原则

在翻转课堂中，学生内化知识是在课中与同学、教师讨论交流的过程中完成的。因此，交流互动的有效性直接影响学生对知识的理解和深化。在进行翻转课堂的教学设计时，教师要根据学生课前自主学习的基本情况以及教学内容的重难点，确定有效的探究问题，对课堂交流互动的大致方向有预设的规划和准确的定位，确保课堂交流互动的有效性和质量。

## 二、高中化学翻转课堂教学设计策略

### （一）元素化合物知识模块翻转课堂教学设计策略

在元素化合物的传统课堂中，一般是教师先讲授物质的性质和相关的实验，继而进行演示实验和讲解相关的练习题。将翻转课堂教学模式应用于元素化合物知识的教学中，旨在构建以元素及其化合物的性质为主线，以演示实验为载体，将物质的组成、结构、性质、用途、存在及制法等知识联系起来，以增大固定单位课时的课容量。

#### 1. 设计自主学习任务单

教师根据元素化合物的具体教学内容，进行教学目标和学情分析后，开始翻转课堂的教学准备。设计自主学习任务单便是翻转课堂教学设计的第一步，元素化合物类翻转课堂自主学习任务单的设计核心在于要能够明确指导学生通过观看教学视频来认识物质的组成和结构、基本性质（物理性质和化学性质）、制取方法以及用途等，在自主学习任务单的帮助和引领下能够初步全面地认识物质。

#### 2. 开发优质微课

自主学习任务单和微课是一脉相承的。教学视频的开发很大程度上决定了课前学习任务完成的质量。元素化合物的学习是生活中常见现象学科化的过程，同时也是学生深入认识生活中常见物质的过程。在教学中要充分体现物质结构决定性质、物质性质决定用途以及物质用途反映性质、物质性质反映结构的化学学习思想。因此元素化合物类翻转课堂的教学视频核心内容应以演示实验为载体，重点介绍元素及其化合物的结构、性质、制取、相互间的转化及其在生活中的应用，而且部分用途可制成选看视频作为扩展内容供有余力的学生拓宽视野。

3. 开展课堂教学

(1) 明确课前自主学习的效果

对于元素化合物类翻转课堂，课堂教学环节是在学生自主学习物质的结构、性质、制取、物质与各化合物间的相互转化以及用途等知识点之后，故教师应先针对学生课前学习反馈的问题，明确学生是否通过观看教学视频已经基本了解物质的结构、性质及其用途。

(2) 组织开展合作学习

开展合作学习的目的在于通过解决课前自主学习存在的问题，使知识得到内化。在翻转课堂中探究问题的确定是由师生共同完成的，从教师的方面来说，教师需要根据教学目标、教学内容的重难点提出具有探究价值的问题；从学生的方面来说，学生需要根据课前自学过程中存在的疑问提出问题，再由教师整理学生提出的个别问题和共性问题，通过教师综合考虑，确定对学生知识内化有实际帮助的问题。教师组织学生先进行独立思考，尝试自己解决问题，然后在满足可操作和安全的前提下，鼓励和给予学生机会分组进行物质制取、物质性质验证以及物质间相互转化的实验，让学生以直观的手段来感受和认识物质的性质甚至享受自己制取物质和完成物质间转化的成就感。合作学习阶段以实验为主要手段促进学生内化知识，帮助他们达到顺应、同化新的认知体系。

(3) 作业检测

在以实验作为检测基础之后，作业检测则是知识进一步内化的重要环节。教师需要在"最近发展区"内设计出让学生尝试后能解决的具有极限意义的进阶性习题，使学生对物质的结构、性质、用途及其相互转化等知识得到应用和深化。

(4) 精讲总结

教师带领学生精讲并总结出物质的主要性质、物质之间转化的方法以及物质在生产生活中的用途，最终构建物质性质的知识网络体系。

(二) 化学基本概念知识模块翻转课堂教学设计策略

由于化学基本概念具有一定的理论性、抽象性和系统性，它对学生的逻辑思维能力、概括总结能力有更高层次的要求，当然对教师的知识呈现能力和教学能力也有更高的要求。不同学生学习同一概念时，对概念理解的侧重点不同，如在引入"物质的量"这一概念时，有的学生对理解"物质的量"定义中的"集合体"有一定的困难，而有的学生却觉得困难在于区分"物质的量"和"摩尔"这两个专有名词。而将翻转课堂教学模式应用于化学基本概念知识的教学中，旨在将原来教师课堂构建化学概念的过程翻转到课前，在不削减概念知识展示量的同时，给予学生更多机会决定怎么去学，给予学生更多时间决定学的频率，让学生亲身体验概念形成的过程，并能够将自己在构建概念过程中存在的问题在课中与同学和教师充分交流讨论，最终透彻地内化新概念。通过以上过程构建出了注重概念形成过程、能够实现个性化指导的较为完善的化学基本概念翻转课堂教学模式。

1. 设计自主学习任务单

教师根据化学基本概念的具体教学内容，在教学目标分析和学情分析的基础上，开始设计自主学习任务单。利用自主学习任务单指导学生通过教学视频层层递进地构建化学新概念，学生根据自己对新概念的理解可以反复地播放视频，最大限度地理解概念，最终把自己对概念理解存在的困惑记录于自主学习任务单的"困惑与建议"一栏。

2. 开发优质微课

化学基本概念的学习是对一类事实进行高度理论概括的过程，在教学中要注重让学生感受获得概念的历程，并指导其如何利用理论解决实际问题，因此化学基本概念翻转课堂的教学视频核心内容应重在采用动画、图片的方式及与PPT课件相融合的形式，再配合教师的讲解，来呈现相对比较抽象的概念知识，能够让学生通过直观的事实性材料来理解概念的由来及引入概念的意义。

3. 开展课堂教学

(1) 明确课前自主学习的结果

对于化学基本概念类的翻转课堂，课堂教学环节是在学生自主构建新概念之后，但每位学生对于概念的认知是存在差异的。因此在开展课堂教学之前，教师要明确学生课前自主学习后对于新概念的理解存在哪些共性问题和个性问题。

(2) 组织开展合作讨论

在明确了学生课前自主学习的基本情况后，教师要根据学生自学中出现的具有探究价值的问题，对学生进行合理分组，并组织各小组针对这一类问题有效地开展合作讨论，让学生在交流合作中深化认识。

(3) 组织汇报交流

在确定问题、合作学习之后，应让学生以灵活多样的方式进行汇报交流，给予各小组向其他小组分享讨论成果的机会，使学生意识到在理解新概念时可能出现的各类问题，在拓宽学生思维的同时，让学生能更全面地理解并掌握概念的要点。在汇报交流中，教师要充分发挥引导作用，对易忽略的重难点问题，应及时引导学生发现问题并对问题进行深入讨论，从而突破重难点。

(4) 练习检测

在获得化学新概念之后，要实现概念的内化，还要通过必要的练习让学生知道如何应用新概念解决具体的问题。在这一阶段，教师的引导作用再次显现，学生在完成练习的过程中出现任何的疑惑都可以及时向教师请教，教师对其进行一对一个性化指导，最终保证每个学生都实现概念的深层次内化。

(5) 系统精讲

通过练习检测后，学生已经重建了自己原有的化学概念知识框架，但此时构建的概念网络体系大多是混乱和无序的，甚至有可能是存在漏洞的，这时教师应该对概念知识系统地进行更深层次的挖掘和高度概括总结，帮助学生形成新的、清晰的概念网络体系。

(三) 化学演示实验知识模块翻转课堂教学设计策略

教材中有许多需要学生掌握操作技巧的基本实验，如容量瓶的正确使用、蒸馏操作等。在操作性的化学演示实验的传统课堂中，一般是教师演示操作，学生认真观察，然后学生模仿教师进行操作练习。但在实际的教学实践中，学生的操作往往不尽如人意，会出现各种各样的错误。而将翻转课堂教学模式应用于操作性化学演示实验的教学中，旨在让每一位学生都能近距离观察教师的演示操作，能够重复多次地观看教师的操作示范，回到课堂中进行自主实验时可以降低错误率，达到更好的操作练习效果，最终构建让学生注重操作细节、避免常见错误、能够有充裕时间练习操作的化学演示实验翻转课堂教学模式。

1. 设计自主学习任务单

教师根据化学演示实验的具体教学内容，在完成教学目标分析和学情分析后，设计引导学生自主学习的任务单，让学生在任务单的引导下，通过观看微视频掌握实验操作的要点，并通过观看微视频认识到实验操作中容易出现的错误，从而在课堂自主实验时避免常见的错误。学生也可以将自己对实验操作的困惑写在自主学习任务单的"困惑与建议"一栏。

2. 开发优质微课

将操作性化学演示实验进行翻转课堂教学，其优势在于学生可以在课前反复多次观看教师的演示实验视频。因此化学演示实验翻转课堂教学视频的核心在于教师在录制视频时要能够熟练并且准确无误地操作实验，因为课前学生是通过观看教师的教学视频独立完成知识构建的，教师无意识的一个错误操作都会影响学生的认知建构。同时，在将演示视频制成微视频时，对关键的操作要点及易出现错误的操作要配上提示性说明，以便学生突破重难点。

3. 开展课堂教学

(1) 明确课前自主学习的结果

对于操作性化学演示实验类的翻转课堂，课堂教学环节是在学生掌握了实验的基本操作之后，在自主学习阶段，部分学生会对正确的实验操作存在困惑，会产生"为什么要这样操作"的疑问。因此在开展课堂教学之前，教师要明确学生课前学习后，对于实验操作的要点存在哪些问题。

（2）合作讨论

在获取了学生课前自主学习的结果后，教师要根据学生自学中出现的具有探究价值的问题，组织学生分组对问题进行有效的合作讨论，让学生在交流合作中解决问题。

（3）组织自主实验

在解决了学生的困惑之后，组织学生自己动手进行实验操作。在观看视频时，同学们不以为然的错误会在自主实验中显现出来，从而加深学生对错误操作的印象。学生在实际操作中出现的错误是课前教学视频中未提及的要点，在这个过程中，教师要充分发挥引导者的作用，对于学生在操作过程中发现的问题，如果是个别学生出现的错误，教师可以一对一地指导纠正，如果是大多数学生出现的操作错误，教师应该记录下来，在以后的教学中加以重视。

（4）展示交流

在独立学习、自主实验之后，组织学生展示自己的实验操作，并且对在展示过程中较为优秀的个人进行及时表扬，让学生能够享受学习的成就感。当然，对在展示过程中错误较为典型的同学，需要及时鼓励并纠正，起到让其他同学引以为鉴的作用。

（5）要点总结

在展示交流之后，学生都意识到了实验操作中需要注意的一些事项，但每位同学认识到的操作要点不尽相同，所以教师要在学生展示交流的基础上引导学生总结出实验操作的所有要点，帮助学生建立完整的知识网络体系。

## 第三节　高中化学翻转课堂实施过程

随着新课改的持续深入推进，新的教学理念与教学方式也应运而生，教师想要提高教学的有效性，在新时期下迎接机遇和挑战，就需要意识到实行翻转课堂对激发学生自主学习积极性的重要性。高中化学是一门实验的学科，需要学生在大量的实践操作当中积累相关的经验，并在总结的过程中形成对化学物质和化学反应的整体感知。为了提高高中化学课堂教学的有效性，教师可以在高中化学教学中实施翻转课堂。翻转课堂是在新课改背景下提出的新型教学理念，它要求以学生为中心，激发学生的创造热情与参与积极性，真正让学生在学习的过程中成为学习的主人，而不是被动地等教师进行知识的灌输。

### 一、探究高中化学翻转课堂有效实施的意义

当前高中化学教学仍存在一些问题，如学生学习积极性不高，教师教学方式较为传

统，学生对知识的整合理解不够等。造成这些问题的原因有两个方面，一个是教师层面，一个是学生层面。教师作为教学活动的发起者，需要统筹规划，是课堂活动的主要组织者，很大程度上决定了教学活动的有效性。为了提升学生高中化学学习的有效性，教师就必须立足于教材，深入挖掘、整合教材内容，让学生在学习的过程中，能够相对感到轻松。除此之外，教师还需要充分考虑学生的需求，立足于学生的学习现状开展一系列的教学活动，在教学的过程中切莫"一刀切"，忽略了学生的感受。就学生层面而言，学生需要充分发挥主观能动性进行高中化学的学习，在日常的生活中要善于观察，善于发现，尝试将高中化学知识融入生活实际问题中去，学生就能够在解决问题的过程中逐渐培养起对高中化学的学习兴趣。为了更好地解决这些问题，教师可以使用翻转课堂的模式进行教学。这实际上就是教师和学生的一次合作，教师将一部分教学的权利让渡给学生，更加信任学生，并且在任务完成的过程中逐渐培养学生的思维能力、解决问题的能力等。学生在翻转课堂教学模式下，能够真正成为学习的主人，进行有效的高中化学学习。

## 二、探究高中化学翻转课堂的有效实施策略

### （一）精心制作翻转课堂微课视频

当下是互联网普及的时代，教学方式会随之发生一系列的改变。不少教师会尝试利用微课进行有效的高中化学教学。微课作为一种新型的教学方式，能够将教学内容高度浓缩在精美的短视频中，学生在学习的时候会觉得十分新颖，而且这些短小的视频，一般都是以某一知识点进行发散，学生在学习的过程中能够真正做到举一反三。学生在微课学习的过程中，需要充分发挥个人的主观能动性，积极进行思考，成为教学活动的主体。在教学的过程中，教师主要负责解答疑惑，引导思考，在学生出现问题的时候给予相应的指导，既能够提高教学效率，又能够提升学生的学习能力。

以《物质及其变化》的教学为例。教师在进行这一章节教学的时候，可以先制作相关的视频，为学生讲解《物质的分类及转化》《离子反应》《氧化还原反应》等相关知识。在讲解物质的分类相关知识点的时候，教师可以通过动画的形式为学生展现微观的离子世界，等学生观看完微课视频之后，教师再有针对性地提出问题，教师可以通过这种方法来检验学生观看微课视频的学习效果。学生回答完相关问题之后，仍旧有一些不理解或者解答不了的问题，接下来教师就可以将这一部分内容作为教学重点，引导学生再进行自主学习，随后通过集中讨论的方式明确这些问题的答案。在通过这种方式为学生举例之后，教师可以再播放和氧化还原反应相关的视频，引导学生模仿刚刚的学习过程进行学习。在这个过程中，学生能够有意识地带着问题思考，在哪些地方可以设置疑问，能够设置什么样的问题等等，学生思考的过程也是解决问题的过程，其思维的广度和深度也有了极大的提

升。最后，教师可以邀请学生进行知识的梳理和展示，学生可以通过反馈和整理明确自己所学的内容，从而提高高中化学学习的有效性。

## （二）加强师生间的交流与课堂引导

在实施翻转课堂的过程中，教师一定要明确个人的定位。在翻转课堂的模式中，教师不再是课堂活动的主体，也不应该主导学生的学习活动，更不能够将个人的教学意愿强加到学生的身上，而忽略了学生的实际学习需求和发展状况。想要提高翻转课堂的实施效率，教师就一定要引导学生加强和教师的沟通及交流，在达成共识之后就能够更加高效地进行学习，在课堂活动中，教师更多发挥的是课堂引导的作用，而不是一味地告诉学生什么是对什么是错，要留给学生充分的思考空间，让学生在试错的过程中不断明确真理评判的标准。

以高中化学《原子结构与选择》这一章节的学习为例。教师在确定教学目标的时候，一定要先与学生进行充分的沟通，明确学生目前的学习需求。由于《原子结构与元素的性质》这一节的学习对学生而言较为困难，不少教师需要充分考虑到学生的学习现状。为了更好地发挥学生在课堂当中的主体地位，教师可以听取学生的意见，如有不少学生希望通过实验的方式进行这一章节的学习，以多媒体幻灯片作为辅助去展示相关的知识。教师需要认真聆听学生的建议，并在此基础上对教学活动进行改进。在课堂中，学生也更加积极主动地参与到教学活动当中来，不少学生能够主动地提出问题，发现问题，并在这个过程当中解决问题，学生的自主探究能力和主动参与的积极性大大提高。通过师生及时的沟通和交流，学生在学习的过程当中也会事半功倍。在组织学生对知识进行总结的自学环节，教师应鼓励学生对知识进行梳理，在学生发现问题的时候，教师再予以相应的指导，这样就能够大大提高了高中化学的学习效率。

## （三）完善评价机制，引导学生反思

在传统的高中化学教师模式当中，教师往往不太注重课后评价与反思的环节，在课堂上总是采取"满堂灌"的方式，很少给予学生充分的时间进行自我总结和反思，这就导致学生在学习的过程当中，缺乏对知识的整合和回顾，知识掌握得不够牢固。对此，教师可以让学生在课堂上用五到十分钟的时间对课堂知识进行梳理，并且再进行自评和互评，同时针对课程的内容进行相应的点评，也可以对这一节课的教学提出自己的建议和看法，这样，学生的课堂主体性和课堂参与感都得到了提高。通过这样的方式，教师能够引导学生实现学习身份的转变，让学生真正成为课堂活动的主体。

以《化学与可持续发展》的学习为例，为了实施高效课堂，教师需要完善评价机制，引导学生思考。在引导学生学习《自然资源的开发利用》和《环境保护与绿色化学》之后，教师需要引导学生深入思考：化学资源应该如何进行有效的开发与利用？在发展经济和保护环境两者之间如何抉择等等，再给学生五到十分钟的时间进行自主评价、整理和反思。学生在进行了反思之后，在发言环节体现了个人的全局观念。不少学生在发言中，能够中肯地点评自己这一堂课的表现以及一些优秀学生的表现。在知识的梳理中，教师有意识地引导学生一个一个进行补充，在前一位学生发言完毕之后，教师鼓励其他学生进行知识的补充或者提出自己的看法，最终推动课堂高效进行。每一位学生都能够积极发表个人的观点，课堂氛围也十分好，学生在自我评价与他人评价的时候，将自己置于课堂活动参与者的身份，对课堂责任感与课程内容的关注度都大大提高。

（四）增添小组合作，强化学习主体

教师在实施翻转课堂的过程中，一定要积极组织一些小组活动，引导学生通过小组合作实现知识的迁移和输出。在高中阶段学生大都已经拥有了独立的人格和思想，能够很好地进行小组合作，每一个人的身上都有许多闪光点和值得别人学习的地方，教师可以充分利用这些优势，引导学生在小组合作的过程中进行高中化学的学习。高中生的自学能力相对较强，但是不少学生存在学习动力不足，或者学习自觉性不够等问题，但是这些问题能通过小组活动得到妥善解决。学生在进行小组合作的时候，需要根据教师所布置的具体任务或者以课题为出发点，有针对性地进行研究。为了在一个小组当中充分发挥个人的力量，学生应积极主动地参与到课堂活动中来。

教师在教授高中化学《物质结构元素周期律》时，可以先向学生明确本堂课的学习任务：学习元素周期表，在有效的时间内背诵元素周期表并理解相关概念。例如，元素周期律和化学键的学习。完成自主学习任务之后，教师再将学生分成若干个学习小组，进行自主探究和学习。每一个小组都会分配到不同板块的任务，大家需要通过高效的合作完成任务，最终在合作学习的过程中，学生以"小老师"的身份进行讲授，在展示的过程中，学生有任何问题都可以随时提出，讲解的小组也要负责解答疑问。教师在划分小组的时候，需要考虑学生的学习能力，在每一个小组内安排一位化学基础较好，且愿意积极主动带领大家进行化学学习的学生。在布置了任务之后，教师再分别对小组进行指导。在知识呈现的环节，教师发现学生通过合理的分工，不仅能够很好地呈现教学内容，有的小组甚至还创新了学习方法。例如，有小组在进行元素周期表的教授时，根据学生的记忆特点和当下的社会热点，编出了一首"洗脑上头"的神曲，在一起歌唱的过程当中不知不觉就学习了这些化学元素的特性和相关概念，在良好的班级氛围中，学生通过演唱自然而然就记住了相关的元素。最后，在课后有不少学生表示，在小组合作的过程中，每一个人都需要将自己当成小老师，每个人所负责的板块可能不多，但是一定要做到精益求精，要随时应对学生们提出的问题。学生的学习效率与自主探究能力也在小组合作的过程中得到了提升。

总而言之，翻转课堂现在还处在实验探究的阶段，仍旧需要发展和完善。为了更加高效地实施翻转课堂，教师需要立足于学生的学习需求和学习现状进行教学。针对学生在高中化学学习中出现的问题进行妥善解决，在小组合作的过程中逐渐培养学生的自主探究能力，让学生在自主学习的过程中逐渐体会到自己是学习的主人，同时教师也要不断鼓励学生进行自主探究和学习，引导高中化学学习形成一个良性循环。

## 三、翻转课堂教学模式在高中化学教学中的应用建议

（一）制作高质量的学习资源，提供清晰的学习指导

1. 视频制作

进行翻转课堂教学的前提是教师要利用各种视频制作方式，制作合适的视频，这是学生进行预习的基础，视频制作还包括 PPT 的制作，教师通常运用制作软件及手机完成。教师要在心中设计出教学内容的大概方向。作者利用计算机记录选择动画向导来编辑和完成动画人物的记录，视频有一定的韵味和装饰性。手机录音采用录像技术。此外，还有很多制作专业视频的资源。教师可以通过多次尝试和了解，最终采取合适自己的方式。

2. 学案设计

教师在进行学案设计时，要设计一些问题。这些问题要科学，并且有效，要考虑学生的需求并且要采用个性化的教学方法，教师可以在网络上或者软件中多观察多学习，进行设计。教师设计时要考虑学生的具体情况、学习的内容和情境安排第一系列问题，确保学生在复习的过程中遵守规则。学生在学习本课程时应正确地利用网络媒体，如利用数据库检索信息，鼓励学生学习，扩大学生的知识面。

（二）促进学生自主论证，更新教学观念

在论证过程中，必须以学生为主体，使学生可以专注地研究探索，从而达到学习目的。研究发现，一些教龄比较长的教师了解了新的教学方法和模式后，仍然在使用旧的教学方法。传统课堂的教学方法是不利于学生自主学习能力的培养的，也不利于学生综合素质的提高。

1. 提高对新型教学观念的认识

翻转课堂学习过程中的变化，说明了对学生进行思维教育的重要性，这在传统的课堂中是很难实现的。然而，很多教师不知道发生了什么变化，并不会领悟新型教学观念要树立以学生为主体的思想，教师要改变自己的位置，学生要积极发言，发挥独立性和自主性。作为一名教师，要始终坚持学习，乐于接受新事物，新旧结合，优化改革。

2. 注重论证环节的设计

为了有效地提高学生的论证水平，一个健全的环节设计是必不可少的。在自主学习的准备过程中，学生可以访问相关网站以获取信息，缩短检索时间。论证能力需要长期观察

和培训才能实现重大变化。教师在进行论证环节的设计时，应该设计新颖、有趣并且学生不陌生的主题，只有这样学生才可以用自己所了解的知识进行论证。这激发了学生的积极性，促进了学生的能力提升。当学生论证遇到困难时，教师应该进行引导，并且针对化学学科的特点，帮助学生建立符合化学学科的论证思维。

（三）合理开展分组实验，精准分配论证任务

高中化学的教学离不开实验的支持，教师在进行实验教学时，要对仪器进行准备。教师要对课堂中的小组提前布局，提前下发实验任务。

1. 确定小组规模及成员

小组规模及成员的确定应该有助于实验中的讨论。高中化学实验课中，人数应该控制在4~6人，学生可以积极地讨论，取得最好的成绩。小组成员人数确定以后，就要确定小组具体成员，要充分考虑每个学生的特点，最后分组时应该按照"组间同质、组内异质"的原则，就近就座。

2. 明确论证小组成员的任务

小组进行论证的过程、论证中存在的困难以及论证结果等，都需要小组进行整理。所以一旦小组成立了，就必须选出该小组的组长和确定每个成员的任务。组长在使小组工作系统化方面起着重要作用。在提出论点之前，小组成员必须明确他们的角色，例如记录现象的人、提出论点的人和记录论点的人。同时，为了让每一位参与者都能独立完成每一个论证过程，就要时不时地变换角色。

（四）创设富于驱动性的教学情景，形成明确有价值的问题

成功学习的第一步是提高学生对演示过程的理解和参与。为了吸引学生参与，有必要为教育刺激计划提供支持，并让学生参与示范任务。良好的教学情境鼓励学生通过学习和训练来解决问题，识别重要问题能促进学生积极地思考，鼓励学生进一步学习和研究，确定研究课题的方向和目标。教师在进行翻转课堂教学设计时，要尊重学生的个人经验和能力，充分联系实际问题，确保所考虑问题的独特性、复杂性和实用性。因此，形成有价值的问题要考虑任务的现实意义，还要考虑问题的广度和深度，明确任务。

（五）注重小组合作实验探究，提高学生论证能力

翻转课堂的教学过程中，经常展开小组讨论，这样每一个学生都可以在小组中积极发言，在自己的群体中进行有效的学习和讨论。学生在小组学习时，会针对预习的困难展开讨论和论证。实验过程是研究和探索的过程，也是不断寻找事实的过程。实验中要记录并收集必要的数据以证实论点。论证是实验过程中的一个重要环节。论证时，教师要起到主导作用，指导学生讨论及自我分析，最后取得学习成果。

在举证过程中，学生表述预习过程中的收获及问题，其他人则发表自己的看法，互相

进行论证，这一过程有利于提高学生的合作能力及沟通能力，提高学生证明问题的能力。

（六）运用多重表征思维方式，促进化学本质理解

化学课程中，实验中的对象物质会发生变化，这些物质发生化学变化时，宏观层面和微观层面的表现方式不尽相同（例如实验现象与微观成分有关），化学变化代表了一些变化规律，实验可以证实一些本质问题。经过实验总结数据，根据数据总结规律，并可作为论证的依据，充分转化实践和理论。高中化学学习时，学生要提高自己的总结能力，归纳其中的规律，对学习对象形成更清晰、更准确的概念。如果我们单从一个角度来讲授化学规律，学生会产生一定的抵触情绪，并且很难真的掌握知识，但是表征性的举例就形象多了，能让学生更容易和更深入地获得对化学本质的认识和理解。

（七）提供高质量的论证材料，保证高效课堂论证

高水平的课堂论证离不开丰富的材料和具体的课前知识。只有有充分的证据和有力的支持，才能得出全面而无争议的论断。视频特效的制作是课堂上呈现信息的方式之一，影响着学生灵活、准确地运用证据信息。教师在编写教材时，应该首先确定自己的教学基本内容，其次还要分析学生的学习能力及水平，利用新技术和新方法，进行方案设计。微视频要提高学生学习的积极性，让学生发现信息，更好地利用信息解决问题。讨论材料的多样性和完整性在很大程度上决定了学生对背景知识的理解，影响着研究的质量。教师应考虑学生生活经验的不足，在教学过程中使用简洁的语言丰富学生的知识，加深学生对学科的理解，使学生能更全面有效地学习。

# 第六章 高中化学实施"自主"创新教学

## 第一节 高中化学"自主"创新教学的内容

### 一、高中化学"自主"创新教学的含义

"自主"创新教学是以激励学生主动参与、主动实践、主动思考、主动探索、主动创新为基本特征,培养学生创新精神及创新能力为价值取向,全面提高学生整体素质为目的的一种新型的教学方式。它不以知识的直接掌握和知识点训练为重点,而以开发智力、培养能力为重点,强调方法指导、非智力因素的优化,其目的是让学生学会学习,学会创新。

(一)"自主"是个性发展的本质

在高中化学教学中的"自主"是指教师借助实验和情境,去调动学生这一学习主体的主动性、积极性,变学生被动学习为主动学习,注重启发学生的思维,鼓励他们自己发现问题,提出假设,并亲自实践。

(二)创新是一种活动,创新也是一种能力

高中化学创新教学是指教师在高中化学教学中运用适当的教学策略,向学生传授知识、培养技能的同时,借助化学实验,化学与工农业生产、生活的联系,化学学科中的科学思维方法等激发学生的创新意识,发展学生的想象力,训练学生的创新思维,培养学生的实验能力,即着眼于学生创新能力发展的教学活动。它的最终目的是培养出高素质的创新型人才。

(三)学生自学与教师指导结合

它要求最大限度地给予学生"自主"学习的机会,促进学生"自主"学习,发展学生独立获取知识的能力和创新能力。

### 二、高中化学"自主"创新教学的特征

(一)主体性

学生的学习过程是学习主体对学习客体主动探索、不断创新,从而发现客体新质,不断改进已有认识和经验,建构自己的认知结构的过程。高中化学"自主"创新教学要求注

重发挥学生的主体地位，通过学生亲身的活动和实践，变被动、消极地学为主动、积极且富于创新地学，使学习成为学生主体的自主活动。在活动中，教师只是学生的帮助者、指导者和合作者。学生的主体性主要体现在以下方面：①学生对化学学习目标的自我设计、学习方法的自我选择、学习时间的自我安排、学习过程的自我监控、学习效果的自我反馈等。②学生在化学学习活动中是积极的探索者。③学生是化学学习实践活动的主体。

### （二）实践性

人是通过实践来完善自己的。学生的主体活动是学生认知、情感、行为发展的基础。化学是一门以实验为基础的学科，其实践性很强，因此，教师要尽一切可能为学生创造各种实践的机会。①在教学内容上，多结合生产、生活实际进行教学；注重化学实验教学，在创设问题情境、提出问题、探索问题时应该把化学实验作为重要的途径和手段；充分发挥学生的能动性，尽量让学生亲自动手做实验，变教师的演示实验为学生的随堂实验，增加探索性实验。②在教学方法上，体现以学生自学和实验探究为主的活动，放手让学生观察、思考、想象、质疑、动口、动脑、动手，引导学生主要依靠自己的学习活动来解决问题。③在学习过程中，调节师生关系及其相互作用，形成和谐的师生互动、生生互动、学习个体与学习媒体的互动，强化人与环境交互影响，从而达到提高学生学习兴趣、激发创新潜能的目的。

### （三）情境性

由于高中化学课堂教学的限制，高中学生学习能力的限制，学生自主探究化学问题、体验结论或答案产生的过程，需要有适宜的环境，这就决定了教师必须在课堂上创设化学知识产生和使用的具体问题情境，帮助学生产生疑问、探索化学问题。教师要创设多样化的活动情境，如讨论、小组学习等，让学生始终处于独立探索、主动积极地构建自己的认知结构、发展创新思维能力的状态中，在活动中，给予学生独立活动的空间，不把学生的思维局限在教案框架里。

### （四）整体性

高中化学"自主"创新教学以素质教育为目标，面向全体学生，让学生生动活泼、主动地发展。教师要注意整体性和差异性的辩证关系。①树立正确的学生观、人才观和质量观，对学生一视同仁，以发展变化的目光看待学生，寻找每位学生的闪光点，帮助他们取长补短。②注意学生的个性差异，让每个学生在原有的基础上都得到发展，既让优秀学生有发展的空间，也给后进生提供进步的台阶。③保证学生都有广泛、平等的参与课堂演练、课外活动和社会实践的机会，避免只让少数学生动手做实验。

### （五）开放性

高中化学"自主"创新教学的主体性和实践性，使教学过程成为认识和实践相统一的过程，教学活动成为师生共同探求新知、共享认识成果的一种动态发展过程。这种动态性使得教学过程具有开放性。开放性主要体现在：①学生获取知识的渠道和方法是多种多样的。②学生发现问题、解决问题的方式方法也是多种多样的，呈开放态势。③学生由于个人兴趣、经验和学习活动的目的不同，其学习过程也呈开放性。④学生在交流评价时，标准应是多元的、开放的。

### 三、高中化学"自主"创新教学中教师的角色

传统化学教学中，教师处于中心地位，是向学生传授知识的权威者。基于在建构主义学习环境下的高中化学"自主"创新教学，学生是化学学习的主体，教师是学生知识意义建构的协作者、组织者、指导者和促进者。

（一）过程的协作者

在学生"自主"学习化学活动中，教师应参与全过程。如指出学生讨论中的矛盾所在，帮助学生流畅地表达，协助学生疏通思想、理清思路，帮助学生寻找、搜集和利用化学学习资源等。

（二）活动的组织者

教师应创设问题情境以激发学生学习化学的兴趣，创设有利于讨论的课堂氛围，组织学生进行集体研讨，选择讨论的适当"火候"和适当问题，了解活动的实际进展，观察活动中学生的表现，捕捉活动中的有关信息，发现活动中有价值的教学因素。

（三）活动的指导者

在整个"自主"学习活动中，教师不仅为学生提供查找化学信息的途径，指导学生获取信息，帮助学生解决学习中遇到的问题，而且通过组织小组讨论、意见交流等活动，教会学生善于表达自己和聆听别人的意见，学会接纳别人、赞赏别人，促进学生之间的沟通互动。

（四）知识意义建构的促进者

教师要揭示新旧知识之间联系的线索，引导学生对化学知识进行抽象地概括，促进学生把当前所学的化学知识和已有的经验联系起来并进行反思，促进知识的意义构建。教师要帮助学生明确自己学习什么，获得什么，帮助学生对学习行为和结果进行自我评价，并促使评价内在化。

## 第二节 高中化学"自主"创新教学的实施方法

高中化学"自主"创新教学作为一种新的教学理念、一种新的教学价值的追求，不是另开炉灶，而是对传统化学教学扬弃、突破、创新的产物。它是针对目前高中化学教学过程中存在的妨碍创新能力培养的问题和不足进行革新、优化。学生学习能力、创新能力的

形成要经历从"他主"到"自主"的过程。创新能力的形成离不开教师指导这一外在条件。因此，高中化学实施"自主"创新教学，从宏观上要确立科学的教学方法和教学策略，以突显学生自主学习过程；从微观上要重视激发学生的学习动机，加强学习策略的指导，确立合理的评价方法，以促进学生自主学习，进而培养学生的创新能力。

## 一、科学的教学方式是高中化学"自主"创新教学的核心

教学实践证明，教学方式对于教学的成败、教学质量的高低、学生创新能力的培养有非常重要的作用。现代教学论指出，学生学习任何知识的最佳途径都是由自己去探索发现，这种发现会使理解更深刻，学生更容易掌握其中的内在联系和规律。高中化学"自主"创新教学要求最大限度地给予学生"自主"学习的机会，促进学生"自主"学习，发展学生独立获取知识的能力和创新能力。因此，在高中化学教学过程中，结合具体的教学内容教师要灵活运用引导发现法、讨论式教学法等，真正体现以学为本、因学导教的思想。

（一）引导发现法

引导发现法是指在教学过程中，教师向学生指明教学目标、范围，在教师的指导下学生独立探索、获取知识、发展能力以达到教学目标的方法。引导发现法有利于发挥学生的学习潜力，有利于培养学生的内在学习动机和自学能力，有利于培养学生的创新能力。缺少教师的指导，学生的发现就会陷入盲目状态，因此，在学生发现过程中教师要给予具体的指导。其教学基本程序是：提出问题——实验——观察与思考——讨论——解释与结论——交流讨论——练习巩固——迁移发展。高中化学教学内容中，有许多知识都可以采用这种方法。如高中教材中的葡萄糖的性质等。

（二）讨论式教学法

讨论式教学法是在教师的指导下，有计划、有准备地组织学生运用已有知识结合教学材料，通过思考、探讨、交流来解决问题的一种教学方法，是针对传统教学信息通道缺乏，只注意师生之间的信息交流，而忽略了学生之间的交流状态提出的。通过师生共同讨论，能够充分调动学生的参与性，体现学生的主体地位，能够有效培养学生思维的深刻性、批判性，激发学生的创新思维，提高学生的综合素质。

## 二、科学的教学策略是高中化学"自主"创新教学的根本保证

（一）创设智力上具有挑战性的问题情境

思维总是在一定问题情境中产生，思维过程就是不断发现问题并解决问题的过程。只有问题具有新颖性和挑战性，才能有效地引起学生的兴趣和求知欲，激励学生的思维，才能引发真正意义上的学生学习活动。因此，课堂教学中要创设具有挑战性的问题情境，以

问题为主线组织和调控课堂教学，通过问题启发学生积极的思维活动。

　　1．创设问题情境的原则

　　一般说，那些能建立广泛联系、迁移性强、活化率高的知识点，那些在知识的发现和发展过程中体现出来的科学思想、方法、学习策略和分析解决问题的思路，以及那些在生产、生活实际中具有广泛应用的知识，对学生能力的发展具有更高的价值，在教学中可针对这些内容设计高质量的问题。创设问题情境的原则有：①有一定的真实性和现实意义。②激发学生主动探索的欲望。③遵循"力所能及"的原则，让每个学生积极参与活动，让禀性、天赋不同的学生都有获得成功的机会。

　　2．问题情境的类型

　　①出乎意料型问题情境，如教师在讲解氯化氢气体的溶解性时，提出在现有条件下，能否让水从低处往高处流？学生一致回答：不能。随即演示"喷泉实验"，结果水从低处往高处流，这时学生纷纷探其究竟，学生兴致高涨。②开放型问题情境，如在学完电解质溶液后，提问：你可用哪些方法来证明$CH_3COOH$是弱电解质？不同层次的学生均可设计出不同层次不同种数的实验验证方法。对于学生的回答及时做出肯定性、赞赏性评价，增强学生的成功感，使每个学生都获得成功的喜悦。③生活型问题情境，如"金属的腐蚀和防护"的教学可以从厨房的菜刀开始讲起。菜刀哪些情况下容易生锈（沾水、切咸菜等）？家里怎样预防它生锈（擦干、抹一层油、制成合金等）？学生自然地得出铁生锈的条件及预防措施，由此推出金属腐蚀的原因和防腐的方法，学生的学习变得更加轻松。④矛盾对立型问题情境，如学习碱金属钠的化学性质时，一开始问学生：钠能否置换出硫酸铜溶液中的铜？学生回答：能（因为他们知道钠比铜活泼）。演示一小块钠放入硫酸铜溶液中，结果没有铜析出。学生随即产生强烈的反应，为什么？钠的化学性质到底是怎样的？他们的思维也就自然地进入兴奋状态。

　　（二）创设民主、自由、和谐的学习氛围

　　高中化学"自主"创新教学的开展需要营造一个民主、自由、和谐的环境，形成和谐、愉快、民主的氛围。只有在民主、自由的环境中，才能保持教师与学生人格平等、在真理面前平等，师生相互尊重、相互探讨，才能使学生对教师既尊敬又无顾虑，心理轻松、自在、愉悦，各抒己见而不担心被"打棍子""戴帽子"，敢于进行非逻辑性的"异想天开"，求异性的"见异思迁"，发散性的"举一反三"。

　　1．创设民主的氛围

　　在化学课堂教学中，教师是引导者，而不是主宰者。教师应让课堂洋溢着宽松和谐、探索进取的气氛，重视每一个学生的观点和问题，鼓励他们独立思考，并及时对好的方面予以肯定和表扬，对出错者予以耐心指导和鼓励。在这样的环境中学生得到了重视，这增强了学生的自信心。

## 2. 创设自由的氛围

在化学课堂教学中要给学生以较多的自由。教师不但允许他们发问,而且鼓励他们发问,帮助他们克服害怕提问的心理。对于学生在探究时那种"违反常规"的提问,在争辩中那些与众不同的见解,考虑问题时"标新立异"的构思以及别出心裁的想法,只要有一点点新意,对其合理的、有价值的一面,教师都应给予充分肯定,并引导学生进一步思考,扩大思维中的闪光点,激发学生去钻研教材,养成主动思维的习惯。

## 3. 创设合作的氛围

教学是师生双边活动,教师是学习活动的指导者,学生是学习活动的主体。教师与学生之间、学生与学生之间建立积极的平等协作关系,教师与学生一起进入问题情境。如,教师充当节目主持人的角色,学生作为超市中的顾客,教师应鼓励学生提出各种可能的假设,及时引导学生分析比较,从中寻找规律。

### (三)重视情感教育

情感是学生学习态度的体验,是沟通教与学的纽带。学生具有热烈的情感,才会精神振奋、思维活跃,才会主动地掌握知识、探索问题。高中化学"自主"创新教学注重对学生的情感教育,促使学生主动活泼地学习。

## 1. 以境育情

情感总是在一定的情境中产生。化学教学中创设相应的情境,让学生身临其境、如临其境,有直观的形象可以把握、浓郁的氛围可以感受、愉快的活动可以参与,触景生情引发学生积极的情感,促使学生主动活泼地学习。例如:一铝制的盛饮料的易拉罐内充满$CO_2$气体,如果往罐内注入适量NaOH溶液后,立即用胶布将罐口密封,一段时间后你会发现易拉罐首先"内凹变瘪",接着"瘪了的罐重新又鼓起来"。为什么?对于前面的现象一般很容易解释,这是因为学生很容易从固有的思维定式出发,即物质发生变化时,从加入的物质来考虑,只分析NaOH与$CO_2$的反应,就能得出易拉罐出现"内凹变瘪"的现象。为什么会出现后面的现象呢?这一奇妙的现象会激起学生的好奇心,并促使他们去思考、探究、学习铝的性质。

## 2. 以知育情

情感与认识相互制约、相互促进。一方面,认识是情感产生和发展的理性基础,认识越深刻,情感就越深刻;另一方面,情感又反作用于认识。个体的情感对认识活动有推动、强化等功能。高中化学"自主"创新教学注重提高学生的认识水平,端正和加强其情感的倾向性、深刻性、稳定性,以理智支配情感。其次,针对学生苦学、厌学现象,要发挥情感的推动功能,使"苦学""厌学"转化为"乐学""好学"。例如在高中化学"氧化还原反应"这一难点教学中,可采用对比、联想、浓缩、提炼等方法,使其中涉及的氧化与还原、氧化剂与还原剂、化合价升高与降低、电子得与失等诸多概念,清晰明了地被学生所理解和接受。学生感受到的不是这部分知识的杂乱、难记，而是有序、有理、有趣，特别是可以让学生从对比中领悟到对立统一和物质不灭等闪耀人类智慧之光的辩证唯物主义思想。

3. 以理育情

教师要挖掘化学教材中爱国主义教育的教学内容，引导学生把自己的命运同祖国的命运联系起来，把爱国主义情感变成刻苦学习、认真学习的实际行动。如介绍四大发明和结晶牛胰岛素合成等，激发学生奋发向上的爱国情感。介绍一些勤奋成才的化学家的故事，如居里夫人对放射性元素的研究，用他们刻苦钻研的精神去鼓舞学生，让学生追踪科学家的思维轨迹，去感受发明创造的快乐，学习科学家的实事求是、大胆创新、不断追求新知的精神，激励学生的创新意识和创新精神。

4. 以情育情

情感具有泛化扩散的规律。在化学教学过程中，教师要情感充沛，语言生动形象，将爱心、微笑、激励、竞争带进课堂，把信任的目光投向每一个学生，把温暖的语言送进每个学生的心田，让和蔼的微笑覆盖全体学生，激励学生乐于学习。

（四）加强科学方法训练

学生智力的发展离不开知识和经验，科学文化知识既是人类经验长期积累和整理的成果，又是人类智力和智慧的结晶。它本身蕴藏着丰富的科学方法，一方面科学方法是获得知识的手段，学生掌握了科学方法就能更快地获得科学知识，更透彻地理解科学规律，了解它们产生、发展的本质原因，理解科学的过程；另一方面科学方法作为思维和行为方式蕴含着极大的智力价值，学生一旦将科学方法内化为自己的思维和行为方式，学生智力水平会大大提高。化学教学过程中，教师应结合化学知识的传授，有意识、有计划地对学生进行自然科学方法的训练，教会学生初步掌握科学观察的方法、实验的方法、科学抽象的方法、类比的方法、归纳演绎的方法、分析综合的方法、假设论证的方法等。

例如，学习元素化合物的知识时，教师通过典型元素化合物性质及其变化的学习，简介同类元素及其化合物的性质及其变化，引导学生类比的方法。设计某种化学实验，在特定的条件下干预某一化学变化的进行，以便了解、研究变化的条件、现象和规律。可利用下面两道题训练学生实验设计的方法。①硬脂酸不溶于水，如何证明它具有酸性？②两瓶 $pH=2$ 的酸溶液，一瓶是强酸，一瓶是弱酸，只有石蕊、酚酞、PH试纸和蒸馏水，如何用最简便的方法区别他们？

（五）改变单一班级授课的教学组织形式

传统的班级授课以统一为特征，对批量培养相同规格的人才具有独特的优势。要培养自主、多样、探究为特征的创新人才，必须改变单一班级授课的教学组织形式，辅之以其他教学组织形式。

## 1. 将班级授课与小组讨论有机结合

高中化学"自主"创新教学要求采用小组讨论与教师讲解、学生自学等互相配合的形式进行教学。小组讨论不仅能够有效地激发每一个学生的学习兴趣,而且便于学生人人参与,相互激励,多角度、多层次地辨析疑点,使学生超越自己的认识,看到那些与自己不同的理解、看到事物的另外的一面,从而形成更加丰富的理解,利于学习的广泛迁移。

围绕高中化学教学目标,精心设计讨论题。讨论题要有思考性、争议性,容易产生不同的理解或者不容易做出全面、完整的回答;难度要适中,符合学生的实际,太简单或者太复杂都不能使学生产生浓厚兴趣。讨论题配合教材的阅读、理解来拟定,让学生充分准备,最好课前布置,在学生有一定理解的基础上进行讨论,以保证学生的参与积极性。讨论小组可以按成绩、兴趣、能力的大小搭配,一般以四人为宜。讨论过程中,要注意以下几点:①创设宽松和谐的气氛,让学生"肯问"。②指点发问途径,让学生"会问"。③多与学生交流、沟通,鼓励学生"多问"。要放手让学生自主探索和研讨,使学生切实处在自主学习和积极交往的状态之中,让学生大胆地发表意见,引导学生围绕主题深入思考,养成良好的讨论习惯。例如,在演示铁和硫反应生成硫化亚铁时,由于硫的用量不足,反应后生成的硫化亚铁中含有少量未起反应的铁,使块状硫化亚铁仍能被磁铁吸引。这时教师向学生说明原因后,因势利导,向学生提出问题:如果不用磁铁,能否用化学方法来检验生成的硫化亚铁中有没有未参加反应的铁的存在?引导学生讨论。

## 2. 将班级统一授课与个别学习有机结合

根据学生的认知特点、化学学习水平层次性和梯度性,将班级授课与个别学习有机结合,因材施教、分层教学。让每个学生都能积极参与课堂教学活动,让每一个学生都学有所得。

首先统一授课,然后按需分层辅导。统一授课要讲授课本的知识点,完成最基本的教学目标。如化学的基本概念、元素化合物的基本知识等。统一授课时也应对学生因材施教。比如在提问学生问题的时候,提问问题既要照顾全体学生,又要具有一定的针对性,那些直观性比较强的问题,如实验现象多让差生回答,需要进行一定推理、分析的问题多让中等生回答,而重点难点问题应发挥尖子生的优势。在完成了基本教学目标之后,班级就会出现"待优生吃不了,优生吃不饱"的现象,这时教师通过分组讨论、分层作业、个别辅导等方法进行分层教学,帮助差生"消化",同时给优生补充知识。①对待优秀学生必须严格要求,在化学基础知识、基本技能过关的前提下,注重培养他们的自学能力。重点训练基础知识和基本技能的灵活运用;训练时注重问题深度、广度、难度的合理搭配,让他们通过训练,拓宽思路、激活思维,形成方法与技巧,巩固"双基",提高能力。②对待学习困难的学生,应热情地给予帮助和关心,鼓励他们坚持不懈地学习,经常和他们一起认真分析导致化学学习困难的根本原因,寻找对策。在课堂教学中,精心设计一些属于基础性、直观性、实用性、趣味性的问题，让他们保持学习的激情与欲望；布置一些属于基本要求和重在知识过关的基础训练的内容，保证他们通过自身努力能基本完成。③对于学习处于中等水平的学生，他们大多是想学好而又自信心不足，可塑性极强。在化学教学中，引导他们树立自信，战胜自我；激励他们积极参与问题讨论，发表自己见解；帮助他们认识自我，找准位置，指出问题，设定目标，提出要求与希望，养成良好习惯，尽可能为这部分学生提供更多的实践和训练机会，在训练中，要求他们注重基础、锻炼能力。

## 三、激发学习动机是高中化学实施"自主"创新教学的前提

兴趣作为一种非智力的心理因素，对人的智力活动和其他实践活动有着积极的动力、导向功能。兴趣能促进学生去思考、去探索、去创新，它是发展思维、激发学生主动学习的催化剂，是调动学生学习自觉性的一种内在动力。科学史的大量事实也充分说明，强烈的创新意识来源于永不满足的好奇心和对科学的酷爱。高中化学"自主"创新教学重视激发学生学习兴趣，促进学生"自主"学习。

（一）创设"问题情景"组织课堂教学

学起于思，思源于疑。设疑是根据学生的认识规律，激发学生兴趣，促进学生积极思维的有效手段。在传授知识时，恰到好处地把活泼生动的问题提给学生，作为教的出发点，使学生进入积极思维的状态，学生既能集中听课注意力，又能产生求知的欲望。例如，盐类的水解教学，通过复习提问，引导学生复习酸性溶液、碱性溶液、中性溶液的酸碱性、pH 酸碱度、溶液中 $[H^+]$ 与 $[OH^-]$ 的大小关系，然后让学生判断 $CH_3COONa$、$NH_4Cl$、$NaCl$ 溶液的酸碱性，在此基础上让学生用 pH 试纸检验上述溶液的酸碱性。实验的结果大出学生的意料之外，他们原有的知识与新问题之间发生了强烈的认知冲突，引发了认知结构上的不平衡，这一反常的现象会激起学生的好奇心，并促使他们去思考、探究、学习盐类的水解，进而迸发出创新的意识和愿望。

（二）联系生产、生活中的化学知识进行教学

联系身边的化学现象，联系化学知识在生产和生活中的运用，用化学知识和技能说明和解决社会生活问题，使学生关心与化学知识有关的生活问题。让学生了解化学与人类生活的密切关系，了解我们的衣食住行都和化学有着千丝万缕的联系。如洗衣粉的去污原理、自来水的有害成分、家庭中的空气污染等。在讲"氢"元素时，介绍它在自然界中分布很广，燃烧热效率高，这进而展望氢气是未来的理想能源。联系生产、生活中的化学知识进行教学，学以致用，这不仅能增强学生对化学的感性认识，激发求知、创新欲望，而且会增强他们献身科学的高尚情操和为解决现实问题而刻苦学习的顽强毅力，同时还有助于学生使命感和责任心的形成。

（三）培养学生的自我效能感

自我效能感是人对自己能够实施某一行为的自信度和能力感，它影响人对行为的选

择，对困难的态度，影响行为的努力程度和持续时间，也影响学习行为中的情绪和效率。自我效能感强的人，能正确估计自我能力，选择活动的方式和内容，对问题做出准确判断，及时修正自己的错误，能主动积极参与，学习充满活力。反之，效能感比较弱的人，参与感也随之下降。在化学课堂教学中，教学的速度、节奏，以中等偏下水平学生为标准，让大多数学生学有所得。提问时，对于综合性较强、较灵活的问题，让学习成绩比较好的同学来回答；对于一般性的问题，让学习成绩中等的同学来回答；对于比较简单的问题，让暂时学习有一定困难的同学来回答。这样所回答的问题难度与他们的实际水平相符，回答问题的正确率就较高，他们获得成功的机会就多一些，提高了他们的自我效能感。评价学生，对学习成功者着重"能力"肯定；对失败者则归于"努力不足""差别较小"等理由，使其既感内疚又跃跃欲试，不断进取。

## 四、加强认知策略指导是高中化学实施"自主"创新教学的关键

古人云：授人以鱼，只供一饭之需，授人以渔，则终身受益。教师不能仅仅满足于"授人以鱼"，而应"授人以渔"。即在化学教学中，教师不仅要向学生传授知识，更要在学习策略上给予指导，把打开知识更新宝库的钥匙交给学生。

（一）引导学生独立获取信息

新知识的获得离不开自学阅读。阅读是学生鉴别信息、获取信息、提取信息的重要手段。不会阅读，就不善于思考，就不能顺利地获取知识、提高能力。指导学生阅读要做到：阅读前，让他们明确阅读的目的要求；阅读的过程中，要了解学生的阅读情况，帮助学生扫除障碍，引导学生进行分析和比较，发现问题，提出问题，通过联想、类比、迁移使问题简单化；阅读后，通过提问检查学生的阅读效果。对某些化学概念，阅读后，要求学生用自己的语言表述，如果学生能用自己的语言去表述，则他们的理解必然会深刻，并且能灵活地运用，因为这是经过了学生本人思维加工的结果。例如，化学概念的阅读，概念提出之前的叙述部分，引导学生利用旧知识，认识新问题。化学概念中的关键字和词，让学生明白概念有它自己的严密性和准确性，不得任意删改，只能深入地理解。通过类比、联想、实验等方法明确其中的化学含义，加深对化学概念的认识；通过比较，明确概念之间的区别和联系；通过类比，加深对化学概念的认识。例如，对四个带"同"字的概念即同位素、同素异形体、同系物、同分异构体进行比较，区分它们的异同点。

（二）引导学生质疑、创新

学生"自主"活动是因"质疑"而产生，为"质疑"而进行，有疑则活，有质则动；有疑不质，则活而不动。质疑有利于提高学生的学习质量和学习效率，发展他们的思维能力，更有利于让学生学会如何学习，如何思考。因为，错误的产生往往在于混淆了相似的概念，或逻辑推理不够严密或不适当地扩大了概念、规律的适用范围。发现别人的错误的

过程，也是自己运用积累的知识和经验对别人的表述和操作仔细分析和判断的过程。

### 1. 新授课，培养学生的问题意识

学生的问题意识可以驱使学生积极思维，不断提出问题、解决问题。培养学生的问题意识，首先要教给学生提出问题的方法。①化学概念和原理的教学，要从关键字提出问题，如催化剂的教学这一概念的提出是通过实验证明它能使反应速率加快，而概念中却以"改变"代替，从这一疑点引导学生提出问题。②元素化合物的教学，提出问题的一般途径有：透过现象，分析原因，例如氯气能使湿润的有色布条褪色，却不能使干燥的有色布条褪色。通过对比，分析异同，例如氯气和二氧化硫都能使有色布条褪色，其原理是否相同。通过归类，寻找规律，例如卤化氢的水溶液大部分显强酸性而氟化氢的水溶液显弱酸性。改变命题方向，例如酸与碱作用生成盐和水，生成盐和水的反应一定是酸与碱。从生活中提出问题，例如白色污染。其次，创设适当的问题情境，从不同侧面、不同角度设问。紧紧围绕教学内容，抓住那些牵一发而动全身的关键点、疑难点设问；对较难或综合性问题，按认知层次分化知识点，由易到难步步深入地追问；对学生错误或不全面答案进行反问，不断加大问题的思考力度等。例如，学了甲烷的实验室制法的反应原理后，接着提出丙酸钠与碱石灰反应生成什么物质，苯甲酸钠与碱石灰反应生成什么物质，层层递进，让学生真正理解这一反应原理。

### 2. 课堂练习中，引导学生质疑

现以提高学生书写氧化还原反应化学方程式的技能为例来说明。课前教师准备好供学生练习用的3~4组练习题，内容包括学生容易出差错的那些反应类型（易写错产物或难于配平的），逐渐加大难度。每组题目有2~4题即可。上课时，先写出第1组的题目，要求全班同学写出化学方程式并配平。多数学生写完后，将巡视中发现的有代表性错误的答案抄在黑板上，组织学生对照自己的答案，找出黑板上答案中可能有的错误，并对错误的地方展开讨论。要求学生指出为什么产生了错误，直至弄清正确的解题过程及答案。然后教师写出第2组题目，再组织学生练习、讨论和改正。再做第3组练习。教学实践证明，经过每一次练习和讨论后，产生错误的人数明显比上一次减少。通过这样3~4次有组织的练习后，解题的关键和规律就在绝大多数学生的头脑中形成了深刻印象，他们能较好地掌握书写氧化还原反应化学方程式的技能。

### 3. 阅读化学教材时，要求学生表述教材

学生阅读化学教材时，要求他们逐字逐句彻底理解其含义，对某些概念定理彻底理解后，指定学生用自己的语言表述。鼓励学生主动质疑，鼓励他们从不同的角度去思考，发现问题，提出问题。如发现其中有不严密、不准确之处，引导他们提出修改或补充意见。

### （三）引导学生合理构建认知结构

认知结构的构建是学生学习能力的基础。所谓认知结构，简单地讲就是一个人在某一

知识领域的全部观念和组织。从它的内容看，是学习者头脑中的知识经验；从它的组织来看，是知识经验的层次性，或低或高或浅或深，是相互交叉、联结的。认知结构的构建是一个非常复杂的心智活动，它受知识的类型、知识的表征和知识的组织三方面因素的影响。研究表明，学生的认知结构并不等同于教材中的"知识结构"，也不等同于教师"讲授的逻辑体系"，而是学生的知识经验与智力活动相融合的结果。也就是说学生的认知结构是由学科的知识结构通过主体积极的思维内化而逐渐形成的。因此，高中化学"自主"创新教学要求引导学生通过相互交流和讨论，对化学知识之间的内在联系深刻地思考，挖掘化学知识间的内在联系并及时地进行综合整理，将所学的知识以图表、图示的方式，进行归类、整理、概括，把化学知识理成线、结成网，以不断提高学生头脑中化学知识的系统性和概括性水平，使学生构建一个有序而开放的、灵活的认知结构，促使学生学习能力的形成和发展。例如，在学习了硫化氢之后，可把实验室制备氢气、二氧化碳和硫化氢的装置进行比较，归纳其异同，根据反应物的状态、生成物的水溶性等归纳出块状固体和液体反应制气体的制备装置、收集气体的方法等。

### （四）促进学生元认知的发展

元认知是对认知的认知，其实质是人对认知活动的自我意识和自我控制。元认知水平不但决定着学生的学习能力，而且决定着学生的学习自主性，决定着学习效果。反思是思维与行动之间的一种强有力的联系，反思能够提供有关结果的信息和所选择策略的效果。引导学生不断地对学习活动进行自我反思，是提高学生元认知水平，强化学生反省认知意识的有效措施。化学教学中应引导学生主动分析化学学习过程中思维的积极性、学习的努力程度、学习的节奏等，结合新知识的学习或解决化学问题的过程，指导学生对自己的学习过程进行回顾，使学生思考自己是如何一步一步获得结论的，采取了哪些有效的策略和方法，碰到了哪些问题和困难，通过什么方式克服了困难，是否还有更好的途径等。通过自我反思，使学生不断产生反省认知体验，优化自己的认知策略，提高自己"自主"学习的能力。

## 五、创新是"自主"创新教学追求的目标

教育的主要目的是培养能够创新的人，而不是简单地重复前人已做过的事。课堂教学必须在加强基础理论和基础知识教育的同时，着力培养学生的创新意识和创新能力。创新是高中化学"自主"创新教学追求的目标，学生创新能力的提高会进一步激发学习的热情，促进学生自主学习。

### （一）想象是创新的翅膀

想象力概括着世界的一切，推动着世界的进步，并且是知识进化的源泉。高中化学教学内容中的分子的空间构型、晶体内质点的排列、原子的重新重合、实验装置、流程等都

离不开想象。在化学教学中通过巧妙设立问题情境,激发学生的想象力,发展和丰富学生的记忆表象,并使之趋于鲜明、完整和稳定,使想象与逻辑思维结合,在想象中进行比较分析,能帮助学生准确地认知化学,得出符合逻辑的结论,有效地提高创新能力。

1. 有意让学生联想

化学教学内容中的元素化合物知识、基本理论知识都有丰富的让学生进行联想的素材。可采取如下途径引导学生联想:①相似联想,当讲到 $CH_4$ 燃烧的火焰颜色时联想到 $H_2$、CO 的火焰颜色是淡蓝色的,学习 $H_2$ 的还原性联想到 CO 的还原性。②对立联想,学习基本概念时,由化合想到分解、由氧化想到还原、由酸想到碱,对立联想。③类比联想,讲到 $CH_4$ 实验室制法时,联想到这一套装置还可以制取 $O_2$ 和 $NH_3$。

2. 发展学生想象力

高中学生的想象力的发展过程有从简单到复杂、从无意到有意、从再造想象到创造想象的特点,培养学生的想象力是一个循序渐进的过程。培养学生的想象力,首先要增加表象储备。不管想象中的形象多么新奇,都是客观现实的反映,表象储备越丰富,越有助于想象力的发展。所以,在化学教学过程中,要充分利用教具、实验及其他现代化教学手段增强教学的直观性,而且要联系生产、生活实际讲活化学知识。如讲到硬水的软化时联想到水壶的水垢;讲到浓硫酸的强腐蚀性时,联想到皮肤沾了浓硫酸时,应该怎么处理。

其次要激励学生想象。如观察课本上干冰的晶体结构时,若仅看看未必能发展学生的想象力,但若问 $CO_2$ 分子与几个 $CO_2$ 分子紧邻,学生必须运用空间想象力。$CH_4$ 空间构型是四面体,苯环是平面正六边形,乙炔是直线形,在教学时引导学生想象到甲苯、苯乙醛的空间构型。在审题解题时若能想到有关的实验过程、步骤、情景,不仅能使学生审题的准确性提高,而且能使学生思路开阔明朗。

最后要鼓励学生猜想、异想天开。如讲到 $N_2$ 的结构和性质时,令学生想象 $N_2$ 不存在或非常活泼,世界会怎么样?例如在讲二氧化碳性质之前提出:"二氧化碳只能占空气总体积的 0.03%,假如将这 0.03% 的二氧化碳从空气中除去,自然界的生命活动还能进行下去吗?"让学生用已掌握的植物有光合作用,动植物有呼吸作用等知识展开想象,然后,把学生的兴奋点及时引向二氧化碳性质的学习上来。

(二) 思维是创新的灵魂

创新思维作为创新能力的核心,是多种思维形式的综合表现,是发散思维、收敛思维、直觉思维、分析思维等的有机结合。传统的化学教学过于注重收敛思维、分析思维等思维能力的培养,而对发散思维、逆向思维、直觉思维等的培养和训练相对缺乏。所以,教学过程中要重视发散思维、逆向思维、直觉思维、辩证思维的训练,提高学生创新思维品质。

1. 训练发散思维

发散思维是创新思维的核心。发散思维具有流畅性、变通性和独创性三个特点,其主要功能是求异和创新。化学教学中，利用已有知识与研究对象结合，巧设思维发散点，引导学生去推理、联想、发问、质疑，使发散思维与收敛思维有机结合，寻找解决问题的最佳途径。例如，在乙醇的教学中，依据乙醇的分子式，要求学生推想分子中氢原子与其他原子的结合方式，再用实验事实检验推想的真实性，确定它的分子结构。而后，根据乙醇在一定条件下能脱氢生成新化合物的事实，推想可能的脱氢方式，并依据生成物的化学特性确定实际的脱氢方式以及乙醇的结构式，进而培养学生的发散思维与收敛思维。

在解题指导中，设计发散型的化学问题，训练学生的发散思维。如一题多解、一题多问、一器多用等培养学生思维的灵活性。①一题多解，引导学生从不同角度思考问题，寻找多种解题途径，着重于知识的本质，分析各种解法，得出最佳解法，并归纳出此类问题的知识本质，能有效地培养学生思维的灵活性。例如，用6种不同方法区别硫化钾、硫酸钾；写出5种物质的分子式，它们的分子中都有10个电子。②一题多问，将一个问题进行变化和改造，深入挖掘问题的内涵和价值，促进学生从不同角度，以不同的方式深入地思考，训练学生思维的深刻性、灵活性和敏捷性。这样不仅使学生举一反三，并在以后的学习过程中遇此类问题能够迎刃而解，而且能够很好地培养学生的综合分析问题的能力。例如，学习氮族元素知识可设计这样一个问题，在标准状况下，用氨气做喷泉实验，若实验结束后水充满整个圆底烧瓶，此时溶质的物质的量是多少？若水没有充满圆底烧瓶，溶质的物质的量又是多少？如果把氨气换成氯化氢气情况又如何？③一器多用，利用化学仪器的多种用途训练学生的发散思维。

2. 训练逆向思维

逆向思维在解题过程中往往给人柳暗花明的感觉。利用逆向思维，从反面入手，洞察各种化学现象与本质的关系，用联系的、发展的观点考虑问题。如：学习原电池后，学生知道活泼的金属做负极，不活泼的做正极。教师提出能否设计出以较活泼的金属做正极，不活泼的金属做负极呢？这道题按着常规的方法初看不可能，但如果采用逆向思维法，我们可以设计如下方案：Mg和Al做电极，浸入NaOH液中，Mg的金属活动性比Al强，但Mg不能与碱液反应，所以Al做负极，Mg做正极，经实验验证，该方案是正确的。通过以下三道习题训练学生正向、逆向、迂回曲折地解决问题的方法。①怎样除去二氧化碳中的一氧化碳？②怎样除去氯化钙中的氯化钠？③怎样除去氧化铝中的氧化铁？在学生练习时，鼓励学生运用不同的思考方式、不同的解答方法解答问题，并对创新性解答给予鼓励，有利于培养学生的创新思维。

3. 训练直觉思维

直觉思维是以对整个问题的内涵感知为基础，具有敏捷性、突发性、直接性等特点。训练直觉时，在教学中，鼓励学生大胆设想、猜测、敢做敢想，甚至"异想天开"，探索不拘常规的方法。如在学生自学某些化学教材内容时，指导其进行"阅读尝试"，即对教材中要讨论的问题不直接去看书上的分析解答,而是运用已学过的知识和方法进行猜测、联想和推证,独立探求结论,并与书本上的方法和思路对照,以扩展思路。化学习题中的图表题、正误判断题、选择题、推断题是训练学生直觉思维的良好题型,解答此类习题,鼓励学生在整体感知的基础上大胆设想、猜测,迅速寻找问题的答案。直觉思维和逻辑思维具有互补性。当一个问题运用已有知识无法解决或只能慢慢解决时,不妨通过直觉思维去探索并辅之以逻辑思维和实践去检验。

4. 训练辩证思维

辩证思维是一种科学的思维方法,具有准确性、严密性。物质的性质、变化有普遍适用的一般规律,也有特殊性;物质的性质、变化决定于内在因素,又受外界条件的影响;量变引起质变。这些辩证规律在教材中无不得到充分体现。教学中要结合典型内容训练学生的辩证思维能力,具体问题具体分析,依据事物的内在特征、外部条件,综合考虑,灵活判断。如盐类的水解,既要讲它的普遍存在,又不能随意夸大,不注意这一点,就易发生主次不分的错误。如有些学生认为醋酸钠加入醋酸溶液中,醋酸钠水解产生的碱中和了醋酸的酸性,甚至混合溶液显碱性。学生思考问题、解答习题时,受某种解题模式的影响,产生思维定式。例如:$AlCl_3$ 溶液中加入 NaOH 溶液与 NaOH 溶液中加入 $AlCl_3$ 溶液的现象是否相同?学生往往按常规思维认为是一样的,但实际存在一个过量问题,产生的现象完全不一样的。

(三) 实验是创新的手段和桥梁

高中化学实验教学分为验证性实验和探索性实验。验证性实验教学有利于训练学生实验操作能力和观察能力,但验证性实验过程中,学生的思维处于低级的运转状态,强化了顺从接受心理,不利于学生创新能力的发展。探索性实验不仅能够形成概念和知识,而且有利于培养学生探索自然的科学方法。探索性实验中,学生的身心处于积极的探索发现之中,能够有效调动学生的积极性和自觉性,使学生的学习过程真正成为探索的过程。

1. 验证性实验教学

在验证性实验教学中,教师指导学生进行规范的实验操作,训练学生的实验操作能力的同时要求学生从实验现象、实验操作等不同视角仔细观察,培养学生的观察能力。教师要引导学生善于发现共同现象和不同现象,把观察和思维紧密地结合起来,从化学现象中发现问题、提出问题、分析问题和解决问题。在观察能力发展的初期,要培养学生观察的目的性、整体性和选择性。这一阶段,实验前需进行以下提示和指导:①让学生明确观察的目的、重点、程序是什么?指导学生从实验装置、实验操作到实验现象进行全面的观察。例如,观察金属钠与 $CuSO_4$ 溶液的反应现象时,应观察到金属钠熔化成光亮的小球,在水面上来回游动,发出"嘶嘶"声,溶液里有浅蓝色絮状沉淀,沉淀附近的溶液蓝色渐渐褪去。再仔细观察会看到蓝色沉淀表面有黑色斑痕。在这基础上学生容易理解钠不能从

CuSO4 溶液中置换出铜。②让学生明确不同实验类型中的观察重点，引导学生分析可能出现的实验现象，从而抓住最主要的观察内容，提高观察的选择性。如气体制备实验的观察重点是"装置""试剂"及"操作"；而元素性质的实验的观察重点是"条件"和"现象"等。在观察能力的发展阶段，指导学生把观察与思考结合起来，在观察过程中进行分析、比较，发现问题，解决问题，对于意料之外的现象给予足够的注意。这一阶段的实验完成后，以问题的形式，引导学生进行思考、讨论，解释现象，发现问题、提出问题、解决问题。例如在银镜反应的实验中，由多组同学同时实验，结果出现以下三种现象：①无银镜；②出现黑色银镜；③出现亮如银的银镜。这些不同的实验结果会激发同学积极思考，同学们认为未出现银镜可能是醛过量或水浴加热时间不充分，产生黑色银镜肯定是 $Ag_2O$，是由于 AgOH 分解产生的，继而寻找产生这些结果的原因。

2. 探索性实验教学

教学中，教师要采用对比式、分析式、归纳式等方式改进实验的设计与教学，加强实验的探索性。随着学生能力的增强，教师一方面要使自主探索实验的比重逐渐增大，另一方面从强化独立性着手进行更深入的探索。

①对比式，用若干实验相互对照，提供对比强烈、直观的感性材料，启发学生分析比较几种反应本质上的区别，以形成明确的概念，清晰地认识变化规律。②分析式，通过一组相关联的实验引导学生分析综合实验结果，抽象概括出结论并掌握化学原理。如为了说明原电池构成的条件与原理可以设计一组实验：A 在盛有稀硫酸的烧杯中插入锌片；B 在盛有稀硫酸的烧杯中平行插入锌片和铜片；C 用导线把锌片和铜片连接起来再平行地插入盛有稀硫酸的烧杯中；D 在上述连接锌片和铜片的导线中连接一只电流计，在此基础上不难归纳出原电池构成的条件与原理。③归纳式，对一组有内在联系的实验提供感性知识，引导学生归纳、概括，得出一般性规律。如用氯水、硝酸、高锰酸钾分别与氯化亚铁溶液作用，并用硫氰化钾证明有三价铁离子生成；用铁、硫化氢溶液、碘化钾，分别和氯化铁溶液作用，用硫氰化钾证明有三价铁离子已被还原。由此归纳出三价铁离子的氧化性，亚铁离子的还原性，以及二者在一定条件下相互转化。探索性实验教学过程中，鼓励学生质疑问难，给学生留有思考的空间，以调动他们积极思维。教学程序是：提出问题——实验——观察——讨论——总结。如，在讲 Fe(OH)$_2$ 的制备和性质时，老师先讲清楚 Fe(OH)$_2$ 的颜色、状态及溶解性，然后演示新制的 $FeSO_4$ 与 NaOH 溶液反应。如果学生未能观察到白色絮状沉淀，看到的是灰绿色沉淀。对这一"反常"现象会立即激起学生的思考，为什么？教师及时引导学生探究原因，为何将滴管伸入液面之下？久制的 NaOH 溶液中溶解了什么物质？当学生悟到氧气作怪时，用一瓶已煮沸过的溶液再操作，结果先得到了白色沉淀，过一会儿就变成了灰绿色，后又变成了红褐色，这一现象又引起了学生的惊奇。教师进一步引导讨论，怎样使 Fe(OH)$_2$ 氧化速度减慢？最后，经过师生

的共同讨论，提出了改进实验的方法。比较各种方法后，学生选用在新制 $FeSO_4$ 溶液液面上，加几滴苯，将滴管滴入液面之下，实验终获成功。通过这样的实验过程，学生更新了知识，激发了勇于探索的精神，加强了创新意识。

### 3. 实验习题教学，引导学生设计实验

学生设计实验时，必须灵活运用与该问题相关的旧知识，对实验原理——条件——仪器——操作——现象——结果做整体性的考虑，并努力预见使用那些仪器、药品，实验进行时，可能产生哪些现象，能说明哪些问题。也就是说在头脑中要将整个实验预演一遍。这促使学生进行分析、综合、推理、联想、想象等多种思维活动。实验前逻辑思维、形象思维、发散思维、收敛思维全要用到，从而有效培养学生的创新思维。其教学程序是：提出问题——学生设计方案——教师审查——课堂讨论——实验探索——自寻结论。上述程序中，提出问题、设计方案、教师审查设计方案等都在课前进行；课内主要是对学生的设计方案进行讨论，评选出最佳方案，然后选择 1~2 个方案进行实验，课后开放实验室，学生自己验证其感兴趣的方案。教师在课前检查学生的设计方案，一方面督促学生完成设计方案，另一方面了解方案的内容，了解学生在运用知识和实验技能等方面存在的问题，为课堂讨论提供依据。课堂讨论中首先让学生提出自己的设计方案，然后组织学生对方案中的实验原理和实验步骤进行讨论，评选出最佳方案。最佳方案的标准是原理正确、步骤合理、装置简单、现象明显。在讨论过程中教师既是组织者，又是参加者，对学生的发言及时给予启发和点拨，引导学生在讨论过程中发现问题，提出解决问题的方法。如要求学生设计实验证明某 $Na_2SO_3$ 溶液是否变质？学生思考后提出如下几种方案：①加 $BaCl_2$ 溶液和稀 $HCl$。②加 $BaCl_2$ 溶液和稀 $HNO_3$。③加 $Ba(NO_3)_2$ 溶液和稀 $HCl$。④加 $Ba(NO_3)_2$ 溶液和稀 $HNO_3$。⑤加 $BaCl_2$ 溶液和稀 $H_2SO_4$。学生提出方案后，教师应引导学生对各方案的可行性进行讨论评价：方案②③④不行，因所加试剂均具有强氧化性，会把 $SO_3^{2-}$ 离子氧化；方案⑤也不行，因所加 $H_2SO_4$ 具有干扰作用，从而确定方案①是正确的。像这样通过学生自己独立设计的实验方案，激发了学生的创造性思维，培养了他们分析问题、解决问题的能力。

### 4. 创设课外小实验

化学实验现象大多具有生动、鲜明、新奇、有趣的特性。通过趣味性实验，寓教于乐，激发学生学习的兴趣和实践能力。所以教师不仅要在课堂上增加趣味性实验，而且要结合日常生活中的化学知识进行一些家庭小实验，让学生从化学现象的瞬息万变中领悟到化学的魅力，从化学实验现象的精彩变幻中，洞察到实验的内涵，体验创新价值。

## 六、合理的评价是高中化学"自主"创新教学的保障

化学教学评价作为化学教学系统的重要组成部分，它虽然不能直接使学生产生创新能

力，但它的内容和形式在很大程度上决定着教师的教和学生的学。评价的主要功能是：诊断、指导、激励和促进反思。目前"评定的功能由侧重甄别转向侧重发展"已成为世界各国课程改革的发展趋势。对于学生而言，"发展"就是成长，高中化学"自主"创新教学要求改革当前教学评价的现状，注重评价内容的全面性，重视过程评价、自我评价。

（一）注重评价内容的全面性

化学教学目标是多元的，包括认知、情感和操作技能三大领域。多元化的教学目标需要全面的化学教学评价才能确保该目标的实现，然而在化学教学中，由于长期以来只重视认知目标的评价，考什么教什么，怎么考怎么教，把难以量化的情感目标和操作技能目标基本排除在评价目标之外，从而导致教学评价和教学目标严重脱节。高中化学"自主"创新教学在目标上的多元性要求化学教学评价应该是全面的，而不是片面的；是和其教学目标相吻合的，而不是脱离的，即高中化学"自主"创新教学的教学评价应该对学生的化学基础知识和基本技能的掌握情况，观察能力、实验能力、创新能力等的发展状况，以及学生的创新意识、创新精神、对学习化学的兴趣等情感状况，做出全面的客观的评价。

（二）重视过程评价

1．质疑

在高中化学"自主"创新教学的课堂中，教学内容是以问题情境呈现的，评价学生是否在情境中产生了问题，是否受到问题情境的浸润和诱导等。过程评价以学生是否发现了问题，是否很快发现了问题，发现了多少问题，问题有无思维深度，问题是否与情境的指向一致，学生是否提出了驱动性问题（推动教学向纵深发展的问题）等来评价学生的问题意识。对于学生受问题情境浸润的程度，主要观察学生的投入状态，如精神饱满，积极思考，兴趣盎然，乐于探究，有充实感等。对于问题情境是否诱导了学生，主要通过聆听学生的问题交流来判断，主要考查学生是否剔除了情境中的次要信息，抓住了主要信息，是否在当前的新信息中涵盖了已有的知识和生活经验，对问题是否有预见性等。

2．参与

高中化学"自主"创新教学课堂一般采取集体教学与小组教学交替的形式进行，且以小组合作学习为主；在信息传播方式上，以师生、生生、师生与教学内容、师生与媒体之间的多维互动为主。因此，要重点评价学生参与的态度、广度和深度，评价小组成员是否参与了探究的过程，是否有明确的角色分工，是否相互信赖，是否有均等的参与机会，问题是否是在集体参与的情况下解决的等。

3．交流

交流是高中化学"自主"创新教学的一个重要环节。教师针对交流的评价，要关注学生在问题解决过程中对探究过程、方法、原理等的体验，关注学生在交流的过程中，是否实现了思维的精细化、深刻化，知识是否得以拓展，学生的能力和科学素养是否得到发展，学生的交流技能是否得到提高。

4. 应用

高中化学"自主"创新教学课堂的应用包括知识的迁移、技能的掌握、角色的扮演、信息的处理、创意的发挥等。基于应用的评价应重点关注学生对知识内涵的理解和掌握，对知识价值的反思能力，以及建构知识的能力等。过程评价的方法以定性评价、超我评价（将学生个体的现在与过去进行比较）、档案袋评定、问题测试、主题活动评价为主。

（三）引导学生自我评价

在高中化学"自主"创新教学中强调学生的自我评价是因为：①高中化学"自主"创新教学注重认知策略的习得，而认知策略是一种元认知，是对学习过程的反思，反思即自我评价。②高中化学"自主"创新教学强调培养学生探求未知世界的科学精神和科学态度，而有关这些情感态度价值观的教学目标是内在的、体验的、默会的知识，它们深入到人的素质的核心部分，既纷繁复杂又很难量化和测量，需要学生的自我评价。③高中化学"自主"创新教学是以建构主义学习理论为基础的。建构主义认为，知识是生成的、建构的，也是不断发展的，学生自主探究是高中化学"自主"创新教学的最高境界。对于学生的自我评价，教师帮助学生设计评价量表，评价最重要的意图不是证明，而是为了改进。自我评价是一种自我比较，旨在发现自己学习中的问题，激励自己成功，鞭策自己不断进步。

# 第七章　高中化学课堂技能教学实践

## 第一节　高中化学课堂教学建议

化学知识是培养学生化学学科核心素养的重要载体，化学教学是落实化学课程目标，引导学生达成化学学业质量要求的基本途径；化学学习评价是化学教学评价的重要组成部分，对于学生化学学科核心素养具有诊断和发展功能。教师在化学教学与评价中应紧紧围绕"发展学生化学学科核心素养"这一主旨，优化教学过程，有效提高教学质量，发展素质教育，落实立德树人的根本任务。

### 一、深刻领会化学学科核心素养的内涵，科学制订化学教学目标

（一）深刻领会化学学科核心素养的内涵

宏观辨识与微观探析、变化观念与平衡思想、证据推理与模型认知、科学探究与创新意识、科学态度与社会责任五个方面，是从正确价值观念、必备品格和关键能力层面对化学学科核心素养内涵的揭示，是学生科学素养在知识与技能、过程与方法和情感态度与价值观三个方面得到全面发展的综合表观。

化学学科核心素养构成要素之间具有内在的本质联系。宏观辨识与微观探析、变化观念与平衡思想和证据推理与模型认知分别是从学科观念和思维方式视角对化学科学思维进行描述。科学探究与创新意识是对化学科学实践的表征，科学态度与社会责任是对化学科学价值取向的刻画，是化学学科整体育人功能和价值的具体表现。

（二）科学制订化学教学目标

应统筹规划化学教学目标。学生化学学科核心素养的发展是一个持续进步的过程，因此，教师应依据化学学科核心素养的内涵及其发展水平、高中化学课程目标、化学课程内容及学业质量要求（包括学业要求和学业质量水平），结合学生的已有经验，对学段、模块或主题、单元和课时教学目标进行整体规划和设计。例如，结构决定性质是化学学科的核心观念，是宏观辨识与微观探析思维方式的具体表现形式。对于这一观念的学习，就可以整体设计为四个阶段。在必修阶段元素周期律的学习中，要求认识元素"位""构""性"之间的内在联系，能根据元素"位""构"的特点预测和解释元素的性质；在选择性必修课程化学键与物质的性质的学习中，要求学生根据化学键的特点，能解释和预测化合

物的性质；在选择性必修课程分子间作用力与物质的性质的学习中，要求学生能解释和说明分子间作用力、氢键对物质性质的影响；在选择性必修课程有机化学基础模块的学习中，要求学生能根据有机化合物官能团的结构特点解释和预测有机化合物的性质。

教师应避免教学目标的制订流于形式。教师应根据具体教学内容的特点和学生的实际来确定化学教学目标，切忌生硬照搬化学学科核心素养的相关方面的知识，防止教学目标制订得表面化和形式化。

## 二、准确把握学业质量标准，合理选择和组织化学教学内容

（一）整体规划化学教学内容的深广度

学业质量标准是对学生完成相应的课程内容学习时所应达到的化学学科核心素养水平的一种描述，用于检验和衡量学生化学学习的程度和水平。因此，它不仅对化学教学评价具有指导作用，同时，它也是教师选择化学教学内容的一个重要依据。为此，教师应仔细研读化学学业质量标准，明确化学教学内容在各学段的不同水平要求，整体规划不同学段化学教学内容的深广度。例如，化学反应与能量转化的内容，在不同学习阶段都有所涉及，但教学内容的深广度和学业质量要求是不一样的。在必修阶段，要求学生能基于具体的现象与事实描述和说明化学反应中的物质与能量转化；在选择性必修阶段，要求学生能基于化学反应的本质来解释和说明化学反应中的物质与能量转化，能从物质与能量变化的角度选择和评价燃料，从STSE（科学、技术、社会、环境）角度认识化学反应中物质与能量变化的价值，形成全面节约资源、物能循环利用的意识。

（二）合理组织化学教学内容

化学教学内容的组织，应有利于促进学生从化学学科知识向化学学科核心素养的转化，而内容的结构化则是实现这种转化的关键。内容的结构化主要有以下三种形式：

1. 基于知识关联的结构化

它是按照化学学科知识之间的逻辑关系组织起来的，如化学键知识的结构化，化学键分为离子键和共价键，共价键又分为极性键和非极性键等。

2. 基于认识思路的结构化

它是从学科本原对物质及其变化的认识过程的一种概括，如元素"位""构""性"的关系（周期表中的位置决定它的结构，再由结构决定性质）。

3. 基于核心观念的结构化

它是对物质及其变化的本质和其认识过程的进一步抽象，以促使学生建构和形成化学学科的核心观念。例如，对元素"位""构""性"三者的关系，从学科本原可进一步概括出"结构决定性质，性质反映结构"这一化学学科的统摄性观念，这一观念是宏观辨识与微观探析等化学学科核心素养的具体体现。教师在组织教学内容时应高度重视化学知识的

结构化设计，充分认识知识结构化对于学生化学学科核心素养发展的重要性，尤其是应有目的、有计划地进行"认识思路"和"核心观念"的结构化设计，逐步提升学生的化学知识结构化水平，发展化学学科核心素养。

（三）贴近生活、社会实际，重视化学与其他学科的联系

化学科学与生产、生活和科学技术的发展有着密切的联系，对社会发展、科技进步和人类生活质量的提高有着广泛而深刻的影响。在教学中，教师应重视 STSE 内容主题的选择和组织，紧密联系生产、生活实际，使学生认识到化学能够创造更多物质财富，以满足人民日益增长的美好生活需要；使学生能综合运用所学知识解释和解决有关的 STSE 问题。例如，在乙醇的教学中，教师可选择酒在人体内的转化途径、酒驾的检验、不同饮用酒中酒精的浓度、工业酒精和食用酒精的区别等内容，使学生充分认识到化学科学的价值。

在化学教学中，教师还应重视跨学科内容主题的选择和组织，加强化学与物理学、生物学、地理学、材料科学和环境科学等学科的联系，引导学生在更宽广的学科背景下认识物质及其变化的规律，帮助学生拓宽视野，开阔思路，综合运用化学和其他学科的知识分析解决有关问题，发展科学素养。例如，在氢键的教学中，可选择 DNA、蛋白质结构中的氢键，使学生认识到氢键与生物体的密切关系。

## 三、充分认识化学实验的独特价值，精心设计实验探究活动

（一）充分认识化学实验的独特价值

以实验为基础是化学学科的重要特征之一，化学实验对于全面发展学生的化学学科核心素养有着极为重要的作用。化学实验有助于激发学生学习化学的兴趣，创设生动活泼的教学情境，帮助学生理解和掌握化学知识和技能，启迪学生的科学思维，训练学生的科学方法，培养学生的科学态度和价值观。在化学教学中，可以从以下几个方面发挥化学实验的教学功能。

引导学生通过实验探究活动学习化学。例如，可通过"催化剂对过氧化氢分解反应速率的影响"的实验探究活动，帮助学生了解催化剂是影响化学反应速率的一个重要因素。重视通过典型的化学实验事实引导学生认识物质及其变化的本质和规律。例如，可通过具体实验数据引导学生讨论第三周期元素及其化合物的性质，以及性质变化规律；利用化学实验史实引导学生了解化学概念、化学原理的形成和发展，认识实验在化学科学发展中的重要作用；引导学生综合运用所学的化学知识和技能，进行实验设计和实验操作，分析和解决与化学有关的实际问题。

教师应认真组织学生完成课程标准中要求的必做实验，重视培养学生物质的分离、提

纯和检验等实验技能，树立安全意识，形成良好的实验室工作习惯。教师应根据学校实际情况合理地选择实验教学形式，有条件的学校尽可能多地为学生提供动手做实验的机会；条件有限的学校，可采取教师演示实验或利用替代品进行实验，鼓励实验的绿色化设计，开展微型实验；注重发挥现代信息技术的作用，积极探索现代信息技术与化学实验的深度融合，合理运用计算机模拟实验，但不能完全替代真实的化学实验。

## （二）精心设计实验探究活动

实验探究是一种重要的科学实践活动，是化学学科核心素养的构成要素之一。教师应依据科学探究与创新意识素养发展水平和学业质量标准，结合学生的认知发展特点，精心设计实验探究活动，有效地组织和实施实验探究教学，增进学生对科学探究的理解，发展科学探究能力。

实验探究活动应紧密结合具体的化学知识的教学来进行。例如，实验探究卤族元素的性质递变规律，实验探究维生素C的还原性等，使化学知识的学习、科学探究能力的形成与化学学科核心素养的发展有机结合起来。

实验探究教学要讲究实效，不能为了探究而探究，应避免探究活动泛化、探究过程程式化和表面化；应把握好探究的水平，避免浅尝辄止或随意提升知识难度的做法；应避免实验探究过程中教师包办代替或对学生放任自流的现象。

## 四、创设真实问题情境，促进学习方式转变

### （一）创设真实且富有价值的问题情境

真实、具体的问题情境是学生化学学科核心素养形成和发展的重要平台，为学生展现化学学科核心素养提供了真实的表现机会。因此，教师在教学中应重视创设真实且富有价值的问题情境，促进学生化学学科核心素养的形成和发展。

真实的STSE问题和化学史实等，都是有价值的情境素材。例如，"氧化还原反应"的教学，教师可以提供有关汽车尾气及其危害的素材，使学生产生运用化学方法解决这一问题的欲望，提出如何根据氧化还原原理对汽车尾气进行绿色化处理的问题。"什么是绿色化处理""汽车尾气的主要成分有哪些？""如何将有害物质转化为无毒无害的物质？""如何转化，转化需要哪些条件？"等，这些具体的问题解决任务，能促使学生查阅文献、设计方案、实验探究等，正是在这样的问题解决过程中学生的化学学科核心素养得到了提升，生态文明的意识得到了增强。

### （二）积极促进学生化学学习方式的转变

学生化学学科核心素养的发展是一个自我建构、不断提升的过程，教师要紧紧围绕化学学科核心素养发展的关键环节，引导学生积极开展建构学习、探究学习和问题解决学

习，促进学生化学学习方式的转变。为此，教师应尽可能设计多样化的实验探究学习任务，应结合具体的化学教学内容的特点和学生的实际，引导学生开展分类与概括、证据与推理、模型与解释、符号与表征等具有学科特质的学习活动，应注意设计真实情境下不同复杂和陌生程度的问题解决活动，引导学生通过小组合作、实验探究、讨论交流等多样化的方式解决问题。

## 五、实施"教、学、评"一体化，有效开展化学日常学习评价

化学学习评价包括化学日常学习评价和化学学业成就评价（主要有化学学业水平合格性考试和学业水平等级性考试）。应树立"素养为本"的化学学习评价观，紧紧围绕化学学科核心素养的发展水平和化学学业质量标准来确定化学学习评价目标，注重过程性评价和结果性评价的有机结合，灵活运用活动表现、纸笔测验和学习档案评价等多样化的评价方式，倡导学生自评、同伴互评与教师评价相结合，充分发挥评价促进学生化学学科核心素养全面发展的功能。

化学日常学习评价是化学教学不可或缺的有机组成部分，是化学学习评价的一种重要表现形式，是实施"教、学、评"一体化教学的重要链条。教师应充分认识化学日常学习评价对于促进学生化学学科核心素养发展的重要性，积极探索开展化学日常学习评价的有效途径、方式和策略。

提问与点评、练习与作业、复习与考试等是有效开展化学日常学习评价的基本途径和方法。课堂提问的设计应有意识地关注对化学学科核心素养达成情况的诊断。例如，"有哪些因素影响物质体积的大小"这一问题的设计就具有素养诊断价值。有的学生只能基于"宏观"视角思考影响因素，有的学生只能基于"微观"视角思考影响因素，而有的学生却能基于"宏观辨识与微观探析"视角指出影响因素，并能给予解释。

教师应注意发挥课堂练习和课后作业对于学生化学学科核心素养的诊断与发展功能，依据课程内容的各主题的学业要求，精心编制成精选课堂练习和课后作业题，使"教、学、评"活动有机结合，同步实施，形成合力，有效促进学生化学学科核心素养的形成与发展。单元与模块复习应依据内容要求，围绕化学核心概念和观念的结构化来进行，通过提问或绘制概念图等策略，诊断学生化学核心概念和观念的结构化水平；对于处在"知识关联"水平的学生，应引导他们进一步概括核心概念的认识思路，形成基于"认识思路"的结构化，从而提升化学核心概念和观念的结构化水平，发展化学学科核心素养。

单元与模块考试应以学生化学学科核心素养的达成情况为考核重点，试题命制应以学业质量标准的要求为依据，题目应具有一定的情境性和综合性，为学生解决真实情境下不同复杂程度的化学问题提供素养表观的机会。通过考试，教师可以较为准确地诊断出学生

化学学科核心素养的发展水平和化学学业质量标准的达成情况，为有针对性地提出学生化学学科核心素养发展的改进建议提供依据。

## 六、增进化学学科理解，提升课堂教学能力

### （一）增进化学学科理解

开展基于学生化学学科核心素养发展的课堂教学，对化学教师的专业素养提出了更高的要求，要求教师进一步增进化学学科理解。化学学科理解是指教师对化学学科知识及其思维方式和方法的一种本原性、结构化的认识，它不仅是对化学知识的理解，还包括对具有化学学科特质的思维方式和方法的理解。

教师应注重通过多种途径和方法提高化学学科理解能力，应反思自身化学学科理解方面的不足，主动参加有关的学习和培训活动；应充分发挥化学教研组、备课组的作用，结合具体的教学内容，有针对性地开展所教内容的学科理解研讨；积极发挥区域教研的优势，通过"名师工作室"和"学科教研基地"等多种形式开展教研活动，使教师的化学学科理解能力得到相应的提高。

### （二）提升课堂教学能力

发展学生的化学学科核心素养，要求教师积极开展"素养为本"的课堂教学实践，主动探索"素养为本"的有效课堂教学模式和策略。在化学教学设计和实施中，教师应科学制订具体可行、基于化学学科核心素养发展的教学目标，挖掘教学内容在化学学科核心素养发展方面的独特价值，设计和开展多种形式的实验探究活动，有目的、有计划地引导学生运用化学科学思维方式和方法学习化学知识，注重引导学生在化学知识结构化的自主建构中理解化学核心观念，设计基于真实情境的问题解决任务，使学生在解决问题的活动中逐步发展化学学科核心素养。

"素养为本"的化学课堂教学设计与实施，对教师来说是一个新的、富有挑战性的研究课题。教师要以改革的精神主动探索，积极开展"素养为本"的课堂教学行动研究，在行动研究中总结和提炼发展学生化学学科核心素养的有效途径、方法和策略，提升自身开展"素养为本"课堂教学的能力。

## 第二节　高中化学课堂教学方法

化学课堂教学方法是指教师和学生为了完成教学任务、实现教学目标而采用的共同活动方式，是教师指导学生掌握知识技能、获得身心发展而共同活动的方法，是教师的施教活动、学生的学习活动，以及教师和学生相互作用和构建人际关系的活动，它关系到教学

目标能否实现、教学任务能否完成以及完成的程度、质量和效率。目前，两种对立的教学方法是注入式和启发式。注入式教学方法是指教师从主观出发，将学生看成单纯接受知识的容器，向学生灌注知识，无视学生的主观能动性，教师仅仅是一个现成信息的负载者和传递者，学生仅能起到记忆器的作用。启发式教学方法则是指教师从学生的实际出发，采取有效的形式去调动学生的学习积极性，指导他们自己去学习的方法。启发式教学方法才是目前我们要求掌握的，特别是新的教学方法不断出现的"互联网＋"时代更是如此，在此基础上出现了两种典型的化学教学方法，即化学实验启发教学法和化学多媒体组合教学法，但在应用化学教学方法时一定要有针对性和多样化，选取最优化的教学方法。

## 一、化学教学方法的分类

根据教学活动中学生的不同认知方式，我们将常用的教学方法分为五大类，即以语言传递为主的教学方法、以直观感知为主的教学方法、以实际训练为主的教学方法、以引导探究为主的教学方法和以情感陶冶为主的教学方法。

（一）以语言传递为主的教学方法

这类教学方法最为广泛，主要包括讲授法、谈话法、讨论法和读书指导法等。

1. 讲授法

讲授法是教师运用口头语言系统连贯地向学生传授知识、技能，发展学生智力的一种教学方法。它可分为讲授、讲述、讲解和讲演四种。优点是可充分发挥教师的主导作用，在短时间内获得大量系统的科学知识，并能结合知识传授进行思想品德教育。讲授法要求内容要有科学性、系统性和思想性，要认真组织、系统完整、层次分明、重点突出、语言精练。讲述可用于讲述化学史、陈述组成、结构、性质、变化等；讲解用于分析化学事实，解释和论证比较复杂的内容等；讲演用于对某个专题系统介绍等，比较适合高年级学生。

2. 谈话法

谈话法是教师通过和学生相互交谈，以引导学生根据已有的知识经验，通过独立思考去获取新知识的一种教学方法。优点是能照顾到每个学生的特点，充分激发学生的思维活动，有利于发展学生的语言表达能力，并使教师通过谈话直接了解学生的学习程度，检查自己的教学效果，从而提出一些补救措施来弥补学生知识的缺陷，开拓学生的思维，使学生保持注意和兴趣。教师要做好计划，对谈话中心、内容和问题做好充分准备，问题要明确具体，教师要善于诱导，结束前要进行小结。

3. 讨论法

讨论法是全班或小组成员在教师的指导下，围绕一个中心问题发表自己的看法和见解，相互学习的一种方法。学生要具备一定的基础知识、理解能力和独立思考能力。优点是通过对所学的内容展开讨论，学生之间可以集思广益、相互启发、加深理解、提高认识，激发学习热情，培养对问题的钻研精神，锻炼语言表达能力。教师主要是提出有吸引力的问题，明确具体要求，指导学生收集资料，引导学生围绕中心、结合实际自由发表，让每个学生都有发言机会，结束前要做小结并提出进一步思考的内容。

4．读书指导法

读书指导法指教师指导学生通过阅读教材和参考书，以获得和巩固知识，培养学生自学能力的一种方法。指导阅读教材时要要求学生预习，为上课打好基础，培养学生良好的阅读习惯。参考书阅读有精读和泛读两种。读书指导法对培养学生的阅读能力、教会学生学习、发挥学生的自学能力有独特的价值。教师要明确目标、要求，给出思考题，教会学生使用工具，帮助学生学会阅读方法并用多种方法指导学生阅读。

（二）以直观感知为主的教学方法

这种教学方法具有形象性、具体性、直接性和真实性的特点，主要有演示法和参观法两种。

1．演示法

演示法是指教师通过展示实物、教具和示范实验来说明和验证某一事物和现象，使学生掌握新知识的一种教学方法。它主要有实物、标本、模型、图片的演示；图表、示意图、地图等演示；电影、录像等演示。演示法体现了直观性和理论联系实际的教学原则。演示法要操作规范，引导学生集中注意力，发展学生的观察能力并分析归纳综合得出结论。

2．参观法

参观法又叫现场教学法，是教师根据教学目的和要求，组织学生进行实地考察和研究，使学生获得新知识，巩固、验证旧知识的一种教学方法。优点是能够使教学和实际生活、生产联系起来，激发学生对知识的渴望和兴趣，扩大学生的视野，使学生直接接触社会，并从中受到教育和启发，同时培养观察事物的能力和习惯。参观前要根据教学目的和要求做好充分准备，参观时引导学生收集资料，做好记录，参观后组织学生总结。

（三）以实际训练为主的教学方法

以实际训练为主的教学方法是指以形成技能技巧、培养行为习惯和发展学生能力为主的教学方法。《化学教师综合技能训练》教材就是典型的实际训练法。此法的特点是使学生通过实践活动动脑、动口、动手，提高学生分析问题和解决问题能力，并养成良好的行为习惯。以实际训练为主的教学方法主要有练习法、实验法、实习法、实践活动法四种。

1．练习法

练习法是学生在教师的指导下巩固知识、培养各种技能技巧的基本教学方法。它包括说话练习、解答问题练习、绘画和制图练习、作文和创作练习、运动与文娱技能技巧练习等。优点是可以有效发展学生的各种技能技巧，对培养学生的意志品质有重要作用。此法主要是明确练习的目的要求，方式要多样，注意学生基础知识的积累和基本技能的提高，进行及时检查和反馈评价，培养学生自我检查的习惯。

2. 实验法

实验法是教师引导学生使用一定的仪器和设备，进行独立操作，引起某些事物和现象产生变化，从而使学生获得直接经验，培养学生技能技巧的教学方法。它常用于自然科学的学科教学，如教材中的化学实验教学训练和科技活动训练部分。优点是可以将理论与实践相结合，有利于激发学生的求知欲、培养学生独立使用仪器进行科学实验的基本技能、严谨的科学态度和扎实的作风。此法要求教师认真编写实验计划，加强实验指导，做好实验报告批改和实验总结工作。

3. 实习法

实习法是教师根据学科课程标准的要求，指导学生运用所学知识在课内和课外进行实践操作，将知识运用于实践的教学方法。如数学测量实习、化学教育实习等。优点是有利于理论与实践相结合，培养学生运用书本知识从事实际工作的能力，有重要现实意义。此法要求在教师指导下有目的、有计划、有组织地进行，教师要加强指导，实习结束后要指导学生写出实习报告并进行成绩评定。

4. 实践活动法

实践活动法是让学生参加社会实践活动，培养学生解决实际问题的能力和多方面实践能力的教学方法。此法要严格以学生为中心，教师只是学生的参谋和顾问，教师要保证学生的主动参与，不能越俎代庖。

（四）以引导探究为主的教学方法

以引导探究为主的教学方法是指教师组织和引导学生通过独立的探究和研究活动而获得知识的方法。此法称为发现法，又名探索或探究法、研究法。学生在教师指导下，对所提出的课题和提供的材料进行分析、综合、抽象和概括，自行发现并掌握相应的原理和结论。此法的特点是关注学习过程甚于关注学习结果，要求学生主动参与到知识的形成过程中。优点是能够使学生的独立性、探索能力、活动能力和创新能力在探索中得到高度发展。教师要明确探究发现的课题和过程，严密组织教学，创造有利于学生发现的良好情境。

（五）以情感陶冶为主的教学方法

以情感陶冶为主的教学方法是指教师根据一定的教学要求，有计划地使学生处于一种类似真实活动的情境之中，利用其中的教学因素综合地对学生施加影响的一种教学方法。

此法的优点是改变了传统教学只重视认知、忽视情感的弊端，对培养学生的学习动机、丰富生活体验、发展学生创造能力、培养学生的高尚道德和审美情感都有重要作用。缺点是应用范围有限，更多是作为辅助性教学方法使用。这类教学方法分为欣赏教学法（对自然、人生和艺术等的欣赏）和情境教学法（创设一定的情境，引起学生情感体验，生活展现、图画再现、实物演示、音乐渲染、言语描述等情境）。化学新课标要求，今后在课堂教学中应该尽量从生活、生产和社会等方面去创设一定的情境进行教学。

## 二、化学教学方法应用注意事项

化学教学方法多种多样，但选择时必须要有针对性和多样化，要采用最优化原则，注意情境性与启发性。教师可以根据学习动机的激发方法（创设新奇情境、成功情境，说明学习意义，提出期望要求，利用有效评价等）来选择合适的教学方法。在教学活动的组织和实施过程中要注意个别教学、分组教学、团体教学的使用与配合。在组织方式上要分清课堂教学、实验教学、电化教学等不同的组织形式。教师还要按照学生接受—复现、复现—探索、自主探索的认知活动方式进行选择。在教学活动中，内部活动方式主要有分析、抽象、综合、概括、判断、推理、比较、归类、论证等。而外部活动方式则有陈述、谈话、讨论、阅读、展示、演示、参观、实验、练习、实习、其他活动等。在选择教学方法时一定要注意将内部活动和外部活动结合起来进行。

在使用教学方法时还必须进行教学活动的检查、反馈和调控。教学活动的检查方法主要有测验（口试、笔试等）、观察（练习、作业、表情等）、调查（谈话、问卷、自陈等）三种方式。反馈方式主要有评定成绩、做出评论两种。调控方式主要有教师控制、教材控制、机器控制、学生自控。过去的教学方法仅仅是教学活动的组织与实施，如今是多层次、多维度和多类型的复杂体系，必须合理地选择和优化教学方法。

## 三、化学教学方法的选择、组合和优化

教学方法要根据教学目的和任务的要求、课程性质和特点而定；要根据每节课的重点和难点、学生年龄特征、教学时间、设备和条件、教师业务水平与实际经验和个性特点而定。教学方法还受到教学手段、教学环境等因素的制约，这就要求我们要全面、具体、综合地考虑各种关系，进行权衡和取舍。选择化学教学方法时要看该方法是不是有利于完成既定的教学任务、达到预定的教学目的；是不是适合于教学内容，符合学科的研究方法；是不是适应学生个体以及学生集体的发展水平和心理等方面的需要，学生是否具有必要的学习准备；是不是具有相应的教学条件，如实验设备；是不是符合化学教学规律和教学原则；是不是有利于落实教学指导思想、教学策略和教学思路。选择化学教学方法时还要看

教学方法本身的教育价值；教师对教学方法的了解、使用教学方法的经验和能力及教学风格等个人品质和个性特征。

教学方法运用的综合性是指教师根据教学任务和教学内容的需要，综合运用多种教学方法，而不要长期只使用一种教学方法。教学方法运用的灵活性是指教师在实际应用教学方法当中，要从实际出发，随时对其进行调整，以达到最佳教学效果。教学方法运用的创造性是指教师从教学实践出发，在把握现有的基础上进行教学方法的创新。如现在的对分课堂、翻转课堂、微课、慕课等教学方法的运用等。

## 四、主动学习法

主动学习法是一种强调口头表达、书面表达、参与式学习和"做中学"的创新教学法。目前，国内教育不论是本科还是基础教育阶段，都越来越突出学生的中心地位，注重激发学生的学习兴趣和潜能，创新形式、改革教法、强化实践。

（一）主动学习与被动学习

主动学习其实并不是一个新鲜概念。它是指学生以口头表达、书面表达和动手实践的方式，而非被动地阅读、听讲和观摩教师演示来进行学习的一种创新的教学方法，从英国兴起，至今已经在全球不少学校，尤其是大学中被广泛应用。和被动学习相比，主动学习在知识留存率方面占有显著的优势。研究显示，对于阅读的内容，人们只能记住10%，对于听讲的部分，只能记住20%，观摩教师演示的部分，能记住30%，如果边听讲边观摩演示的话，知识留存率能达到50%，但所有这些都属于被动学习的方式，总体上来看，知识留存率都不理想。

而当人们使用主动学习方式时，他们能记住所说或所写内容的70%，以及动手实践过的内容的90%。对于学习来说，知识留存，或者说识记仅仅是最初级的一个阶段，那么，在更高级的部分，被动学习和主动学习的表现分别又是怎样的呢？很显然，和主动学习相比，听讲、阅读和观摩演示等被动学习方式对知识的理解、应用、分析和创造都是收效甚微的。因为在这种学习方式中，学生没有经过深度思考，不会创造和使用诸多联想或记忆的线索来将学习提升到高阶思维阶段。但在主动学习中，不管是角色扮演、辩论、研讨还是写作、动手实践，学生都更有可能领悟到人类千百年来知识探索的精髓和奥秘所在，更有可能对知识产生情感联系和"知其然，更知其所以然"的透彻理解，从而有助于他们在新的情境下或真实生活中对习得的知识进行迁移、整合和创造性应用。通过综合知识留存率和布鲁姆学习能力金字塔，我们可以得出一幅现实版的学习效果留存率图，当进行接受式学习时，比如听音频、视频讲座，阅读，或听讲，学习效果的留存率还不到20%；当进行参与式学习时，比如玩耍、练习、讨论或演示，学习效果的留存率可以达到20%~

75%；而当学生在"做中学"时，比如和教师共同参与一项任务，比如知识讲授后得到即时的、针对性的训练，此时，学习效果的留存率高达75%以上。这里要说明的是，接受式学习相当于我们通常所说的被动学习，而参与式学习和"做中学"则都属于主动学习的范畴，但比起参与式学习，"做中学"是更高层次的主动学习。还有一点，此处提到的学习效果留存率不仅指识记事实性知识，还包括对知识的理解、应用、分析、评估和创造。

（二）主动学习课堂操作策略

1. 课堂讨论策略

课堂讨论策略被广泛应用于不同班额、不同学科、不同授课方式的班级中，最佳实施时机是复习环节。当学生们对某个单元或某门课程的内容有了一定的了解和掌握，更有可能产生高质量的、富有成果的、充满智慧的课堂讨论。此外，实施课堂讨论时，教师的指导角色不可或缺，因为这是一项难度较高的学习任务，要求参与者能对所学内容进行批判性思考，能对同伴观点进行富有逻辑思辨力的评点、总结、回应和反驳，因此，需要教师对之进行预先辅导和随堂点拨。

2. 思考——配对——分享策略

思考——配对——分享策略要求学生先花几分钟时间，对上堂课的内容做个小结，随后和一个或两个同伴讨论自己的小结，最后在全班同学面前分享。这项任务对学生的要求很高，他们必须对学科内容具备一定深度的背景知识，才有可能对课堂内容做出精辟且恰当的小结。另外，他还必须拥有把自己的观点和同伴的观点进行对照和联系的能力，以充分吸纳同伴们在配对环节贡献的智慧，从而在分享环节提供有成果的洞见。当然，在这样高难度的任务中，教师作为点拨者对于复杂概念的廓清和关键原则的重申也是至关重要的，否则，思考——配对——分享就有可能变成一场无意义的教学。

3. 学生二人组策略

学生二人组策略是一种学生成对进行提问、回答、讨论的学习策略。在预备环节，学生们必须先通读相同的材料，并写下自己的问题。随后，教师对学生进行随机配对，比如学生A和学生B。学生A先提问，B回答，然后他们就此问题展开讨论，B再接着提问，A回答，然后又是讨论。这一轮结束后，教师又随机抽取一对，比如学生C和学生D，同样，C先提一个问题（和A、B不同），D回答，再讨论，随后D提问，C回答……如此循环往复。在此过程中，教师来回巡视，及时给予反馈和答疑。

4. 一分钟论文策略

一分钟论文策略是一种学生对所学内容进行总结、教师及时给予反馈的教学方式。不过，虽然被称为"一分钟论文"，但要求学生在极短时间里对给定内容做出简明、精确的总结，并以书面形式正确、流畅地表达出来并非易事。一般来说，学生都需要花10分钟左右做准备和练习。

5．即时教学策略

即时教学策略是一种课堂"预热"策略。在课程开始前，教师预先给学生们布置几个问题和共同的阅读材料，一方面引导他们进行预习和阅读，另一方面促使他们对本课的目标进行反思，随后，将这几个问题在课堂上进行充分讨论。实施得当的即时教学，能对学生起到导读和导学的作用，并使他们对自己的学习更有目标感和掌控感。

6．同伴互教策略

同伴互教策略要求某名学生就某个专题或某节课本内容展开深入研究，准备相关材料，并对全班同学进行讲授。通过这样的训练，作为"小老师"的学生会对所教内容理解得更加深入、掌握得更加精细，对于其他学生而言，由同伴来教，可能沟通交流和传授效果会比教师更好。

7．工作室漫步策略

运用工作室漫步策略时，教室被布置成一个工作室，工作室再划分成若干个讨论组，学生们可以在不同的讨论组之间"跳来窜去"，贡献自己的意见和智慧。该策略形式灵活，最终学生对于某个话题的见解必须以PPT演示的形式向全班同学呈现。

## 第三节　高中化学课堂教学技能

课堂教学是教师把精心设计好的教学设计（教案和学案）在课堂上实施，以取得预想的教学效果。课上必须要充分发挥教师的主导作用，调动学生的主体积极性，上课过程中要注意信息的及时反馈和调控，要严格控制教学时间，提高课堂教学效率。在教学过程中要培养学生的宏观辨识与微观探析、变化观念与平衡思想、证据推理与模型认知、实验探究与创新意识、科学精神与社会责任等五大化学核心素养。

### 一、教学语言技能

教学语言是教学信息的载体，是上课的必备条件。教学语言的基本要求是遵守语言的逻辑规律，化学语言应该准确、鲜明、生动，合乎语法，用词恰当等。教学语言还要适应教育教学要求，声音清晰、洪亮、流利，发音标准，声音抑扬顿挫，语速适当，语调要有节奏和变化等。教学语言必须符合化学学科特点，正确应用化学术语，确切表达化学概念，符合化学语言规范等。化学教师应该努力使自己的教学语言出口成章，每节课的教学语言记录下来就是一篇精彩的讲稿或文章。

教师用教学语言讲授时，应该做到内容完整、层次分明，富有逻辑性，既注意全面和系统，又抓住重点、难点和关键；讲授时必须语言准确、精练、生动，学生能听清、听懂，有感染力，能引起和保持学生的注意力；讲授时还应注重启发性引导、分析、阐述和论证，注重激发学生积极思维，使师生活动协调、同步；讲授时能恰当运用板书、板画及表情、手势等手段来配合，注意收集讲授效果的反馈信息，能及时做出适当的调整。

## 二、指导学习活动技能

学生的化学学习活动主要有课堂上的听课、记笔记、观察、思考、实验、探究、讨论、自学、练习，以及课后的复习、作业、预习、阅读、收集资料、实践活动等。教师在教学中要不断地组织实施这些课内和课外学习活动，提高组织和指导学生进行学习活动的技能。

（一）指导听课技能

听课和记笔记是学生课堂上最重要的学习活动。在课堂教学中，教师要在上课前做好学习定向工作，使学生大概了解学习目标、方法和步骤，要重视做好每节课的小结工作，使知识结构化和系统化，帮助学生完成模型认知和知识建构。在讲课时，重点和难点内容有必要重复讲授，并利用停顿和提高语调、控制较慢的语速和配合板书，让学生能听清和看清，并配合使用积极的情感表达与丰富的副语言技能，充分调动学生的学习积极性，发挥学生的主体性，使学生自动自觉地想听课和要做笔记。课堂上教师还要指导学生合理分配注意力，善于用耳、眼、脑、手相互配合和协调使用，在老师上课停顿时抓紧记笔记，先将不理解的问题记下来，等课后再认真思考或请教老师与同学，记笔记时还要学会选择内容，主要记老师讲课的思路、内容提纲、疑难问题、教材中没有的重要补充内容和学习指导等，并要学会用简明扼要的文字、图表和符号做笔记，以便于节省时间。教师还可以组织班级优秀笔记展示和交流等活动，逐步提高对课堂笔记的要求，以提高学生听课和记笔记的效率。

（二）指导讨论技能

讨论是在教师的组织和指导下，相互质疑和论辩、启发和补充，共同得到问题答案的一种集体学习活动。它要求学生具有一定的知识基础、思考能力和讨论习惯，也要求教师有较强的组织与管理能力和丰富的教学经验。教师组织和指导学生讨论的难点是控制讨论的方向和时间，提高讨论效率和学生的积极性。首先，教师要围绕教学目标，精心设计讨论题，使其具有较好的思考性、论辩性，难度适中，最好配合化学实验、情境导入、课堂练习和作业等活动方式。其次，是让学生理解讨论题及意义，给学生足够的思考时间，教师可以采取提前公布讨论题、引导学生复习有关知识、阅读教材和参考资料、收集资料和准备必要的发言稿等方法。再次，是鼓励、要求学生在认真思考、准备的基础上各抒己见，积极大胆地发言，勇于坚持正确的意见、修改和放弃错误的意见，还要让学生在讨论中紧扣主题，相互切磋和学习。最后，教师要及时帮助学生排除疑难、障碍和干扰，尽量让学生自己分辨是非、纠正错误，得出正确的结论，教师不轻易表态和包办，但更不能放任自流、袖手旁观，要注意掌握时机，积极引导，培养学生自己组织讨论的能力等。

（三）指导练习技能

练习是以巩固知识、形成技能和发展能力为目标的实践训练活动，是教学过程中的重要环节。通过练习可促进学生将学到的知识与实际相联系，使学习效果进一步得到深化和提高，也是教师获得反馈信息的重要途径，但练习一定要防止陷入题海中，要力求精练和取得高效率。

首先是针对学生发展的需要，精心选择、编制练习题，要有明确的练习目的，内容要在全面的基础上突出重点和难点，练习题还要有典型性、思考性、开放性和趣味性的特点，化学练习要尽量联系生活和生产实践，难度和题量都要适当，要减少重复练习，保护和发展学生的学习兴趣。其次是引导学生复习有关知识，进行审题与解题指导，讲清要求与格式，对复杂的练习，按分步练习——完整连贯——熟练操作顺序分阶段组织练习。练习前教师要指导学生复习相关知识，并进行例题示范，特别要讲清解题思路，注意一题多解和举一反三。再次是教师通过巡视检查及时收集教学反馈信息，实行分类指导，对完成较好的同学可以增加要求更高的补充练习；对出现错误和完成有困难的学生则进行指导和课后辅导；对普遍感到困难的题目则要补充讲解，如果有时间还可以让学生上黑板演示练习过程，并组织全班同学观摩和评价。最后教师及时对学生的方法、过程和结果进行讲评，组织学生互评、自评。教师要做好练习总结，在学生有了实践体会的基础上，总结出审题、解题或操作的一些规律，加深并提高学生对相关知识的理解，并布置一些课后作业（家庭作业）让学生进一步练习，提高解题技巧。

（四）指导自学技能

化学课程的自学主要包括阅读、实验、思考、解决问题、课前预习、复习和表达等，而狭义的自学则专指学生独立阅读教科书。教师在组织和指导学生自学时，首先要引导学生认识到自学是学习的首要任务，充分认识这一思想对于学生适应学习型社会、提高自身发展潜力具有重要意义。其次是通过教师自身的示范，让学生逐步学会收集、选择学习材料，自己确定学习任务、重点等。再次是让学生知道自学阅读不仅要动眼，还要动笔，摘录要点，及时记下心得、体会，整理和编写知识小结，做好阅读笔记。还要注意多动手练习来深化理解、学会应用和掌握知识，学会善于动脑，注意新旧知识的对比联系，发现问题后，通过独立思考或与同学讨论解决，注意进行概括和总结，抓住重点和精髓。最后学生要逐步掌握学习各类内容的规律，教师注意组织好自学成果的交流、讨论和示范活动。

例如，对理论性知识要注意产生有关概念、原理和定义的事实依据，学会通过抽象、概括和推理，自己得出结论，了解有关知识的应用及其范围，并能具体举例；对元素化合物知识，要多联系实验现象，弄清物质的结构、性质、用途与制法之间的联系与规律，并形成概念图。

## （五）指导合作技能

合作学习是以小组为单位，通过学生或学生群体间的合作性互动来促进学习，达到整体学习成绩最佳的学习组织形式。合作学习把个人之间的竞争转化为小组之间的竞争，力求通过组内合作，使学生尽其所能，达到最大程度的发展。教师在组织合作学习时，首先要明确个人责任，培养团体精神，鼓励每个成员发挥最大潜力，在独立思考的基础上，在平等民主的氛围中，人人参与，各抒己见。重视小组成员间的相互支持、鼓励和帮助，使每个成员达到预期目标。其次是合理组建学习小组，促进学生共同参与，精心设计合作学习内容，发挥小组各成员的作用。再次是把握合作学习时机，提高每个成员的参与欲望，由于合作学习方式不能每节课都采用，也不是整节课都使用，教师要把握恰当的时机组织小组合作学习，让学生带着迫切的愿望投入到合作学习中。最后是进行适时、合理的评价，调动参与者的学习积极性。在合作学习过程中，如果学生每一个有价值的问题、精彩的发言或成功的实验操作，都能得到组内其他成员的赞许，那么学生就能体验到合作学习的快乐，可有效激起他们继续合作的欲望。

## （六）指导探究技能

探究式教学是由学生自己寻找问题答案的教学活动方式，它以学生独立自主学习为前提，给学生提供观察、调查、假设、实验、表达、质疑及讨论问题的机会，让学生将自己所学的知识应用于解决实际问题。探究式教学有利于开发学生的智力，发展学生的创造性思维，培养自学能力，有利于学生学习和掌握学习方法，培养五大化学核心素养，为终身学习和工作打下坚实的基础。化学教师的作用就是调动学生的探究积极性，引导学生发现问题、提出问题、分析和解决问题，促使他们自己去获取知识，发展能力。

教师在组织和指导探究教学时，首先要发掘蕴涵在教材中的探究因素，充分利用化学实验进行探究活动，不能只满足学生做实验，还应注意创设问题情境让学生自己设计实验，通过实验探究活动发展学生的发散思维和批评性思维，充分挖掘学生的创新意识与科学精神。其次是激发学生探究、思考的兴趣。教师要注意引导学生形成思考实验现象、发现问题、解决问题和探究原因的兴趣，引导学生质疑和创新，使学生主动进行探究活动。再次是教师要敢于放手，留给学生思考的空间。当学生在探究活动中遇到问题时，教师不能急于解释和给予帮助，要利用学生已有的知识去进一步引导，要留给学生思考的时间和空间，并注意启发学生去发现新问题，引导他们找出不同的方法和思路，鼓励学生自己设计实验方案,并亲自观察、尝试、探索、实践,还要允许学生出现错误,不能求全责备,使学生在自由、和谐的轻松氛围中去探究,充分展现自己的才华。最后是按照科学探究的过程规律,指导学生开展探究活动。要按科学探究的方法抓好情境创设、发现问题、明确问题、提出假设、收集资料、进行验证、形成结论和讨论交流等环节;并注意引导学生总结科学探究方法,重视科学精神和社会责任。

## 三、板书板画技能

板书是在课堂教学过程中教师利用黑板、白板、磁性板等,以精练的文字和化学符号传递信息的行为方式。板书是一种重要的课堂教学手段,是课堂教学的有机组成部分。板书设计是课时教学方案的重要组成部分,是教师的基本功之一。

板画主要指绘制常用化学实验仪器图及其装置图,是学生巩固和加深理解化学基础知识不可缺少的途径,板画要求按现行的高中化学课程标准执行。高中学生应初步学会描绘简单仪器及其装置图,通过板画,可使学生熟悉仪器的名称、性能、大小及连接方法,科学地掌握仪器装置的原理;同时板画可作为直观教具,提高教学效果,激发学生的学习积极性。板画训练时要由简到繁,分步画出。绘制时要求形象正确、比例适当、条理清晰、重点醒目,以表现实验装置的要求,达到贴切美观的教学效果。

## 四、模型、图表和标本使用技能

化学模型是以化学实物为原型,经过加工模拟制作的仿制品,是对化学实物三维表现的构造示意。有些实物不易得到,或因体积需要缩小或放大,都可以制成模型。常见的化学模型有化工生产的典型设备,如炼钢高炉模型等;化工生产流程,如接触法制硫酸简单流程模型等;物质结构模型,如电子云模型、有机物分子结构的球棍模型和比例模型等。图表是指化学教学中的各种图和表。图是事物形象描述或理论关系的生动描述。常见的图表主要有化学实验图,如实验仪器装置图、基本操作图等;化工生产图,主要是典型设备构造示意图和工艺流程图;物质结构图,如电子云图、原子结构示意图等;物质相互关系图,如元素化合物及其相互关系图等;各种曲线图,如溶解度曲线图等。标本是指经过挑选或加工,外观品质符合教学要求的化学实物。高中化学教学中常用的实物标本有矿物标本、重要化工产品标本、冶金产品标本、化学试剂标本和物质的晶体标本等。

这些模型、图表和标本在化学课堂教学中具有不可替代的作用。在宏观辨识与微观探析(如电子云图、原子结构示意图等)、变化观念与平衡思想(如物质相互关系图等)、证据推理与模型认知(如溶解度曲线图等)、实验探究与创新意识(如实验仪器装置图、工艺流程图等)、科学态度与社会责任(如炼钢高炉模型、各种化工和矿物标本等)五大化学核心素养的养成方面有重要作用。因此，我们在化学课堂教学中要充分利用学校的各种模型、图表和标本，在讲授相应知识模块时配合使用，真正发挥好这些辅助教学工具的作用，使课堂教学达到最佳效果。①

## 五、作业和辅导技能

布置作业是课堂教学活动的组成部分，主要是告诉学生应进行哪些工作和完成这些工作的方法。作业的形式主要有阅读教科书和参考书、做练习题、进行调查、参观、绘制图表、实验（学生在家中可做一些简单的实验）等。布置作业时注意作业的内容要围绕重点，解决难点；内容表达要明白，作业的范围要确定；措辞要科学；要启发学生思维，培养学生分析及解决问题的能力；要启发学习动机，使学生认识到作业的重要性；要重视指导进行作业的方法。对特殊困难的学生，最好另外进行个别辅导；要注意适度，如分量过重，学生不能完成，会降低学习兴趣，有些学生还会认为是学习负担。批改作业可以采用全收全批与部分批改相结合，精批细改与典型批改相结合，集体批改与个别批改相结合等方法。辅导是一种辅助性的教学组织形式，以弥补课堂教学的不足，便于了解学生学习上的问题和意见，研究学生的认识规律，做到教学相长，是提高教学质量的重要措施。辅导应有目的地进行，辅导重点在于指导学习方法，提高学生的能力，辅导要启发学生的自觉性，使其乐意参加，辅导时教师要循循善诱，满腔热情。

## 六、提问技能

提问主要是教师通过预先设计的一系列相互联系的问题启发、引导学生经过思考做出正确回答，以师生对话方式围绕课题的重点与难点展开讨论。提问和解答问题要注意避免机械的一问一答式，注意双向交流，要做到问题提得好，提出的问题既要使学生能回答上，又不能过于简单，学生不加思考就能回答出来。课堂问题主要分为导向性问题（探究性问题）、评价性问题和形成性问题，以及引导学生思考进行的反问、变换问题、有效追问等。提问时必须选择恰当的时机和对象，以恰当的方式提问，以引起学生注意，真正达到启发思考、培养学生能力的目的。问题提出后，教师还要鼓励学生大胆发言，并善于倾听学生的发言，依学生回答问题的情况，进行有效追问。教师必须要训练和提高提问艺术，不能用"是不是"或"对不对"等简单判断的方式进行提问，一定要进行灵活有效的深化、转问、反问、回问等高级提问技术的学习和训练。教师也不能只满足于少量学生烘托课堂氛围的回答问题，对沉默和边缘的学生要给予关注和适当的提问，并根据学生掌握的情况，采取强化和相应补救措施，提高课堂实效。

---

① 占小红. 化学课堂结构系统研究 [D]. 上海：华东师范大学，2013.

## 七、情感表达与副语言技能

教师的情感技能是提高课堂教学效率的有效手段，教师的情感技能中最重要的是使学生得到对教师态度倾向的感受和体会，教师的热情、信心、亲近、鼓励等都可以增强学生搞好学习的信心和驱动力。用于传递情感的副语言主要有各种面部表情、眼神、微笑、声调、头和手的动作，如点头、摇头、挥手、拍肩膀等。教学副语言以口头语言为基础、配合口头语言活动进行，没有形成独立的语言系统，不能叫语言，但在课堂教学中有重要作用，教师一定要多学习和训练正确的情感表达与副语言技能。

# 第四节　高中化学课堂导入技能

课堂教学情境导入是指知识在其中得以存在和应用的环境背景或活动背景，学生所要学习的知识不但存在于其中，而且得以在其中应用，也可能含有社会性的人际交往。教学情境的特点和功能不仅在于可以激发和促进学生的情感活动、认知活动和实践活动，还能提供丰富的学习素材，有效地改善教与学。

## 一、教学情境导入的功能和特点

学习的过程不只是被动接收信息，更是理解、加工信息，主动建构知识的过程。认知需要情感，情感促进认知。适宜的教学情境不但可以提供生动、丰富的学习材料，还可以提供在实践中应用知识的机会，促进知识、技能与体验的连接，让学生理解所学的知识，进一步认识知识的本质，运用知识解决问题，发展能力。只有学习的内容被设置在该知识的社会和自然情境时，学生才能体会到学习情境的意义。课堂导入艺术的特点主要是针对性、启发性、新颖性和趣味性。针对性是指情境导入要满足学生听课的需要，针对性强；启发性则是情境导入能启发学生的思维能力；新颖性是指情境导入指向能吸引学生的注意；趣味性则是情境导入能激发学生学习的兴趣，提高学习效率。

## 二、课堂教学情境导入方法

课堂教学情境导入点主要有四个方面，从学科与生活的结合点入手，创设情境，如盐的教学情境设计为加工皮蛋的录像；从学科与社会的结合点入手，创设情境，如食盐和纯碱的教学情境设计为西部盐湖开发；利用问题探究创设情境，如溶解度的教学情境设计为食盐与硝酸钠比溶解能力强的对话；利用认知矛盾创设情境等。下面是化学教师常见的九种情境导入方法。

## （一）开门见山，平铺直叙

开门见山式导入，即在上课开始后，教师开门见山地介绍本节课的教学目标和要求、各个部分的教学内容、教学进程等，让学生了解本节课的学习内容或要解决的问题。当学习内容对学生来说是一类新知识或新领域，从学生原有认知结构中不易找到新知识的"生长点"，新知识的学习方法和学习程序又没有适当的范例供借鉴运用时，可选择直接导入法，但此法在化学教学中应该尽量少用或不用。

## （二）温故知新，探求新知

温故知新是一种常用的导入方法，其特点是以复习已经学过或学生日常生活中已经了解的知识为基础，将其发展和深化，引出新的教学内容。复习旧知识的导入方式重在恰到好处地选用与新授课内容关系密切的知识，达到温故知新的目的。

## （三）巧设悬念，引人入胜

悬念式导入，它是指教师上课伊始，有意设置一些带有启发性的疑问，摆在学生面前，又不直接说出答案，使学生感到"山重水复疑无路"，迫使其去寻求"柳暗花明又一村"，从而进入学习新知识、解决新问题状态的一种导课方式。在化学课的教学中，有相当一部分内容缺乏趣味性，讲起来干瘪，学起来枯燥。对这些章节内容的教学，教师若能有意识地创设悬念，便能使学生产生一种探究问题奥妙所在的愿望，激发起学生学习化学的兴趣。

## （四）故事吸引，启迪思考

把课讲得生动形象，深入浅出，始终是衡量教师教学艺术水平的标准之一。寓意深刻而又幽默轻松的故事，加之铺陈渲染，绘声绘色的教学语言，是学生喜闻乐见的导课形式。采用故事导入方式应注意故事内容要与新课内容有紧密的联系；故事本身生动有趣，对学生具有启发性；同时讲故事时语言要精练，故事要短小精悍，用时不长，一般的故事引入有2~3分钟就可以了。

## （五）直观演示，提供形象

直观演示是指教师上课伊始，通过展示图片、动画、影像等，先让学生观察实物、模型、电视或实验等，引起学生对即将讲授内容的关注，然后提出问题，引导学生观察、思考、分析，从而使学生直接进入寻求新知识的一种导课方式。如讲授有机物的分子结构时，展示球棍模型和比例模型，让学生从模型认知中建构分子结构，再对模型进行重新组装和定位，让学生从宏观辨析中领悟有机物分子的微观结构及其变化。

## （六）创设质疑，实验探究

为了培养学生勇于质疑、乐于发现、勇于创新的精神，突出以人为本的科学发展观，教师在教学时就必须创设质疑情境，把学生"机械接受"过程变为"主动探究"过程。以

"$SO_2$（二氧化硫）的性质"为例，二氧化硫可以使红色的酚酞试液、品红试液和紫红色的高锰酸钾溶液分别褪色，很多教师在处理这一部分内容的时候，习惯于告诉学生结论，那就是在三个过程中，$SO_2$分别表现了酸性氧化物的性质、漂白性和还原性。但这样无疑只是让学生被动地接受知识，我们可以设计这样的质疑情境："$SO_2$能够使这三种有色试液褪色，那么它们的反应原理分别是什么呢？该怎样证明呢？"然后引导学生交流讨论，最后形成实验探究思路：向褪色后的酚酞溶液中加入NaOH（氢氧化钠）等碱性物质，会看到溶液重新变红，从而证明使红色的酚酞褪色是因为$SO_2$与水反应生成亚硫酸，中和了溶液中的碱性物质；加热褪色后的品红溶液，品红溶液红色复现，证明使品红褪色是$SO_2$表现了漂白性（暂时性漂白）；而向褪色后的高锰酸钾溶液中加入$BaCl_2$（氯化钡）溶液，可以根据沉淀现象判断$SO_4^{2-}$（硫酸根，也可称为硫酸根离子）的存在，证明$SO_2$表现了还原性。这样先以质疑情境引发学生思考，再以实验场景验证学生的思维过程，不仅更加符合现代教学论的要求，而且对学生的学习效果也必然产生更积极的影响。

（七）联系实际，激发思考

在化学课上，教师以学生已有的实际经验，或是为学生提供的实例（可能是生产、生活、社会中的实际问题，也可能是新闻媒体的报道或历史上曾经发生过的事情等）出发，通过讲述、谈话或提问等方式，引导学生思考、激发学生学习新知识的兴趣和欲望，进入新课题的学习。

（八）魔术引入，提高兴趣

魔术引入是指教师在上课前精心准备一个与本节课内容相关的化学魔术，略带神秘地表演给学生看，从而激发学生学习兴趣的一种特殊的化学实验引入方法。如讲解二价铁与三价铁的相互转换时做一个"茶水变色"的魔术；讲解氨气的性质时做"空杯生烟"的魔术；讲解过氧化钠的性质时表演"滴水生火"的魔术等。

（九）新闻事件，社会热点

教师上课前查找与本节课内容相关的新闻事件或社会热点问题，以图片、文字或视频的形式向学生展示，从而引起学生的共鸣，提高学生的科学精神和社会责任，并顺利引出新的教学内容。

## 三、课堂教学情境导入注意的问题

课堂教学情境导入时应该注意：情境导入作用的全面性，尽量使设置的情境包含整节课的主要教学内容；情境导入作用的全程性，尽量使设置的情境贯穿于整节课的全过程；情境导入作用的发展性，尽量使设置的情境是最新最近发生和发展的内容；情境导入作用的真实性，尽量使设置的情境真实可靠，不能道听途说，凭空设想；情境导入的可接受性,尽量使设置的情境能让学生接受,不能太极端和太过于暴力,设置的情境更不能对学生产生负面影响。

从以上所举实例可以看出,具有艺术性的课堂情境导入,在于教师创设的问题情境中的问题恰当、情境生动、引人入胜,并且内容精练,这样就能在短时间内收到良好的教学效果,激起学生的学习动机和兴趣。当然,课堂导入应因时而变,因势而改,争取让化学课堂的导入如春天怒放的花朵,争奇斗艳,万紫千红。

## 第五节　高中化学课堂管理与调控技能

课堂管理和调控是保障教学活动达到既定目标、顺利完成教学任务的重要举措。教师在课堂教学中应注意通过课堂观察等途径收集学生信息,在充分了解学生的基础上采取有效的管理和调控措施。

### 一、课堂观察技能

课堂观察是调控和管理的基础,是教师为了收集来自学生的信息而进行的觉察学生行为、个性和其他特点的过程。课堂观察可以向教师提供教学反馈信息,使教师能够对教学及时进行调整,还可以使教师增加对学生的了解,有利于进一步做好教学评价和今后的教学工作。

周密的计划是做好课堂观察的关键。首先教师要确定观察的重点内容,如学生对学习目标的了解、学习态度、学习结果、参与教学活动的积极性、兴趣和爱好、情绪和注意力、人际交往活动、思维品质、创造性、认知能力、表达能力、遵守纪律和规则等都是观察的内容。但每次重点观察的内容不能太多,要结合每节课的具体教学内容有重点地观察几项,但不能忽视偶发事件,最好对每节课和每项观察内容设计出观察指标。特别注意课堂观察要面向全体学生,教师可采用时间抽样法进行系统观察,即按照一定的时间间隔和顺序有计划地轮流对不同的学生进行重点观察,并与全面扫描和搜寻特别现象相结合。还要做好观察记录表,教师要努力排除来自自身的各种干扰,如成见、先入为主、光环效应、标签效应、平均效应和趋同现象等,还要排除来自观察现场的各种干扰,对于一时难以弄清和做出判断的现象,可以课后多与学生接触,做进一步了解,以便准确地做出判断和评价。

### 二、课堂常规管理技能

课堂管理的常规内容主要包括空间与时间利用、纪律和秩序的维持等。

## （一）空间利用技能

空间是教学的制约因素和重要资源。在化学教学的常规管理中必须重视对教学空间的结构设计和管理，因为教室的座位会影响学生的视力、学习成绩和心理健康成长，同样也会影响教学效果。为了促进学生的成长和发展，教师在空间上必须科学地安排学生座位。如果让不同气质和性格的学生在座位的空间分布上错开搭配，则更加有利于组织合作学习，也更有利于学生形成比较完善的心理品质。当然，还要定期交换和调整学生座位，可促进学生更好地成长。另外，为了更好地组织探究教学，将传统的纵横矩阵式排列改进为弧线形或 U 形排列，可以减少来自教师上课时的监控压力和影响，克服刻板、不利于学生交往和合作学习的弊端。有条件的学校还应该尽量小班化教学，以便更好地组织和开展探究教学、实验研究和小组合作学习。

## （二）时间利用技能

时间是学习过程中的一个决定性因素。尽管课程计划、课程标准统一规定了各年级化学课程的总学时，但在实际教学中，由于不同的教学和管理方面因素的制约，实际上各个学校的教学时间，特别是有效的教学时间各不相同。研究表明，成绩优秀的学校由于学生或教师的缺勤、教学中断、学生注意力涣散、学校组织的各种活动等会浪费20%左右的可利用教学时间，而成绩较差的学校更是失去了 40% 的时间。随意安排教学活动、"满堂灌"、重复练习、教学定向不清、教学环节衔接和过渡不良、教学进度和速度不当、学生被动学习等都会降低化学教学时间的有效利用率。所以，教师在教学过程中要做好教学设计，在各个教学环节中设置好时间，并严格管理和利用好教学时间，尽量使课堂高效，在课标规定的时间内提高课堂效率。学校在管理上也要强化时间观念，在正常上课时间内尽量少安排一些大型活动，保障有效的教学时间。

## （三）纪律管理技能

宽严适度的教学纪律是保证化学课堂教学顺利进行和搞好化学教学的重要条件。在教学过程中，教师要注意辩证地利用好纪律的强制因素、学生自身的自制因素和教师人格魅力的亲和性因素。

一是要建立和谐的师生关系。学生自觉遵守纪律和维护纪律，教师尊重学生人格，尊重学生自尊心，不一味地依赖严格的班规和班纪。让学生通过演讲、表演、辩论、比赛等多种形式、多种活动提高其主人翁责任感、集体荣誉感，自觉维护纪律。在此基础上教师要多了解学生，面对学生个体，不能搞"一刀切"。学生父母的文化程度、对教育的认识、家庭成员的不同认识和理解都会影响学生的亲情感、同学情以及与教师的沟通程度。凡是师生关系和谐的班级，都有良好的课堂纪律。

二是要针对班级的具体情况进行分析和教育。例如，有些班级的学生在上课时，出现问题马上就想讨论，课堂上出现一片嗡嗡声。此时，教师要抓住带头讨论的学生，并进行纪律教育，使学生认识到课堂纪律的重要性，并自觉维护好课堂纪律。

三是要做到纪律管理的条款细致化。如，不在教师没有布置讨论问题时随便讨论，不做与学习无关的事情等。凡是违反了纪律的同学，要受到在全班同学面前背课文或写化学方程式等惩罚，促使学生认真遵守课堂纪律。

## 三、问题处理技能

一是要对出现的问题做出准确判断。在课堂教学过程中，常常会遇到各种各样难以预料的问题。其中有些问题如果不及时解决，就会影响教学的顺利进行。如上课时遇到学生睡觉、玩手机、吵闹、打架等问题，教师必须准确判断是否需要马上解决，拖延会不会影响后续教学活动，问题属于什么类型、性质（要分轻重），是如何产生的，原因是什么，怎样有效、迅速地解决问题，原因是否在于教师方面，能否发动学生解决等。

二是要善于处理偶发事件。偶发即不分时间、场合的突发事件。教师没有准备，学生在课堂上违规是"百花齐放"的，很多问题是始料不及的，对偶发事件的处理既能表现出教师的人格魅力，又能表现出教师在学生心目中的形象。教师的语气、语态、体态都会影响对偶发事件的处理。处理偶发事件时要注意说话的语气及态度，有理不在声高，引用一些听起来顺耳又能教育人的常用语言，如"年轻人，冷静点""请勿扰乱课堂"等，课后有理再说也不迟。不要对学生气势汹汹，要因人而异，因事而异，能让气氛缓和尽量缓和，事后再进行教育。教师在处理偶发事件时还要做到不偏心。特别要注意避免"先入为主"的心理，如果在处理问题时对学习好的学生偏心，那么这个教师在学生心目中的形象会大打折扣。一定要立场公正，处理事情要有原则，奖惩分明，是非分明，不包庇成绩好的学生，对成绩差的学生不要有偏见。

三是要学会冷处理。对课上发生的一些小事件，教师不要急于处理，更不能急于发表意见，以免做出过敏和过激的反应，可以师生共同冷静思考几分钟，以免影响课堂教学。让学生心里有数，课后再进行处理，或让学生说出事情缘由，分析利害关系，分析自身优缺点等。不一定总让教师来说明情况，讲明道理，高中学生具有一定的是非辨别能力，要让他们在成长中逐渐形成正确的价值观和人生观。

## 四、课堂调控技能

课堂调控是实现预定教学目的的必要和有效手段。课堂调控时教师要做到建立期望，让学生了解和接受学习目标和完成学习任务，了解教师的期望，促进学生主动学习。充分利用教学情境激发学习兴趣，并利用兴趣的迁移和发展来进行情感调控。通过学生自评、互评和教师评价，使学生及时得到自己学习情况的反馈信息并进行强化，评价时要以表扬和鼓励为主，让学生正确、全面和辩证地认识自己。

教师在课堂调控方面必须做好节奏控制。教学节奏是指某些教学参数在教学过程中连续、交替和重复出现的规律性表现。这些参数主要有教学密度、速度、难度、强度、重点分布以及情绪强烈程度等。所以，在课堂教学中要力争教学过程张弛有度、节奏合理，防止疲劳，提高教学效率。为了建立良好的教学节奏，教师要努力探究，把握好课堂的最佳教学时段，充分利用学生的最佳脑力状态和情绪状态，将短时注意与长时注意有效结合，适时地形成教学高潮，并要注意教师和学生活动的及时与适度的变化，以确保课堂教学的高效。

同时，对课堂上出现的问题要有灵活、果断与恰当的反应，并做到发现问题及时调控。在正常的教学过程中，遇到学生上课睡觉、玩手机，甚至吵闹和打架等问题时，教师就要及时地调控课堂。例如，发现学生上课睡觉，教师可以走到学生面前轻轻地提醒或要同座的学生帮助推醒，课后可再找他问清楚睡觉的原因，只有找到原因后才能对症下药，较好地解决个别学生上课睡觉的问题。又如，学生上课玩手机是目前常见的现象，教师可以在上课前提出不能玩手机的要求，在教室前面做些小袋子给学生存放手机，与学生签订何时使用手机的协议，还要发动学生一起想办法解决等。至于吵闹和打架等极端情况发生时，则要立即解决，不能搁置处理。当学生学习积极性不高，参与程度降低，缺乏动力时，教师的调控方式就是调整教学方案，针对学生的兴趣，增加或调整学习活动任务。当学生上课疲劳和无精打采时，就要变换学习活动方式或进行内容调控。当学生注意力分散或受到干扰时，教师要掌握注意力分散的合理性，重在进行引导，给予适当和短暂的应激释放机会，然后通过让学生回忆被中断的学习活动，引导并提醒学生进入教学过程。

# 第八章 高中化学教学评价体系

## 第一节 高中化学教学应树立正确的评价观

### 一、新课程理念提出的教育评价的改革重点

新课程评价对课程的实施起着重要的导向和质量监控的作用。评价的目的功能、评价的目标体系和评价的方式方法等各方面都直接影响着课程培养目标的实现，影响着课程功能的转向与落实。20世纪80年代，世界各国对课程的结构、功能、资源、权利等各个方面重新进行思考和定位，在开展一系列轰轰烈烈的课程改革的同时，越来越多的国家开始意识到实现课程变革的必要条件之一就是要建立与之相适应的评价体系和评价工作模式。因此，课程评价改革成为世界各国课程改革的重要组成部分。

总的来说，新课程教育评价体现出以下特点：重视发展，淡化甄别与选拔，实现评价功能的转化；重视综合评价，关注个体差异，实现评价指标的多元化；强调质性评价，定性与定量相结合，实现评价方法的多样化；强调参与互动、自评与他评相结合，实现评价主体的多元化；注重过程，终结性评价与形成性评价相结合，实现评价重心的转移。

（一）学生评价改革的重点

高中新课程强调改变过于注重知识传授的倾向，强调形成积极主动的学习态度，使学生获得基础知识和基本技能的同时，学会学习和形成正确的价值观。因此，对学生的评价不仅要关注学生的学业成绩，而且要注重发现和发展学生多方面的潜能，了解学生发展中的需求。基于这一考虑，学校制订的学生学习目标应包括学科学习目标和一般性发展目标两个方面，具体而言包括：建立促进学生全面发展的评价体系；重视课程评价方式方法的灵活性、开放性和多元性；考试新方法的探讨。

1. 建立学生全面发展的评价体系

高中新课程评价不仅要关注学生的学业成绩，而且要发现和发展学生多方面的潜能，为学生的个性化发展提供依据和支持。所以，高中新课程评价在学生发展方面的指标体系包括学生的学科学习目标、一般性发展目标和个性化发展目标。

2. 重视课程评价方式方法的灵活性、开放性和多元化

不能仅仅依靠纸笔考试作为收集学生发展证据的手段。要关注过程性评价，及时发现

学生发展中的需要。帮助学生认识自我、建立自信，激发其内在发展的动力，从而促进学生在原有水平上获得发展，实现个体价值。

3. 考试新方法的探讨

考试只是学生学业成绩评价的一种方式，要将考试和其他评价的方法有机结合起来，全面描述学生发展的状况。改变纸笔测验是考试的唯一手段，应根据考试的目的、性质、对象等，选择灵活多样的考试方法，加强对学生能力和素质的考查。改变过分注重分数、简单地以考试结果对学生进行分类的做法，应对考试结果做出分析、说明和建议，形成激励性的改进意见或建议，促进学生发展，减轻学生压力。

(二) 教师评价改革的重点

高中新课程评价要建立起促进教师不断提高的评价体系，强调教师对自己教学行为的分析与反思，建立以教师自评为主，校长、教师、学生、家长共同参与的评价制度，使教师从多种渠道获得信息，不断提高教学水平。

第一，打破唯"学生学业成绩"论教师工作业绩的传统做法，建立促进教师不断提高的评价指标体系。这一指标体系包括教师的职业道德、对学生的了解和尊重、教学实施与设计以及交流与反思等。一方面，以学生全面发展的状况来评价教师工作业绩；另一方面，关注教师的专长、成长与需要。这是促进教师不断提高的基础。

第二，强调以"自评"的方式促进教师教育教学反思能力的提高，倡导建立教师、学生、家长和管理者共同参与的、体现多渠道信息反馈的教师评价制度。一方面，通过评价主体的扩展，加强了对教师工作的管理和监控；另一方面，旨在发展教师的自我监控与反思能力，重视教师在自我教育和自我发展中的主体地位。此外，教师的自评与奖惩要脱钩。

第三，打破关注教师的行为表现、忽视学生参与学习过程的传统课堂教学评价模式，建立"以学论教"的发展性课堂教学评价模式。即课堂教学评价的关注点转向学生在课堂上的行为表现、情绪体验、过程参与、知识获得与交流合作等诸多方面，而不仅仅是教师在教学过程中的具体表现，使"教师的教"真正服务于"学生的学"。这一转变将给教师教学能力的重新界定、学校教学工作的管理带来巨大的冲击。

(三) 考试的改革重点

第一，在考试内容方面，应加强与社会实际和学生生活经验的联系，重视考查学生分析问题、解决问题的能力。即关注学生动手能力和创新思维的发展，淡化以记忆性内容为主的考试。学生能够背诵概念、公式，并不等于真正理解了，而当学生能够正确应用知识解决问题时，即使不能完整复述或背诵其定义，也意味着真正理解并掌握了该部分知识。鉴于此，新课程理念倡导在考试内容方面，少考一些名词解释和计算速度与计算技巧方面的内容，而多考一些与生活实际问题相关联的、能体现综合利用的、需要创新思维的内容，以反映学生真正理解的状况。考试命题应依据课程标准，杜绝设置偏题、怪题。考试内容的这一变革将使传统的以题海战术增强技巧的熟练性和速度、提高记忆的准确性来换取高分的教学方式受到前所未有的挑战。它要求教师必须打破这种陈旧的教育观念和教学策略，调整自己的教育教学行为，关注学生作为"人"的发展，关注学生综合素质的发展，关注学生的全面发展。

第二，在考试方式方面，倡导给予多次机会，综合应用多种方法，打破唯纸笔测验的传统做法。传统的考试以纸笔考试为主，这只是考试的一种方式，它无法适应考试内容方面日益重实践、重创新等的变化。比如，学生的实践动手能力，就不是单凭一张考卷就能体现说明的，它需要实际的环境加以操作，从而较好地做出评价。因此，新课程倡导考试方式灵活多样，应体现先进的评价思想，如自考、编制试卷、辩论、课题研究、写论文、制作作品、特长表演、情景测验等，再就是非毕业、升学的考试中鼓励采用开卷考试的方式，在综合应用中考查学生的发展状况。同时试行提供多次考试机会，同一考试也可多样化呈现，给予学生选择的空间——学生可以选择什么时间、以什么方式、接受哪一个级别的考试。考试还可分类、分项进行，考试的方式应灵活多样，同时体现学生生动、活泼、主动发展的需要，单是如何适应和参加这种开放、动态的考试就对学生提出了超出"知识技能"范畴的有关其他素质的要求。可见，考试方式的变革同样给传统教育方式带来了巨大的冲击。

第三，在考试结果处理方面，要求做出具体的分析指导，不得公布学生成绩并按考试成绩排名。考试和其他评价方法一样，是为了促进学生的发展。因此，对考试结果的处理应加强分析指导，重在为学生提出建设性的意见，而不应成为给学生"加压"的手段。所以应根据考试的目的，灵活选择考试结果的处理方式，如公开反馈还是匿名反馈、完全反馈还是不完全反馈、群体参照反馈还是个体参照反馈等。学生有权决定如何公布学习成绩，学校和教师应尊重学生的权利，关注学生的处境和发展中的需要，保护学生的自尊、自信，认真思考，谨慎选择，以激励为主的方式对考试的结果进行反馈，促进学生在原有水平上的发展。

第四，关于升学考试与招生制度，倡导改变将分数简单相加作为唯一录取标准的做法，应考虑学生综合素质的发展，建议参考其他评价结果（如学校推荐性评语、特长、成长记录袋等），将形成性评价与终结性考试结合起来。此外，应倡导将毕业考试与升学考试分开，前者重在衡量学生是否达到毕业水平，后者具有选拔的性质。应逐步扩大高一级学校的招生自主权等。

考试改革并不能解决课程改革中的所有问题，也不是课程改革成败的决定因素。真正影响和解决课程改革所有问题的关键是观念，是建立符合时代发展要求的新课程观、教育观、质量观、学生发展观和教师观等，而不是某种方法和技术。

## 二、发展性学生评价的基本特点

我们应建立促进学生全面发展的评价体系。评价不仅要关注学生的学业成绩，而且要发现和发展学生多方面的潜能，了解学生发展中的需求，帮助学生认识自我，建立自信。高中新课程评价中，建立促进学生全面发展的评价体系是课程评价改革的重中之重。

"为了每一位学生的发展"是新一轮课程改革的核心理念。"促进每一位学生的发展"是我们应当确立的评价核心理念。

第一，发展性学生评价应基于一定的培养目标，并在实施中制订明确、具体的阶段性发展目标。实施学生评价首先需要有一个评价目标，只有有了评价目标，才能确定评价的内容和方法。学生的发展也需要目标，这个目标是学生发展的方向和依据。在传统教育评价中，这两个目标常常出现背离的情况。而发展性学生评价强调这两个目标的一致性，强调评价目标应基于一定的培养目标。

第二，发展性学生评价的根本目的是促进学生达到目标，而不是检查和评比。发展性学生评价所追求的不是给学生下一个精确的结论，更不是给学生一个等级或分数并与他人比较、排队，而是要通过对学生过去和现在状态的了解，分析学生存在的优势和不足，并在此基础上提出具体的改进建议，促进学生在原有水平上的提高，逐步达到基础教育培养目标的要求。

第三，发展性学生评价更注重过程。发展性学生评价强调对学生发展全过程的不断关注，而不只是在学生发展过程终了时对学生发展的结果进行评价。它既重视学生的现在，又考虑学生的过去，更着眼于学生的未来。因此，发展性学生评价重视形成性评价的作用，强调通过在学生发展的各个环节的关注来促进他们的发展。

第四，发展性学生评价关注学生发展的全面性。知识与技能、过程与方法、情感态度与价值观等各个方面都是发展性学生评价的内容，并且受到同等的重视。例如，《普通高中化学课程标准》中规定，在评价学生参与探索性活动的程度和水平时，评价的重点不在于检查学生记忆的准确性和使用技能的熟练程度，而在于学生的观察、调查、实验、讨论、解决问题等活动的质量，学生在活动中表现出来的兴趣、好奇心、投入程度、合作态度、意志、毅力和探索精神，学生在化学学习中所形成的热爱祖国的情感和行为、关心和爱护人类的意识和行为、对社会和自然的责任感，以及学生对化学学习与现实生活的密切联系和化学的应用价值的深刻体会。

第五，发展性学生评价倡导评价方法的多元化。要改变单纯通过书面测验和考试来检查学生对知识、技能掌握的情况，倡导运用多种评价方法、评价手段和评价工具综合评价学生在情感、态度、价值观、创新意识和实践能力等方面的进步和变化。这意味着，评价学生将不再只有一把"尺子"，而是有多把"尺子"，教育评价"一卷定高低"的局面将被打破。实践证明，多一把"尺子"就多一批好学生。只有实现评价方式的多元化，才能使每个学生都有机会成为优秀者，才能促进学生综合素质的全面发展。

第六，发展性学生评价关注个体差异。学生的差异不仅表现在学业成绩的差异上，还表现在生理特点、心理特点、动机兴趣、爱好特长等各个方面。这使得每一个学生的发展目标以及发展速度和轨迹都呈现出一定的独特性。发展性评价正是强调要关注学生的个别差异，建立"因材施教"的评价体系。每一个学生都是不同的个体，不同的人要用不同的方法来对待。

第七，发展性学生评价注重学生本人在评价中的作用。发展性学生评价试图改变过去学生一味被动接受评判的状况，发挥学生在评价中的主体作用。具体说，在制订评价内容和评价标准时，教师应更多地听取学生的意见；在评价资料的收集中，学生应发挥更积极的作用；在得出评价结论时，教师也应鼓励学生积极开展自评和互评，通过"协商"达成评价结论；在反馈评价信息时，教师更要与学生密切合作，共同制订改进措施。总之，通过学生对评价过程的全面参与，使评价过程成为促进学生反思、加强评价与教学相结合的过程，成为学生自我认识、自我评价、自我激励、自我调整等自我教育能力不断提高的过程，成为学生与人合作的意识和技能不断增强的过程。

# 第二节 高中化学教学评价的目的与方法

高中化学课程评价既要促进全体高中学生在科学素养各个方面的共同发展，又要有利于高中学生的个性发展。积极倡导评价目标多元化和评价方式的多样化，坚持终结性评价与过程性评价相结合、定性评价与定量评价相结合、学生自评互评与他人评价相结合，努力将评价贯穿于化学学习的全过程。

## 一、评价目标多元化

评价的基本功能是诊断与甄别、促进与发展、调整与管理，但核心是依据并服务于课程标准和目标。评价目标与课程目标具有很强的对应性。因此，课程目标的多元化决定了评价目标的多元化。评价目标多元化主要表现在评价目标内容的多元化和评价目标要求的多元化这两个方面。

### （一）评价目标内容的多元化

高中化学课程目标将促进学生科学素养的全面发展作为化学教学的根本宗旨。由此决定了新的评价将不再仅仅评价学生对化学知识的掌握情况，而是更加重视对学生科学探究的意识和能力、情感态度与价值观等方面的评价。因此，评价目标的内容包括知识与技能、过程与方法、情感态度与价值观这三个方面的内容。从学生的成长上看，评价目标内容包括认知性学习目标领域、技能性学习目标领域、体验性学习目标领域。

### （二）评价目标要求的多元化

由于高中学生的发展方向不完全相同，课程内容的学习各异，学生所选择的课程模块不同，没有必要也不可能对所有高中学生采用相同的化学学习要求。因此，对具有不同发展趋向的学生要采用不同的评价要求，以利于促进他们的发展。

## 二、评价方式多样化

由于课程评价目标的多元化，对不同的课程目标不能采用相同的评价方式，如情感态度与价值观不可能完全通过纸笔测验来进行评价。每一种评价方式对不同的领域各有其评价的优点和不足，没有一种评价方式对学生各个领域的评价都是最优化的评价。因此，评价目标的多元化势必带来评价方式的多样化。课程标准对评价方式多样化的要求，主要有以下几种方式：纸笔测验、学习档案评价、活动表现评价等。

### （一）纸笔测验的更新

纸笔测验是一种重要而有效的评价方式。在高中教学中运用纸笔测验，重点应放在考查学生对化学基本概念、基本原理以及化学技术与社会的相互关系的认识和理解上，而不宜放在对知识的记忆和重现上；应重视考查学生综合运用所学知识、技能和方法分析和解决问题的能力，而不单是强化解答习题的技能；应注意选择具有真实情境的综合性、开放性的问题，而不宜孤立地对基础知识和基本技能进行测试。

纸笔测验是常用的评价方式，以学生认知领域为主要考查内容。新课程的纸笔测验注重考查学生解决实际问题的能力，既要评价学生对化学知识的掌握情况，又要关注学生对化学现象和有关科学问题的理解与认识的发展情况，而不再纠缠对概念、名词、术语和具体细节事实的记忆背诵，更加重视学生应用所学的化学知识分析和解决实际问题能力的考查和评价。在进行纸笔测验时要注意以下两个方面：

第一，评价学生化学知识的掌握情况时要注意测验试题设计的层次性。学生对化学知识的学习过程和对学生学习情况的检测要求，由低到高可分为三个层次：陈述性知识、程序性知识和探索性知识。

陈述性知识：解决"是什么""知其然"的问题。认知水平为说出、识别、描述等，知识的形态为表层化的知识。如不同的碱金属与水反应的程度不同、反应方程式的书写和反应的现象描述等。

程序性知识：解决"为什么""知其所以然"的问题。认知水平主要为理解、解释、说明、转化、分析、解析和推断等。知识的形态为内化的知识。如不同的碱金属与水反应的程度为什么不同？从原子结构、元素的金属性、单质的还原性角度进行分析。

探索性知识：运用相关知识（某一学科或几个学科的知识）分析解决现实的新情境问

题，解决"怎么办"和"如何做"的问题。认知水平为应用、设计、评价、解决、证明等。知识的形态为升华的知识。如用什么样的实验能说明碱金属单质的化学活性（还原性）自上而下逐渐增强？并说明在金属的发现和使用历史上，为什么按照金、银、铜、铁的顺序？只有当学生能将不同的碱金属与水反应程度不同的反应事实，内化成与单质的化学活性（还原性）相联系，并能转化成一种化学的实验方法和思考方法（用同一氧化剂与不同还原剂反应，根据反应的剧烈程度不同来判断还原剂的强弱；金属的活动性强弱与金属的冶炼难易程度有关），而冶炼技术的提高与生产力水平、化学工艺水平的发展直接相关，这一知识内容才得到了升华。要克服纸笔测验只注重陈述性知识、忽视程序性知识和探索性知识的倾向。

第二，纸笔测验要通过实际情境的综合性和开放性问题来考查，既了解学生掌握有关知识、技能和方法的程度，又突出对学生解决实际问题能力的有效考查，还应重视对学生科学探究能力、情感态度与价值观等方面的评价。

## （二）学习档案评价的建立

学习档案评价是促进学生发展的一种有效的评价方式。应培养学生自主选择和收集学习档案内容的习惯，给他们表现自己学习进步的机会。学生在学习档案中可收录自己参加活动的重要资料，如实验设计方案、探究活动的过程记录、单元知识总结、疑难问题及其解答、有关的学习信息和资料、学习方法和策略的总结、自我评价和他人评价的结果等。要进行学生档案评价就必须确定学生档案袋的评价内容和评价需注意的问题。

### 1. 学生档案袋的评价内容

学生档案袋有多种形式，按照建立档案袋的对象可分为学生自己建立的档案袋和教师为学生评价建立的档案袋两类，后者包括前者的所有内容；按照学习的时限可分为学年学习档案、学期学习档案和单元学习档案。

教师为学生建立评价档案袋的目的是收集和分析反映学生学习情况的数据和证据，在制作学生学习档案袋时，需要经常问这样的问题：为了展现学生真正理解的情况，应包含哪些东西？

### 2. 档案评价需注意的问题

教师要对收集到的数据和证据进行分析，形成一个对学生学习情况的分析报告，客观地描述学生当前的学习情况。在评价过程中需要注意以下问题：应选取具有典型性、针对性的数据和材料进行分析；应对各种测评手段的数据进行综合分析，以全面描述学生的发展情况；如果有纵向的数据，则应包括纵向分析；如果可以获得其他组（班级、年级、学校）的对比数据，则应通过横向比较来分析学生的发展情况。

## （三）活动表现评价要注重过程

活动表现评价是一种值得倡导的评价方式。这种评价是在学生完成一系列任务（如实验、辩论、调查、设计等）的过程中进行的。它通过观察、记录和分析学生在各项学习活动中的表现，对学生的参与意识、合作精神、实验操作技能、探究能力、分析问题的思路、知识的理解和应用水平以及表达交流技能等进行评价。活动表现评价的对象可以是个人或团体，评价的内容既包括学生的活动过程又包括学生的活动结果。

活动表现评价要有明确的评价目标，应体现综合性、实践性和开放性，力求在真实的活动情境过程中对学生在知识与技能、过程与方法、情感态度与价值观等方面的进步与发展进行全面的评价。

1. 活动表现评价的优点

活动表现评价是建立在对传统的纸笔测验进行批判的基础上的。与传统的纸笔测验相比，活动表现评价的优点为：涉及较高水平的思维与问题解决能力；可促使所获得的知识和能力在实际中的应用；让学生力求表现出创造、设计能力。

2. 活动表现评价案例设计

活动表现评价是用来评估学生完成任务的过程、结果和产品的质量体系。它将学习与活动结合起来，使学生在活动中培养综合能力和科学素养，同时对学生进行综合评价。这种评价要求学生实际完成某种任务或一系列任务，如编故事、演讲、做实验、操作仪器、辩论、调查、实验设计、制作概念图等，从中表现出他们在理解与技能上的成就。这种评价的根本特点是力求在真实的活动情境中测量出学生的行为表现。因此，活动表现评价的设计力求反映在活动过程中学生的所想、所做与课程目标要求的差异。

## 第三节 高中化学教学课堂教学评价

### 一、化学课堂教学评价

（一）化学新课程对教师教学的要求和评价策略

课程改革的核心环节是课程实施，而课程实施的基本途径是教学，如果教学观念不更新，教学方式不转变，课程改革就将流于形式，事倍功半甚至劳而无功。课程、教材改革是素质教育的突破口，而课堂教学改革将是一场更持久、更复杂的攻坚战。教师教学评价改革中最重要的问题是，对教师教学工作进行评价的重点、内容和标准的制订必须有利于教学观念和教学方式的转变，这样才有可能保证学生学习方式的转变，从而落实课程标准的目标和要求。

对教师教学工作进行评价的基本要求是：以课程改革纲要和新的课程标准为基准，有利于促进学生科学素养的全面发展，有利于发挥教师教学工作的主动性、积极性和创造性，有利于教师实现教学观念和教学方式的转变，有利于教师角色的积极转变，有利于良好的校园文化的建设，有利于教师反思意识和专业能力的发展。

对教师教学工作进行评价的重点和内容包括以下三个方面：

### 1. 教师的教育教学观念

教师拥有怎样的课程观、学生观、评价观对于教师开展教学工作非常重要。最重要的是教师是否愿意接受新鲜事物，是否愿意并善于进行自我反思、不断地调整和自我发展。

### 2. 教师的教学基本功

新课程对教师的教学基本功的要求不是降低了，而是更高了。它包括教师的语言、表达能力如何，教师的板书、书写技能如何，教师能否清楚流畅和重点突出地表达自己的观点，教师是否善于发现、概括别人的观点，教师的演示和实验技能如何等。

### 3. 教师课堂教学的策略水平

是否善于提出驱动性问题，引发和组织讨论？是否善于处理课堂中出现的突发事件？是否善于调动全体学生积极参与以及控制和减少课堂中的无关行为？是否善于引导学生或驱动学生自己提出问题、形成假设、制订计划、实施实验、收集处理有关数据资料、**概括得出结论、进行合理的解释推论**？是否善于在学生学习活动的过程中适时地对学生的学习行为进行适当、有效的评价和指导？是否能够运用合理有效的手段和策略揭示和了解学生已有的认识和观点？是否能够运用事件事实、问题情境、实验证据、模型推理等方法策略使学生现有认识和观点发生积极的转变和发展？

对教师课堂教学的评价应该更注重上述各方面，而不是教师是否按时完成规定的教学任务；更加关注学生在课堂中的感受和收获是什么、发展和变化有多少，而不是教师讲了多少、做了多少。

我们可以通过了解学生在课堂上主动提出问题的次数和质量如何，学生分组讨论和实验活动时是否积极、有序，课堂上所研究的问题是否有价值，问题是由学生自己提出的还是由教师提出的，是否鼓励学生自己针对问题发表观点和看法，学生有无针对问题的答案提出自己的假设，课堂上所学习的内容是否与课程标准相关，教学是否体现课程标准的要求等方面来对教师课堂教学进行评价。

除此之外，还应该评价教师为课堂教学做了哪些准备，为了克服教学中的困难做了哪些努力，为学生做了哪些辅导和服务，选择了哪些有意义的课程资源，教师是如何处理课程标准、教材、课程资源与课时等之间的关系的。

## （二）化学课堂教学评价应遵循的原则

高中化学新课程的实施，迫切需要与之配套的教师化学课堂教学效果评价方法。新课程理念下教师化学课堂教学效果评价要以新课程理念和现代教育评价理论为基础，要以促进教师的专业化发展为目的，构建一套完整的教师化学课堂教学效果评价方案，并付诸实施。评价原则是构建和实施评价的总的要求，反映了评价的指导思想，即人们期望评价处于何种状态、达到怎样的效果。所以评价原则是评价方案和评价实施过程的灵魂。综合新课程理念下教师化学课堂教学效果评价观和现代教育评价理论,作者对评价方案的构建和实施提出以下四个原则:

### 1. 评价功能的发展性原则

评价功能是评价方案各要素按一定结构组合后所具有的工作能力。新课程理念下教师化学课堂教学效果评价要具有促进教师发展的功能。具体包括:一是要促进化学教师对自己教学行为的分析与反思,促进其对新课程理念有更深、更透彻的理解,能进一步落实到位,课堂教学的策略水平获得提高,从而最终促进学生的发展;二是通过评价的实施,使化学教师热爱化学教学事业的情感获得发展,把化学教学作为自己人生价值获得实现的途径,让自己的个性在其中获得展示和突显。

### 2. 评价方式的多样化原则

方式是人们说话、做事所采取的方法和形式。化学课堂教学的评价方式就是指在对化学课堂教学进行评价时所采取的方法和形式。人们通常将评价方法分为定量评价和定性评价两种;将课堂教学评价的形式按评价的主体来划分,分为他人评价、教师自我评价和学生评价三种。

化学课堂教学是一种复杂的教育现象。单纯地进行定量评价(将其中的各种变化因素简化为数字,通过分析比较数字大小来评价其优劣),或单纯地进行定性评价(通过观察、调查、描述课堂中的现象来评价其对课程目标的实现程度),都难以准确反映课堂教学的实际状况和运行水平。所以新课程理念下教师化学课堂教学效果评价应坚持评价方式多样化的原则,要采用以定性评价为统领,与定量评价相结合,以教师自评为主,包含有他人评价、学生评价在内的灵活多样的形式。

### 3. 评价内容的全面性原则

新课程理念下教师化学课堂教学效果评价应全面收集化学课堂教学的各种信息,既要包括学生学的状态、在学习中的情感和体验、对教师教的意见、学习收获,又要关注教师教的情况,还要考虑教师在教学过程中的感受和体会等。只有评价内容的全面,才可能保证评价结果的客观,从而保证评价功能的有效发挥。

### 4. 以学论教的原则

任何评价活动都是有目标导向的,化学课堂教学评价也不例外,其目标是促进学生和教师的共同发展。化学课堂教学活动的目的是促进学生的全面发展,教师专业水平发展的标志应是获得较高的促进学生发展的教学专业水平。因此,新课程理念下教师化学课堂教学效果评价标准应着眼于学生,应坚持"以学论教"的原则,即以学生情绪状态、交往状态、思维状态、目标达成状态来评价教师的教学效果。

同时需要指出,以学论教并不是以"评学"代替"评教"。评学与评教不同,评学代替不了评教。首先，二者的直接目的不同，评学是为了促进学生的全面发展，而评教是为了促进教师的发展；其次，评价的范围不同，评学一般只关注学生，不把教师列为评价对象，而评教则既要着眼于学生是否获得了应有的发展，又要着眼于教师从教学目标确定到教学设计以及教学实施过程的各个方面所表现出的素质和水平；再次，评学与评教都关注学生，但关注的侧重点不同。评学既要评价学生的总体学习状况、学习成果，又要关注每一个学生个体的学习成效，而评教虽也关注学生个体是否获得了发展，但更多的是从学生群体的状态来评价教师的教学状况；最后，学生在课堂上的状态、学习成效虽然与教师有直接关系，但并不是完全取决于教师。所以，评教不等于评学，不能以评学代替评教。但评教与评学又是相互联系的，评教以评学为基础，二者有共同的涵盖区域，而且它们的最终目的又是相同的，那就是提高学生的科学素养。这是教师在"以学论教"时应特别要注意和把握的。

## 二、化学课堂教学评价的基本要素

新课程理念以发展性教育为基本理念，从发展性教育的角度出发，好的课堂教学的基本特征至少应包括以下三个方面：

（一）教学目标：以促进学生的发展为根本宗旨

当前，在现代教学思想的指导下，课堂教学目标的确立越来越强调要以促进学生的发展为根本宗旨，从"知识与技能""过程与方法"和"情感态度与价值观"三个维度来确立。除了要求在课堂教学中对学科基础知识、基本技能、基本学习能力和相应的思想品德等基础目标（即德、知、能目标）的定位要科学、明确、切合实际外，还需要重视学生主体性发展目标和体验性目标的实现，即在课堂教学中应注意发展学生的自主性、主动性和创造性，并通过教师与学生间的情感交流形成民主和谐的课堂教学心理气氛，让各层次的学生都能获得创造或成功的心理体验，感受到课堂生活的乐趣和愉悦；同时，教学重难点确定要合情合理，把握良好。

（二）教学过程：应做到"生动、主动、互动"

1. 生动

这是对教师在教学过程中对教学内容、教学方法、教学策略的选择以及教学能力表现的总体要求。可大体分为以下几方面：

（1）教学设计：科学合理、独特新颖、详略得当。

（2）情境创设：联系实际、适时恰当、启迪思维。

（3）过程调控：因势利导、随机应变、环节紧凑。

（4）方法应用：切合实际、激发兴趣、媒体得当。

也就是说，教师要正确理解并根据学生的实际发展水平和特点创造性地使用教材，合理确定重点和难点，精选具有基础性、范例性和综合性的学科知识，让学生掌握扎实的基础知识和学科基本结构。同时，教学内容应充实并反映现代科学技术和学术研究的新成果。

教学内容应具有挑战性，能激发学生的学习兴趣和求知欲望，能引导学生积极思考，能吸引学生主动参与；重视教学内容的文化内涵，体现科学性、人文性和社会性的融合；关注教学内容的实践性，密切联系社会实际和学生生活实际，通过多种形式的教学实践活动，使理论与实际相结合，培养学生的动手实践能力和分析、解决实际问题的能力。

教师要较好地对课堂教学进行组织、管理和监控，根据课堂上不同的情况调节课堂教学节奏；教学容量适当，教学结构清楚，时间安排合理，应变能力强；现代教学技术手段、演示实验以及教具的运用要适时适度且操作规范熟练；教学语言要规范、精练、简明、生动；板书、板画设计要合理，字体规范。

2. 主动

这是对学生在教学过程中的情绪状态、参与方式、参与品质、参与效果等主体性表现的总体要求，可大体分为以下几方面：

(1) 情绪状态：情绪饱满、状态良好、兴趣浓厚。
(2) 参与方式：积极主动、方式多样、配合默契。
(3) 参与品质：能思善问、善于动手、能够交流。
(4) 参与效果：体验过程、掌握方法、提高能力。
(5) 活动时空：分配合理、参与面广、活动率高。

现代课堂教学是学生在内部和外部活动的基础上，主动用现有的知识结构去同化或顺应外部世界的过程，是学生自己建构知识意义的过程。学生通过积极主动地参与课堂教学活动，形成独立获取知识、创造性地运用知识解决现实问题的能力及良好的个性和人格。

好的课堂教学，学生必将情绪饱满，兴趣浓厚，学习主动；有主动参与的时间和空间，有自我表现的机会和学习的主动权；能通过自我选择、自我监控、自我调节，逐步形成自我学习的能力；能在原有基础上、不同起点上获得最优发展，形成自己的特色和个性，而不是按统一模式"填平补齐"；能经常体验到学习和创造的乐趣，创新意识和创新精神得到培养，形成独特的创造力。

3. 互动

互动是对课堂教学信息交流的总体要求，大体可分为以下几方面：

(1) 师生交流：教学互动、平等参与、善于沟通。
(2) 同学交流：体现合作、气氛热烈、机会均等。

体现现代教学思想的课堂教学非常关注课堂中体现出来的群体间人际关系和交往活动，并积极建立群体间的合作学习关系。其教学组织形式是集体教学与小组合作学习相结合，教师在"权威、顾问、同伴"三重角色的选择中，学生在竞争与合作两种关系的处理中，形成良性发展的和谐关系。这种关系是一种相互接纳、相互理解的合作、民主、平等、和谐的人际关系。好的课堂教学是师生共同建构学习主体的过程，它通过多样、丰富的交往形式，有意识地培养学生学会倾听、交流、协作、分享的合作意识和交往技能，并让学生在实质性的讨论中真正地交流想法、丰富见解。

（三）教学效果：使学生获得发展

教学效果是指通过有效的课堂教学使学生获得发展。发展就其内涵而言，指的是知识与技能、过程与方法和情感态度与价值观三者（三维目标）的协调发展。具体表现在：在认知上，学生从不懂到懂，从少知到多知，从不会到会；在情感上，学生从不喜欢到喜欢，从不热爱到热爱，从不感兴趣到感兴趣。对于课堂教学的有效性特征（或表现）作者可以列举很多，但简而言之是学生愿意学、主动学、轻松学并且学得好。

有效的课堂教学才能有好的教学效果。有效的课堂教学是指教师在组织实施课堂教学活动时，遵循教学活动的客观规律，以尽可能少的时间、精力和物力投入，取得尽可能多的教学效果，从而实现特定的教学目标，满足社会和个人的教育价值需求。课堂教学活动的有效性正是在教学效果中体现出来的，教师和学生共同活动引起学生身心素质变化并使之符合预定目的的特性。

一般认为，经过一堂课或者一个阶段的教学，对于化学学科，学生能够保持持续的学习兴趣，取得明显的学习收获，同时在学习之中，创新意识和实践能力有明显的提高，这就是课堂教学有效性的基本内涵。而"兴趣"和"收获"，就是衡量高中化学课堂教学效果的两个主要依据。

1. 学生有兴趣是课堂教学有效性的前提

兴趣是驱使学生去学好功课的内在动力。现代心理学认为，青少年心智发展的根本原因是一种内在的认知需要。学生在学习过程中不断碰到新的问题，就产生了探究的求知欲望，从而激发出学习的积极性。

2. 学生有收获是课堂教学有效性的体现

课堂学习必然要讲求收获和回报。因此，学习收获作为衡量课堂教学有效性的重要依据，必须在课堂教学之中有明显的体现。其具体内容为：

第一，学科知识的收获，可以称为知识有效。化学是一门知识点多又散的学科，如何让学生在有效的时间内有所收获，这是教师必须思考的问题。

第二，创新实践能力的提高，可以称为能力培养有效。从教学功能上看，化学教学更加重视培养学生分析问题、解决问题的能力，引导他们运用分析、推理、概括等方法来认识问题的实质、掌握规律，完成从感性认识到理性认识的飞跃，在这个过程中培养学生的创新思维和创新能力。

那么如何在教学中培养学生的创新思维呢？通常认为实验设计最有利于创新思维的培养和提高，可以使学生的潜能得到挖掘。比如，化学习题中常常涉及一些与实验相关的内容，用书面的方式解决时，思维有一定的局限性，如果放手让学生通过设计实验来解决，有意识地为他们创设一种良好的探究情境，则有利于培养其思维的发散性，培养其动手动脑的能力。

课堂教学是在固定时间、固定地点内，针对固定学生进行的，有效教学不仅要看教学目标的达成度，做到"有效果"，还要"讲效率"；不能"投入多、产出少"，更要"讲效益"；教师的教学不能只面对少数"优生"，应尽最大可能不让一个学生掉队。只有这样才是真正有效的教学。

影响教学有效性的因素是多方面的，社会的进步、校园的环境、家庭的生活状况等很多方面的影响不可忽视，有效教学的研究必须与时代发展同步。而教师的教学观和教学技能、学生的学习态度和学习方法、教学资源及其利用更能对教学的有效性造成直接影响，这些是一线教师关注的重点。

总之，有效教学主要是指通过教师在一段时间的教学之后，学生获得的具体进步或发展。教学是否有效，并不是指教师有没有完成教学内容或教学是否认真，而是指学生有没有学到什么或学生学得好不好。如果学生不想学或学了没有收获，即使教师教得很辛苦也是无效的教学；同样，如果学生学得很辛苦，但没有得到应有的发展，也是无效或低效的教学。可见有效教学符合新课程的基本理念——促进学生发展。课堂教学的有效性是教师的永远追求，教师要在新课程理念的指导下，以学生发展为本，吸取传统教学的成功做法，转变教学模式，讲究方法策略，精心设计，用心调控教学过程，精讲导学、巧问诱思，把主动权交给学生，这时就会发现学生比预想的聪明多了，课堂也会变得活力四射。

## 三、化学课堂教学评价标准

新课程课堂教学评价的制订标准可从下列三个方面来考虑：

（一）优质的课堂教学目标：基础性目标与发展性目标的协调与统一

基础性目标是按照新课程标准、教学内容的科学体系，进行有序教学，完成知识、技能的教学。发展性目标包括以培养学生学习能力为重点的学习素质和以情感为重点的良好社会素质。课堂教学目标就是把知识、技能教学与能力、情感教学有机地结合起来。

这里值得强调的是，课堂教学的各项目标都应既有与认识活动相关的内容与价值，又有其相对独立的内容与价值。只有综合这些方面，才能构成学生学习的整体发展。当然，这不是一两节课能完成的，但却必须通过每节课来实现，它渗透在课堂教学的全过程。因此，在确立课堂教学目标时，要注意两方面的关系与整合：一方面是知识体系的内在联系与多重关系，以求整合效应；另一方面是学生学习活动诸多方面的内在联系、相互协调和整体发展。只有这样，课堂教学中完整的教育才能成为可能。

（二）科学的课堂教学过程：激励性、自主性和探究性课堂教学策略的有机统一

新课程教学策略研究主要解决学生学习的三方面问题：一是学生"爱学"，即学习的能动性。二是"会学"，即学习的自主性。三是"善学"，即学习的创造性。由此推出课堂教学策略的三个体系：激励性教学策略体系、自主性教学策略体系、探究性教学策略体系。

1. 激励性教学策略体系

第一，让学生明确学习的重要价值。要使学生对一个学科有兴趣的最好办法，是使他感到这个学科值得学习。教师可以通过精心设计教学过程，优化导入设计，适当补充与学生生活相关联的教学材料，以此激发学生的学习兴趣。

第二，正确运用肯定和奖励的评价方法。奖励具有促进的力量，它能让学生发现自己学习上的进步，不断获得学习预期的满足。因此，教师可以采取适当的竞争方法，适度的竞争有助于激发学生学习的热情。

第三，建立互尊互爱、民主平等的师生关系。学校是满足学生需要的最主要场所，学生到学校里学习和生活，主要的需要是自尊和归属。因此，要真诚地爱每一个学生，真正满足主体的最大需要，激发他们主动学习的强烈愿望。

2. 自主性教学策略体系

第一，问题设计最优化。教师需要注意典型问题的设计、分析和解决，为学生自主的发展提供时间和空间。

第二，学习形式多样化。教师要努力提供丰富多样的教育资源，充分运用现代信息技术以及其他技术和组织手段，让学生通过多种感知途径，在集体与个别学习中，在思辨、操作、争论和探究的过程中，实现自主学习。

第三，在教学中注重学法指导。教师的教应当着眼于学生的学。整个教学过程其实是一个"从教到学"的转化过程。在这个过程中，教师应当千方百计地创造条件，注重对学生的学法指导，传授学法，使学生能"自为研索，自求解决"。

第四，指导学生学会自由学习。自由学习即冲破教育框架的束缚，在开放的环境中，自主地选择学习目标、学习内容和学习方式。教师的教学不能限于仅有的几本教材，要鼓励学生广泛涉猎、拓宽视野，学会收集所需的信息，摒除各种错误信息，形成良好的自学习惯。

第五，指导学生学会自我评价。人对事物的看法是由自己来调节的，学生要学会学习，必须学会自我评价、自我调节和自我监控。通过对学习过程、方法和效果的分析，掌握学习策略，并运用学习策略主动地规划自己的学习任务、确定发展方向、选择学习

方法。

3. 探究性教学策略体系

第一,指导学生大胆质疑,给学生发现问题、解决问题的机会,并以学生的问题作为教学的出发点。

第二,引导学生对教学内容进行评议。鼓励学生发表不同的意见和独创性的见解,这是培养学生探究能力和创新精神必要的也是重要的方法。

第三,组织学生进行研究性学习。研究性学习要求学生经常接触研究性质的作业,设计专题性课题,让学生在收集信息、处理信息和研究信息中发现真理、发展认知,提高研究能力。

(三)理想的课堂教学效果:情绪状态、交往状态、目标达成状态的和谐统一

"以学论教"是现代课堂教学评价的指导思想。这里的"学",一是指学生能否学得轻松,学得自主,主要包括课堂教学的情绪状态、交往状态;二是指学生有没有会学,主要是指课堂教学的思维状态、目标达成状态。这里的"论教",主要是从课堂教学的四大状态(情绪状态、交往状态、思维状态、目标达成状态)来评价课堂教学效果。没有情绪状态、交往状态,容易形成课堂教学中的"泡沫现象""表面繁荣"。只有四大状态的和谐统一,才可能产生理想的课堂教学效果。

新的课程评价理念要求在进行课堂教学评价时,一定要本着为师生发展服务的原则,既要关注教师的自身发展,又要对课堂教学做出较为准确的评价,如此才可能不断提高教师的教学水平,使教学改革沿着正确的方向发展。

好的课堂教学必须体现以主体教育思想为核心的、符合学生终身学习与发展要求的现代教学观(包括现代教学的课程观、知识观、学生观和质量观)。

# 参考文献

[1] 李贵顺. 任务驱动教学法在高中化学教学中的应用研究［M］. 青岛：中国海洋大学出版社，2018.09.

[2] 景锐剑. 高中化学教学实践与高考讲座［M］. 成都：电子科技大学出版社，2018.06.

[3] 田玉凤. 高中化学有效教学探索［M］. 北京：北京出版社，2018.06.

[4] 汤瑞芳. 高中化学课堂教学艺术研究［M］. 延吉：延边大学出版社，2018.03.

[5] 杜贞忠. 高中化学高效课堂教学模式研究［M］. 哈尔滨：哈尔滨地图出版社，2018.06.

[6] 刘立雄. 高中化学"学生自主课堂"教学设计研究［M］. 长春：吉林人民出版社，2018.12.

[7] 杭伟华. "学习任务驱动式"教学设计（高中化学）［M］. 北京：人民日报出版社，2018.03.

[8] 王文军，曹强. 高中化学教学与模式创新［M］. 咸阳：西北农林科技大学出版社，2018.05.

[9] 程体红. 高中化学教学中的问题与对策［M］. 北京：团结出版社，2018.04.

[10] 金东升. 高中化学教学问题释疑解惑［M］. 长春：东北师范大学出版社，2018.03.

[11] 何大明，廖运飞，谭远聪. 高中化学教学核心素养与微观探究［M］. 延吉：延边大学出版社，2018.09.

[12] 高英华. 基于学科核心素养的高中化学单元复习研究［M］. 济南：山东大学出版社，2018.12.

[13] 王益群. 高中化学教·学·评一体化指导［M］. 广州：广东高等教育出版社，2018.10.

[14] 何友义. 高中化学实验的教学策略［M］. 哈尔滨：黑龙江美术出版社，2018.11.

[15] 黄世虎. 高中化学实验教学有效方法的思考［M］. 长春：吉林大学出版社，2018.12.

[16] 赫兰. 高中化学有效教学的研究与实践［M］. 长春：东北师范大学出版社，2018.08.

[17] 江伟. 中学化学实验教学疑难问题辨析 [M]. 成都：电子科技大学出版社，2018.05.

[18] 高国盛. 高中化学"探源致善"教学模式的研究 [M]. 延吉：延边大学出版社，2018.07.

[19] 余泓遐. 高中化学核心素养教学设计课例 [M]. 上海：上海交通大学出版社，2018.01.

[20] 高广东. 高中化学教学中的有效教学理念探析 [M]. 长春：吉林人民出版社，2019.12.

[21] 沈旭东. 社会责任素养视角下的高中化学教学新论 [M]. 杭州：浙江工商大学出版社，2019.11.

[22] 赵刚，袁红娟，陆海峰. 高中化学课堂教学与体系构建 [M]. 长春：吉林人民出版社，2019.10.

[23] 蒋红梅，牛洪英，张美画. 近代化学：实验高中化学实验教学探索 [M]. 合肥：合肥工业大学出版社，2019.07.

[24] 刘凯钊. 基于新课标的高中化学教学设计 [M]. 北京：民主与建设出版社，2019.10.

[25] 雪聪. 高中化学教学基本要求单元解析 [M]. 上海：上海科学普及出版社，2019.01.

[26] 王素芬. 高中化学核心素养教育与探讨 [M]. 长春：吉林人民出版社，2019.12.

[27] 刘凯钊. 基于素养培养的高中化学命题研究 [M]. 长春：东北师范大学出版社，2019.07.

[28] 郭小渠. 大数据建模高考化学 [M]. 成都：电子科技大学出版社，2019.07.

[29] 孙序琼. 高中化学学科教学中核心素养的渗透与融合 [M]. 哈尔滨：黑龙江教育出版社，2019.01.

[30] 郑光黔. 高中化学教学方法与实践 [M]. 长春：吉林人民出版社，2020.06.

[31] 姜晓峰，刘荣，盛美娟. 高中化学教学实践与实验设计 [M]. 长春：吉林人民出版社，2020.12.

[32] 刘翠. 高中化学项目式教学实践研究 [M]. 济南：山东科学技术出版社，2020.08.

[33] 何贵明. 基于核心素养下的高中化学教学 [M]. 长春：吉林文史出版社，2020.07.

[34] 孙正. 高中化学课堂有效教学研究 [M]. 延吉：延边大学出版社，2020.08.

[35] 邱惠芬. 高中新旧课程标准教学要求比较·化学 [M]. 上海：华东师范大学出版社，2020.03.

[36] 戴锦初. 新课标教材高中化学实验及教学案例研究［M］. 合肥：黄山书社，2020.06.

[37] 刘翔雁. 高中化学教学理论与实践探讨［M］. 北京：团结出版社，2020.06.

[38] 陈日红，赖英慧，张立峰. 化学教育与科学素养［M］. 长春：吉林人民出版社，2020.05.

[39] 张志莲. 高中化学高效教学研究［M］. 北京：现代出版社，2020.07.

[40] 江合佩. 走向真实情境的化学教学研究［M］. 福州：福建教育出版社，2020.